Olof Alexandersson · Eau vive

Olof Alexandersson

Eau vive

A propos de Viktor Schauberger et d'une nouvelle technique pour sauver notre environnement

EDITION ENNSTHALER STEYR - AUTRICHE

A la famille Schauberger – garante de l'héritage spirituel
de Viktor Schauberger.

www.ennsthaler.at

1ière édition 2008

ISBN 978-3-85068-680-8

Traduit de l'allemand par Annick Médard

Sauf indication contraire, les illustrations et photographies proviennent de la revue « Implosion » et sont autorisées à être publiées par son éditeur

Composition : Ennsthaler Verlag

Sommaire

Olof Alexandersson est né en 1917.
Il est ingénieur en électricité et détient une maîtrise en philosophie. Depuis une cinquantaine d'années il est actif au sein de mouvements pour la protection de la nature et s'est impliqué dans des questions d'écologie aussi bien dans la presse écrite qu'à la radio. C'est lui qui fonda le premier groupe de recherche en biologie technique en Suède (1963) et dirige depuis lors les travaux sur la technique de l'implosion en Suède.

I. Préface de la 8e Edition

Il y a quelques années, j'ai eu l'occasion de mettre la main sur la succession de Viktor Schauberger qui m'était alors inconnu. C'est ainsi que j'ai pu élargir mes connaissances quant à sa personnalité, son histoire et ses théories.

Il s'est avéré nécessaire de procéder à quelques corrections dans ce livre, afin de le mettre en adéquation avec sa véritable vie.

La traduction en allemand m'a été facilitée grâce à l'aide de mes amis les professeurs Lieselott et Georg Löwenhielm ainsi que Madame Renate Jüde.

Je remercie également mon ami le docteur Denk et le professeur Nierhaus pour leur précieuses corrections.

Ma reconnaissance s'adresse aussi à mon ami le Professeur Norbert Harthun pour ses conseils techniques et ses critiques pertinentes. Madame Ingeborg Schauberger a mis à ma disposition de précieux documents dont je la remercie chaleureusement.

Enfin je ne voudrais pas oublier ma femme Lillemor et mon fils Anders pour leur travail de copie du manuscrit.

L'auteur

II. Préface de la version allemande

A ce jour ce livre a paru en cinq éditions en Suède, en une seule au Danemark et en deux éditions en Angleterre. A l'origine ce livre ne devait paraître qu'en Suède, parce que depuis la seconde guerre mondiale les jeunes connaissent mal la langue allemande et si on voulait faire passer des informations sur Viktor Schauberger, il fallait que ce soit en suédois. Si ce livre est à présent édité en allemand c'est pour répondre à une demande de plus en plus grandissante dans l'espace germanophone. En fait je souhaitais qu'un livre sur Viktor Schauberger eût été écrit en langue allemande par un Autrichien ou un Allemand. Il aurait bénéficié bien entendu des meilleures conditions. Cependant Viktor Schauberger est mort depuis 36 ans et aucun livre n'a été écrit sur lui. C'est pourquoi mon ouvrage devrait combler cette lacune. Je suis heureux que ce livre paraisse chez un éditeur autrichien, situé dans la région chère au cœur de Viktor Schauberger, éditeur qui par ses beaux et précieux livres sur la nature, jouit d'une renommée méritée. J'espère que mon livre contribuera – jusqu'à nouvel ordre – à faire connaître dans l'espace germanophone élargi, tout comme en Scandinavie et en Angleterre cet exceptionnel chercheur et ami de la nature que fut Viktor Schauberger.

Pour leur critique avisée ainsi que leurs conseils précieux, je remercie le Professeur Norbert Harthun et Monsieur Kurt Lorek. L'aide de Monsieur Ehrenfried Prade me fut précieuse et je voudrais avant tout remercier Monsieur Alois Denk, qui se chargea de la traduction en allemand.

L'auteur

III. Préface

Nous vivons visiblement à une époque du renouvellement à tous les niveaux de notre existence. La crise maintes fois annoncée assombrit notre futur mais nous offre aussi une chance de l'éviter ou pour le moins de l'atténuer. Notre malaise n'est rien d'autre qu'un besoin croissant de trouver de nouvelles voies. Il ne faudrait pas penser que cette recherche ne date que d'aujourd'hui et qu'il faudrait craindre de ne pas trouver de solutions. Bien au contraire ! Nous avons déjà des éléments de réponse, bien qu'encore immatures, certaines solutions ont fait leur chemin et sont applicables.

Où trouver un nouvel élan ?

Certainement dans la maxime de Viktor Schauberger, à savoir se tenir au déroulement des événements de la nature et d'en copier ses propres lois. Il n'étudia pas seulement le phénomène en lui-même mais aussi son environnement. C'est ainsi qu'il a pù découvrir ce que la science et la technique n'avaient pas su voir : l'importance de la forme du mouvement et du changement de température au cours de la structuration et de la transformation de l'énergie et de la matière. Cette technique « vivante »qui en résulte va s'appliquer là où science et technique traditionnelles n'ont rien à proposer. La technique écologique ne se situe pas en dehors de la technique conventionnelle, mais au contraire en est une prolongation et un affinement.

C'est le mérite de l'ingénieur Walter Schauberger d'avoir su à partir des découvertes de son père donner une base structurée et solide au moyen d'une terminologie actuelle. Il est évident que sa contribution ne réside pas dans une modification pure et simple de la science mais dans l'élaboration de nouveaux fondements qui prend en compte les résultats des sciences conventionnelles, spécialement de la physique, et la dépasse de très loin en y incluant un « phénomène vivant ».

L'idée directrice en est la loi sur les résonances naturelles avec ses structures ouvertes, que Schauberger considère comme modèle de tout processus évolutif. Pythagore déjà (500 ans av. J.C) voyait l'univers comme un événement harmonique. La loi du son régit tout le cosmos. L'astronome et théoricien de la musique Johannes Kepler prouva l'harmonie universelle de Pythagore par le système planétaire. De ce fait se font jour non seulement de nouvelles relations entre les différents domaines scientifiques (dimension horizontale) mais encore bon nombre de références utiles à la recherche en ce qui concerne les structures non linéaires. L'aspiration de Schauberger tend à intégrer la transcendance en tant que début et fin de tout phénomène dans la diction de la science moderne (dimension verticale).

Existerait-il une physique des formes en plus de la physique des formules ?

Ingénieur Reinhard Merten, Vienne

IV. Préface

Ce livre paraît à un moment où les pronostics de Viktor Schauberger, resté inflexible jusqu'à mettre sa vie en danger sans compromission et en toute honnêteté, se confirment point par point. En général on associe les mots « intuition, sentiment, capacité d'écoute » au travail d'un artiste mais non d'un scientifique dont le champ d'action respire les chiffres et les formules. Mais ce qui est propre aux deux types d'individu c'est le don d'observation.

Viktor Schauberger le possédait sans aucun doute. En observant sa vie durant sans préjugé l'évolution de la nature dont il était le conservateur et le protecteur, il a su rassembler des connaissances qu'il n'a pas toujours su faire passer car les mots lui manquaient. Ses contemporains avaient souvent une attitude envers la nature qui les rendait sourds et aveugles à beaucoup de choses ; ils étaient désemparés devant ses conceptions. D'autant plus que les spécialistes en la matière restaient subjugués par ses réalisations techniques propres qui le rendirent de plus en plus connu.

Le lecteur découvrira dans ce livre des scènes de sa vie mouvementée qui ont été rassemblées avec soin. C'est une description touchante qui éveillera l'attachement pour ce grand homme et nourrira l'intérêt pour son dessein le plus cher : la paix entre la nature et les hommes. Arrêtons de jouer le rôle du prédateur satisfait !

Viktor Schauberger publia beaucoup d'écrits qui nécessitent encore des remaniements. De la nature il puisa directement des connaissances dont la compréhension est impossible pour des gens qui considèrent le monde comme une machine.

Il fit une chose tout à fait extraordinaire pour l'époque. Au lieu de croire aveuglément au progrès de la machine à vapeur et au moteur à combustion, il choisit la nature comme modèle et comme échelle de mesure, pour juger les mécanismes et apprécier les procédés techniques.

Depuis peu la biologie se trouve au premier plan dans la science, mais c'est Viktor Schauberger qui fut à l'origine d'une évolution, qui contribuera à la disparition de nombreux problèmes de notre civilisation d'aujourd'hui. Une nouvelle façon de voir les choses a vu le jour. On peut la freiner mais il est impossible de l'arrêter.

Prof. Dr. ingénieur Norbert Harthun

V. Introduction

De nombreux arguments m'encouragèrent à écrire sur Viktor Schauberger. Cet Autrichien était un chercheur dans le domaine de la nature, inventeur et philosophe, qui déjà dans les années 20 prédisait par le biais d'écrits et de déclarations notre crise actuelle : en l'occurrence une crise écologique dont on pense qu'il existe très peu de moyens de la maîtriser. Dans sa vie il ne rencontra la plupart du temps que controverse et mépris mais à présent sa vie et son œuvre éveillent partout de plus en plus d'intérêt. Les gens sont touchés par sa forte personnalité, par son destin tragique et par ses théories hardies, que ce soit en physique ou en technique, avec lesquelles il voulait donner de nouvelles directives pour obtenir un monde dont la nouvelle technicité deviendrait plus humaine et plus écologique. D'un point de vue scientifique conventionnel, Viktor Schauberger n'était pas un intellectuel, mais il avait profondément observé les phénomènes fondamentaux de la nature et leurs relations entre eux, pour construire une théorie à partir d'expériences personnelles concernant la nature et son fonctionnement.

A part quelques articles de presse que j'écrivis il y a plus de dix ans, il n'y a pas eu de livre à ce jour en Suède le concernant. Celui-ci est un modeste essai qui consiste à livrer un peu de matière sur sa vie et sur ses travaux de recherche, que j'ai rassemblé depuis 1956. Je n'ai plus eu le privilège de connaître personnellement Viktor Schauberger mais une amitié pendant de longues années avec son fils, l'ingénieur Walter Schauberger m'a rapproché de sa personne et de l'œuvre de sa vie.

Mon ouvrage n'est pas une réelle biographie et encore moins une description exhaustive de ses théories. Je le laisse, autant que faire se peut, parler lui-même (ainsi que des personnes qui lui furent proches) Mes propres commentaires sont restés en retrait pour respecter une certaine cohérence. Je suis conscient que les données de base du livre restent insuffisantes. Une partie de ses écrits ont disparu pendant son périple prémonitoire en Amérique qui le mena indirectement à sa mort. D'un point de vue pratique, je n'ai pas pu mener à bien une étude sérieuse des sources. Il n'est donc pas impossible qu'on puisse découvrir dans ce travail certaines lacunes, voire quelques erreurs. Mais d'un point de vue global, cette histoire devrait correspondre à la réalité Je n'ai pas jugé nécessaire d'étoffer ce texte avec de nombreuses références, puisqu'il est avant tout un récit.

Que le lecteur ne soit pas agacé par des termes par trop difficile à comprendre et qui apparaisse parfois sans explications dans des citations. La langue de Viktor Schauberger est quelquefois difficile à comprendre et à traduire. Comme il se devait d'expliquer ses théories, il était souvent obligé d'utiliser des expressions physico-techniques courantes auxquelles il donna un sens nouveau, parce que les vieilles expressions ne suffisaient plus à exprimer ce qu'il voulait dire. Il lui arrive d'inventer de nouveau termes qui ne correspondent pas au schémas habituels de pensée. Conscient de cette difficulté, il ne trouvait cependant pas d'autre issue et nous devrions penser à ce que le Prof. Wilhelm Balthers disait : « Comment voulez-vous que la langue de Schauberger soit facile d'accès ? Son œuvre appartient au futur. »

Nous ne sommes pas ici pour savoir si ses théories sont réalistes ou non. Jusqu'au jour d'aujourd'hui seulement une petite partie d'entre elles ont été vérifiées.

Il a pu parfois se tromper dans ses observations sur la nature, mais une chose est sûre : si son principe s'avère exact, cela signifiera une découverte révolutionnaire, d'une portée imprévisible. Sa théorie est la suivante : « La technique actuelle utilise mal le mouvement. Dans ses machines, elle confère aux milieux tels que l'air, l'eau, les liquides et le gaz, une forme de mouvement que la nature n'applique que si elle veut supprimer ou désintégrer des formes usées et composées. Pour construire, la nature utilise une autre forme de mouvement. Si la technique n'applique que le mouvement désintégré, elle devient une technique funeste, parce qu'alors cet effet anti-écologique s'étend à tous les niveaux dans la nature »

Viktor Schauberger qui considérait la biotechnique comme essentielle, voulait appliquer dans la pratique le principe « générateur de vie » en utilisant le « mouvement cycloïde en spirale ». Dans certains cas il a réussi, dans d'autres non.

Les récits où il raconte ce qu'il a vécu au contact de la nature, relève parfois de la pure imagination. Nous devrions nous rappeler que beaucoup de phénomènes qu'il avait sérieusement étudiés pendant de nombreuses années, n'existent plus à l'heure actuelle, parce que la nature dans laquelle il vivait tient du passé. Mais il n'empêche pas que les phénomènes naturels qu'il décrivit, pouvaient avoir eu lieu ou existent dans une nature vierge. Son idée quant à l'évolution du globe peut paraître exagéré. Ses contemporains se moquaient de lui dans les années 20 à 30, lorsqu'il disait qu'une bouteille d'eau coûterait bientôt plus qu'une bouteille de vin. Après cinquante ans cette affirmation, comme beaucoup d'autres d'ailleurs, se sont avérées exactes.

On peut juger Viktor Schauberger de différentes manières. Quelle que soit la façon dont on adhère à ses théories, on ne peut en aucun cas nier le fait qu'il fut un grand ami de la nature et un homme hors du commun, avec des idées originales, généreuses et révolutionnaires.

Nombreux sont ceux qui furent fascinés par ses idées sur la nature et la vie de sorte que nous pouvons affirmer avec Wilhelm Balthers : « Vous pensez peut-être vivre une vie en toute quiétude, mais du jour où vous rencontrez les idées de Viktor Schauberger, votre esprit ne sera plus en repos. »

Qu'on me pardonne si je formule l'espoir que ce livre, bien qu'incomplet, transmette cependant une facette de la personnalité de Viktor Schauberger qui nous touche et nous inspire. Que la rencontre avec ce défenseur passionné de la forêt, de l'eau et la terre cultivable, apporte au lecteur d'aujourd'hui un sentiment d'inquiétude lié à celui de la co-responsabilité. Une responsabilité envers notre mère la terre, qu'on pille et viole sans vergogne, afin qu'elle puisse un jour se relever de cette humiliation et qu'elle regagne santé et dignité, la base de celles des hommes.

Enfin, je ne voudrais pas oublier de remercier tous ceux qui d'une manière ou d'une autre, m'ont aidé à réaliser ce livre.

L'auteur

1. Qui était Viktor Schauberger ?

On me tient pour fou
Il est possible qu'on ait raison. En ce cas
Ce n'est pas important qu'il y ait un fou
De plus ou de moins dans le monde.
Mais si je suis dans le vrai et que la science a tort
Alors que Dieu ait pitié de l'humanité.

· Viktor Schauberger ·

1. 1 Une rencontre

Cette scène se déroula un jour en 1934 à la chancellerie impériale d'Allemagne à Berlin. Hitler était assis adossé sur sa chaise n'arrêtant pas de fixer l'homme qui lui faisait face de l'autre côté de sa grande table de bureau. Un autre homme se trouvait aussi dans la pièce – le chef de cabinet Wilhelm – un personnage puissant mais pour l'instant accessoire. Celui qui domine la scène ce jour là ce n'est même pas Hitler, mais bien l'homme qui se trouve en face de lui. La cinquantaine, une belle prestance, portant une barbe poivre et sel, le nez aquilin, le regard perçant, un homme qui est connu dans de nombreux cercles d'Autriche et de pays voisins, un homme qui a fait beaucoup parler de lui, qui a beaucoup d'ennemis mais qui est aussi très admiré. C'est le légendaire « magicien de l'eau » de Linz sur le Danube, Viktor Schauberger.

Hitler l'avait fait appeler et lui posa la question suivante : «Vous vous occupez de choses qui m'intéressent. Comment êtes-vous venu à penser que la technique pouvait être la plus grande illusion de tous les temps ? Schauberger : « Monsieur le Chancelier, vous voulez vraiment que je vous dise la vérité ? » Hitler (surpris) « bien entendu ! Dites tout ce qu'il vous plaira. » Schauberger : « Monsieur le Chancelier, la science actuelle se trouve sur un chemin dangereux et faux. Je vous conseille de ne pas suivre cette voie. Cela vaut surtout pour le traitement de l'eau, support de toute croissance. Les dispositifs hydrotechniques actuels, les centrales électriques tout comme les coupes de bois dans les forêts détruisent l'eau, c'est à dire le sang de notre terre. L'eau dépérit et entraîne tout son environnement avec elle en le rendant malade aussi. Au lieu d'avoir une évolution positive nous nous dirigeons vers une catastrophe. Avec vos plans quadriennaux et les techniques modernes que vous utilisez pour les appliquer, vous ne faites pas progresser l'Allemagne mais vous la détruisez, de sorte qu'elle aura fait naufrage en l'espace d'une dizaine d'années. »

Mais ne précipitons pas les événements et commençons par le début de toute cette histoire.

Viktor Schauberger

1. 2 L'enfant des forêts et des cours d'eau

Viktor Schauberger était issu d'une très vieille lignée noble de Bavière, qui perdit en 1230 ses privilèges et ses propriétés de Schauburg suite à une dispute avec le prélat, à savoir le puissant évêque de Passau. En 1650 un certain Stefan Schauberger se rendit en Autriche et s'établit au bord du lac de Plöckenstein au pied du mont Preisselberg. Une branche collatérale dont les descendants s'adonnèrent presque exclusivement à la protection de la faune et de la forêt. Leur devise était : « Fidélité aux forêts silencieuses » et leur blason est orné d'une souche entourée de nénuphars. Le dernier garde-chasse impérial du temps de François Joseph à Bad Ischl était un descendant de Stefan. Quant à un de ses frères il était à la fin du 19e siècle inspecteur des forêts au lac de Plöckenstein. Il avait 9 enfants dont le 5e Viktor qui naquit le 30 juin 1885.

Par son héritage mais aussi par son environnement Viktor était ainsi un véritable enfant de la forêt. Il n'y eut d'ailleurs jamais de doute quant à sa carrière qui était toute tracée. « Depuis ma plus tendre enfance mon vœux le plus cher était de devenir ce qu'avait été mon père, mon grand-père, mon arrière-grand-père et son père. »

Tôt déjà le gamin montra beaucoup d'intérêt pour tout ce qui touchait à la nature. Il pouvait passer des journées entières à se balader seul dans cette région forestière, à nos yeux presque vierge, autour du Plöckensee où il étudiait la vie des animaux et des plantes tout comme le tracé des torrents de montagnes à travers le paysage sauvage. Par son père et d'autres parents plus âgés que lui, il fut familiarisé très jeune aux choses de la forêt et de l'eau, celles qui ne sont pas écrites dans les livres. Il rapporte à ce sujet :
ils faisaient confiance à leurs propres yeux et à leur intuition la plus profonde. Ils connaissaient le pouvoir curatif de l'eau et savaient d'une certaine manière qu'en dérivant les courants d'irrigation, qui ne fonctionnaient que la nuit d'ailleurs, augmenter le rendement des champs et des prairies qu'ils arrosaient. Leur tâche principale restant cependant la conservation des forêts et de leur faune.

Sa mère aussi était une femme d'expérience et il raconte qu'elle lui disait souvent « si dans la vie tu as des problèmes et ne vois pas de solution rends-toi près des ruisseaux et écoute l'eau, alors tout ira bien, tu verras. »

Le père de Viktor voulait que son fils devienne un ingénieur diplômé des Eaux et Forêts mais le garçon était peu intéressé par cette formation. Après

Le lac de Plöckenstein

La maison natale

Victor Schauberger à l'Ecole des Eaux et Forêts

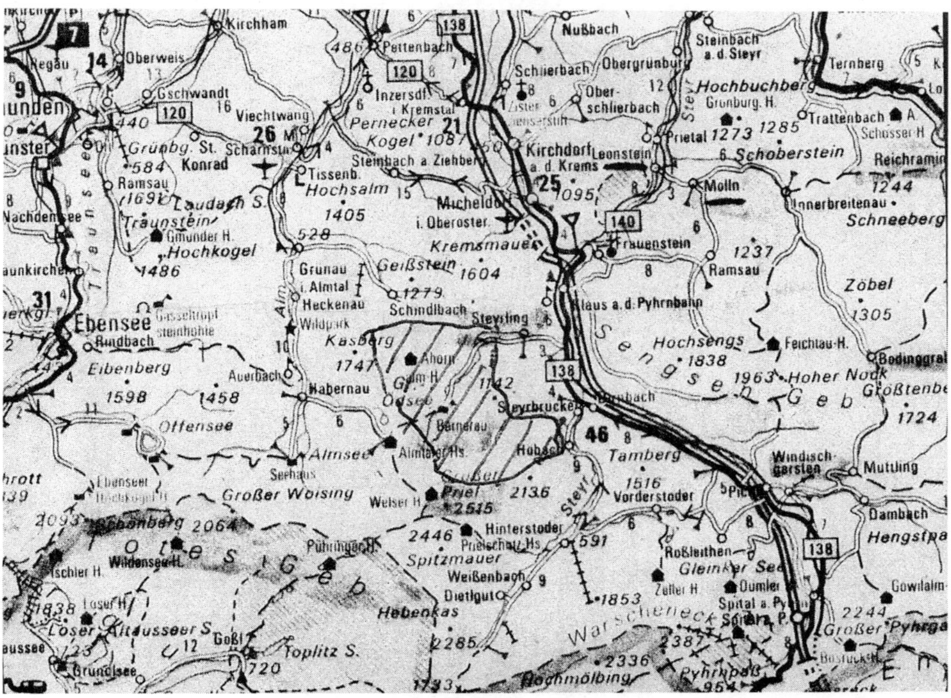

Le district du Toten Gebirge

quelques temps, il interrompit ses études et s'inscrivit à l'école des eaux et forêts qui était plus orientée vers des connaissances pratiques. Il y passa son diplôme en 1904.

Après un stage pratique il fut engagé dans l'administration seigneuriale des Princes de Schaumburg-Lippe à Steyrling. Après avoir fait la guerre de 14-18 (il fut blessé en 1918) il reprit son service dans l'administration.

1. 3 Les premières découvertes

Sa carrière débuta chez un vieux garde forestier et il en parle dans un langage fleuri, disant combien il était heureux que son rêve commençât à se réaliser. Peu après la première guerre mondiale il eut l'opportunité d'avoir un district sous sa responsabilité ; bien qu'il fût éloigné celui-ci présentait d'autres avantages : c'était la chasse du prince Adolf de Schaumburg-Lippe, qui lui confia la surveillance de 21 000 hectares d'une forêt quasi vierge, à la Bernerau près de Steyrling. C'est ici que Schauberger apprit véritablement son métier. Dans cette grande réserve naturelle, qui en pratique n'avait pas encore été touché par la main de l'homme – n'oublions pas sa situation isolée – il eut la possibilité d'observer les fonctionnements de la nature lorsqu'on la laisse en paix. Il y avait dans cette région une multitude de sortes de bois précieux qui n'existent plus aujourd'hui, tout comme une richesse en gibier de toutes sortes, sans oublier la multitude de truites et autres poissons nageant dans les nombreux cours d'eau.

Ce que Schauberger a pu observer dans cette nature intacte, était souvent aux antipodes de ce qu'on enseignait dans les académies des eaux et forêts. Cela n'attirait pas le moins du monde les intellectuels, mais cela correspondait bien au savoir traditionnel qu'il avait acquis dans son milieu familial.

C'est surtout l'eau qui l'intéressait. Schauberger essaya d'en étudier les lois et les comportements. Il analysa entre autres le lien qui existe entre la température de l'eau et ses divers mouvements. Il observa que l'eau qui vient de jaillir d'une source (+4° C)[1] était la plus pure et de la meilleure qualité.

1 Le point d'anomalie de l'eau: Le degré de température (+ 4°C) où la densité de l'eau est la plus forte

D'ailleurs les saumons et les truites venaient dans ces eaux pendant la saison du frai et c'est sur ces sites près des sources qu'on trouvait la végétation la plus riche et la plus belle. Dans les premiers temps de son activité de garde forestier, il avait déjà compris, que ses rapports avec l'eau marqueraient sa vie. En compagnies de quelques chasseurs plus âgés que lui, il se rendit un jour dans un territoire éloigné dans les montagnes où autrefois une source avait été recouverte par une cabane en pierre. Celle-ci ayant été détruite au cours des années, la source retrouva soleil et lumière. Un peu plus tard cependant, elle tarit, ce qui étonna tout le monde car jamais cette source n'avait tari. On se mit alors à réfléchir sur l'origine de ce phénomène et on proposa de reconstruire cette cabane, ce qui fut fait. Peu de temps après la source rejaillit.

Pour Schauberger il était parfaitement clair que l'eau était liée à la forêt et à l'ombre. Avec le temps il rassembla de plus en plus de preuves qui étayèrent sa théorie. Il se mit à considérer l'eau comme le sang de la terre et pressentait qu'elle devait couler selon des trajectoires naturelles si on ne voulait pas qu'elle se dégrade. Lorsqu'un cours d'eau coule en méandres et en courbes dans une nature intacte et si sa rive est ombragée grâce aux arbres et aux bosquets, ce n'est pas le fait du hasard. L'eau veut couler de cette façon et construit sa propre berge ombragée pour se protéger de la lumière directe du soleil.

La maison forestière dans la vallée de Brunnen

Le prince Adolf

La maison forestière de la Bernerau

Des températures basses et un mouvement conforme aux lois de la nature étaient pour lui les conditions selon lesquelles l'eau pouvait garder sa force portante et sa force de succion. Il avait observé que le potentiel de transport d'un cours d'eau était le plus fort pendant les nuits froides et claires ; c'est cette découverte qu'il mit en pratique rapidement.

La ville de Linz manquait après la guerre de bois de chauffage (hiver 1918) De nombreux arbres au sommet des proches montagnes de Priel avaient beau être tombés par suite de fortes tempêtes, mais c'étaient les bêtes de trait qui faisaient défaut – la guerre s'était chargée de leur sort – et d'autre part il n'existait pas de cours d'eau suffisamment important dans lesquels on aurait pu flotter du bois vers la vallée. Alors qu'il n'était que simple forestier, Schauberger était assez audacieux pour proposer au Conseil Municipal une solution au problème du bois de chauffage. Et celui-ci donna son accord. Il y avait dans le secteur un torrent, que le Conseil considérait comme inapte au flottage mais que Schauberger désirait utiliser. Il osa réaliser cette expérience, bien que le torrent fût petit et traversât des écueils et des passages étroits. Voilà ce qu'il en dit lui-même :
Comme j'avais observé qu'après le dégel (c'est à dire en cas d'augmentation simultanée de la température) la crue montante provoquait des bancs d'éboulis mais qui allaient être partiellement emportés lors de nuits claires et froi-

des, ainsi qu'une diminution de température, j'attendis cette « augmentation de succion ». Celle-ci est la plus forte dans les premières heures matinales, lorsqu'il fait le plus frais, surtout en cas de pleine lune – bien que la masse d'eau semble diminuer par suite de la rétention d'eau lors du rafraîchissement. Je fis placer le bois au moment propice et en une seule nuit on a pu recueillir 1600 m cube dans le barrage provisoire de la vallée.

Le comportement des truites et des saumons dans les torrents de montagnes étaient également des sujets sur lesquels il se pencha intensivement. Les grandes truites de montagne pouvaient rester immobiles dans les grands courants aussi longtemps qu'elles le désiraient. Elles donnaient parfois un tout petit coup de nageoire ou de queue, mais semblaient ancrées dans les plus forts courants. Si on les effrayait, elles nageaient rapides comme l'éclair contre le courant au lieu de se laisser dériver par lui, ce qui aurait été plus naturel.

Dans la littérature spécialisée, Schauberger ne trouva aucune application à ce comportement des truites. Entre-temps il avait appris qu'un torrent de montagne est le plus froid au niveau de sa source et qu'il se réchauffe au cours de son trajet. Aurait-ce un rapport avec leur tendance à remonter le courant ? Il réalisa différentes expériences pour analyser ce phénomène. Ce faisant il choisit comme point d'observation un fort rapide dans un torrent où une grosse truite y avait ses habitudes. Il demanda à ses bûcherons de chauffer 100 litres d'eau et de les déverser quelques cent mètres plus haut à son signal. Le torrent était d'importance et avait un débit de plusieurs mètres cubes par seconde. Les quelques 100 litres d'eau chaude que les bûcherons y déversèrent ne pouvaient guère réchauffer l'eau du torrent, pourtant après leur déversement la truite qui avait été très calme comme d'habitude, se mit à s'agiter. Elle donna de grands coups de queue, remua fortement ses nageoires et on pouvait constater qu'elle avait du mal à rester sur place. Cependant rien n'y fit. Le courant l'obligea à nager en aval. Elle disparut pour réapparaître plus tard et reprendre son ancienne position. Cela conforta Schauberger dans sa théorie, à savoir qu'il devait y avoir une relation entre la température de l'eau et le comportement de la truite. Schauberger étudia également la capacité des truites à maîtriser sans difficulté les cascades. C'est surtout ce cas précis qui étaya sa théorie puisque dans l'eau les truites utilisaient une énergie jusqu'alors inconnue. Donnons lui la parole :
C'était la saison du frai, par une nuit de printemps au clair de lune. J'étais à l'affût d'un braconnier, à côté d'une cascade. Cette nuit là tout se passa tellement vite qu'il m'était presque impossible de rassembler mes pensées. Dans la clarté de la lune et sous le bon angle de ses rayons, chaque mouvement

des nombreux poissons qui s'étaient rassemblés dans l'eau transparente, était facile à repérer. Soudain les truites s'éparpillèrent. Ce qui avait causé leur fuite, c'était l'arrivée d'une grosse truite venant en aval et nageant vers la cascade. Elle commença à la contourner et il semblait qu'elle se laissait bercer. Elle tournait, traçant des courbes, comme une sorte de ronde, puis soudain disparut sous la chute d'eau. La truite réapparut, s'étant visiblement relevée et je remarquai dans le jet d'eau qui tel un cône devenait pointu vers le haut, un mouvement circulaire fou, dont je ne comprenais pas la cause. La truite s'échappa de ce tourbillon et nagea en amont. Lorsqu'elle eut atteint la courbe la plus basse, elle culbuta et se retrouva brutalement derrière la courbe la plus haute et fut propulsée dans l'eau dont le débit était rapide. Là elle donna un coup de queue et de nageoires puis disparut.

Pensif, je bourrai ma pipe que je fumai jusqu'au bout. La prudence dont j'aurais dû faire preuve à l'égard du braconnier m'avait quitté et perdu dans mes pensées, je rentrai à la maison. Plus tard je revis encore des truites qui sautaient dans des cascades très hautes, sans problème. Mais pourquoi savaient-elles faire cela ? Je ne le compris qu'une dizaine d'années plus tard, grâce à d'autres observations, maillons d'une longue chaîne. Aucun scientifique n'avait d'explication à ce phénomène.

Dans un autre contexte Schauberger prétend qu'un cours d'eau qui coule dans un territoire intact et dont le tracé suit un mouvement naturel, produit une énergie spécifique qui se déploie dans la direction opposée. Dans certaines cascades on peut reconnaître ce courant d'énergie sous forme de canal lumineux dans le jet d'eau. La truite cherche ce canal où elle est aspirée vers le haut, comme dans une trombe.

Cependant ce ne sont pas seulement les truites qui s'agitent dans ces cours d'eau encore vierges. Par une nuit claire de fin d'hiver et de pleine lune, Schauberger était dans les montagnes à côté d'un barrage qui s'était formé dans un torrent. Son eau était d'une profondeur de quelques mètres, claire comme du cristal, de sorte qu'on en voyait distinctement le fond dans lequel on apercevait des pierres de la taille d'une tête humaine. Alors qu'il était debout à les regarder, il remarqua à sa grande surprise que toutes les pierres bougeaient et s'entrechoquaient, comme si elles avaient été attirées entre elles, puis s'écartaient à nouveau. Comme si elles avaient été chargées d'électricité.

Soudain une grosse pierre fit un mouvement circulaire, tout comme la truite dans la cascade, avant de prendre son élan pour sauter, je n'en croyais pas mes yeux ! Cette pierre avait une forme d'œuf. Dans l'instant elle était à la surface, s'entourant rapidement d'un cercle de glace puis flotta en se balançant légèrement sur l'eau éclairée par la pleine lune. Puis une seconde, une troisième et beaucoup d'autres firent la même chose. En fin de compte presque toutes les pierres se trouvèrent à la surface. Ce n'était que des pierres polies. Celles qui étaient anguleuses, étaient restées au fond. A l'époque j'ignorais qu'il s'agissait de phénomènes de concentration, qui provoquent une façon de bouger originale. Celle-ci maîtrise la pesanteur et ramène les pierres spécifiquement plus lourdes à la surface de l'eau[2]

Schauberger déclara plus tard, que toutes ces « pierres dansantes » contenaient des métaux. Ce sont des observations de cet ordre, qu'il vécut constamment dans son domaine, à savoir les forêts de montagnes, le faisant réfléchir à ce qu'est le « mouvement ». Existe-t-il différentes « formes de mouvements » ?

De ses cogitations incessantes et de ses observations toujours renouvelées naquit lentement une théorie sur les différentes formes de mouvement. Il aurait aimé faire part de ses théories, en discuter avec des techniciens et des scientifiques, mais comment prouver qu'il avait fait une découverte ?

1. 4 Les installations de flottage du bois, prodigieuses réalisations techniques

Le prince Adolf de Schaumburg-Lippe se faisait du souci. La guerre et l'inflation, la crise d'après guerre, enfin les besoins d'une jeune épouse exigeante contraignirent le prince vieillissant de prendre en considération toutes les possibilités de renflouer ses finances.

2 Ce récit n'est pas si fantasque qu'il n'y paraît au premier abord. Une des explications de ce phénomène pourrait être celle-ci: la capacité d'un corps immergé de remonter à la surface, repose sur le rapport entre le poids spécifique du coprs et celui du liquide. Si le liquide a un poids spécifique plus élevé que le solide, ce dernier surnage. Il semblerait qu'un certain mouvement tourbillonant pourrait augmenter la densité de l'eau, c'est à dire son poids spécifique. Chacun peut en faire l'expérience: on prend un tuyau de 30 à 50 cm de haut, avec un diamètre de 5 à 8 cm, qu'on remplit d'eau et y fait glisser délicatement un œuf qui tombera au fond. On provoque alors (à l'aide d'un crayon par ex.) un mouvement tourbillonannt dans l'eau et selon la turbulence – elle peut être trés légère – l'œuf va remonter et se maintenir à la surface aussi longtemps que le mouvement tourbillonnant sera maintenu. Dans le cas des « pierres dansantes », l'eau avait une densité élevée (le torrent coulait dans un environnement naturel et la nuit était froide). En outre, comme les pierres bougeaient au sol, les tourbillons se formèrent dans le barrage. Voir aussi dans « Kosmische Evolution » N. 4 1969 p. 24: vraisemblable augmentation de la densité de l'eau dans les tourbillons

Il avait déboisé pratiquement toutes ses forêts ; il ne lui restait plus que le district de Schauberger, qui présentait de grandes étendues de forêts exploitables, mais qui du point de vue de l'évacuation du bois étaient mal situées et le flottage en aurait absorbé la moitié du bénéfice.

Après mûre réflexion, le prince Adolf offrit un prix à celui qui proposerait la meilleure solution pour décrocher « ce capital qui dort » du district de la Bernerau

Dans ce concours de nombreuses propositions affluèrent de la part d'ingénieurs ou autres experts, mais aucune ne trouva l'agrément du prince. Pourtant il existait bel et bien un projet qui ne lui avait jamais été présenté, parce que le comité chargé du concours l'avait éliminé d'emblée. Pensez donc un simple garde forestier avait eu l'outrecuidance de concourir avec des experts et avait présenté un pur produit de son imagination, une mauvaise plaisanterie en somme. On lui renvoya son projet avec la sévère mention de bien vouloir arrêter de se moquer des personnes habilitées à étudier les diverses propositions. Le cas était donc réglé. Mais le destin en décida autrement. Après l'échec à ce concours, le prince Adolf était bien amer et ne savait pas comment financer le prochain voyage à Monte-Carlo de la jeune princesse. Celle-ci se rendit alors seule dans le district de Schauberger, pour chasser le daim en compagnie de l'audacieux forestier. Pendant la chasse, elle lui confia que le prince allait bientôt devoir se défaire de ses bois et se trouvait sur le chemin de l'appauvrissement. Au cours de la conversation on en vint à évoquer le projet que Schauberger avait mis sur pied en vue du concours et qu'on lui avait retourné. Il le ressortit pour la princesse et elle lui demanda combien on pouvait économiser en frais de transport si on l'appliquait.

Schauberger répondit : si les frais s'élèvent à 12 schillings par m^3 jusqu'à la scierie, ils peuvent être réduits à 1 schilling par m^3 avec son projet, plus l'amortissement de l'installation de flottage. La princesse réussit à convaincre son mari de faire un essai. Cependant Schauberger devait construire son installation à ses frais, le prince la financerait si les essais étaient concluants. Après de nombreuses difficultés, Schauberger réussit enfin à trouver un homme d'affaires qui veuille bien se porter garant et la construction put démarrer.

Au stade de la planification déjà, les idées de Schauberger étaient désavouées par tous les soi disant spécialistes du flottage et plus les travaux avançaient plus la critique s'accélérait, personne n'avait jamais vu une telle installation. Qui avait bien pu insuffler à Schauberger cette idée de système de flottage ? Il raconta plus tard que, lorsqu'il s'était mis à réfléchir à une nouvelle méthode de transport, il s'était soudain souvenu des « pierres dansantes » (page 29) ainsi qu'à ses ancêtres qui préféraient flotter le bois par des nuits fraîches de pleine lune car l'eau était alors « tractante ».

Quand l'eau était « tractante », mes ancêtres flottaient des billes de bois depuis les réserves éloignées jusque dans la vallée…

Une eau « tractante et portante » était une eau de + 4° C donc avec un poids spécifique maximal.

Il en était sûr à présent : seul une eau « tirante » ou « portante » pouvait tout changer.

Et lorsqu'à l'automne le prince arriva, j'avais la certitude d'avoir la solution au problème de transport.

Les méchantes prédictions avaient été déjouées. Mais laissons Schauberger à son récit :

L'installation fut achevée en quatre mois. Les énormes billes de bois étaient en place. Un jour je fis une petite répétition. On introduisit une bille de taille moyenne dans la fente de la glissoire et celle-ci flotta sur 100 m environ. Puis elle resta soudainement immobile. L'eau ne coula plus et la glissoire déborda. Je voyais des visages railleurs se réjouissant de ce qui m'arrivait.

Je pressentais la portée de cet échec et en restai décontenancé. La bille put être délogée de la glissoire et mon diagnostic était qu'il y avait trop peu d'eau et que la pente était trop raide. Je me sentais impuissant. Dans un premier temps, je renvoyais mes collaborateurs à la maison pour pouvoir réfléchir au calme.

Les courbes étaient au bon endroit, il n'y avait pas de doute là-dessus. Alors pourquoi ça ne marchait pas ? Je pensais à tout cela tout en descendant lentement le long de la glissoire pour me trouver à la retenue de triage, de laquelle partait une autre glissoire de flottage. L'étang de retenue était plein. Je me suis assis sur une saillie rocheuse au-dessus de l'eau au soleil. Et tout à coup je sentis quelque chose me chatouiller à travers ma culotte de peau. Je sursautai et vis un serpent qui était enroulé à cet endroit. Comme je le chassai, il tomba à l'eau mais nagea vers le bord pour ressortir. Mais il n'y parvint pas à cause de la berge trop pentue. Le serpent se mit alors à nager dans l'étang et le traversa. Je le suivis des yeux et une idée subite me traversa l'esprit. Comment ce serpent qui n'a pas de nageoires peut-il nager si vite ? Je pris alors mes jumelles de chasse et me mis à observer les curieux mouvements giratoires du corps de la bête dans l'eau claire. Puis le serpent atteignit la rive opposée. Pendant un moment je restai médusé. Je récapitulai chaque changement de mouvement du serpent qui tournait si bizarrement dans l'eau. C'était la combinaison d'un mouvement ondulatoire vertical et horizontal. Dans la seconde je compris le processus.

Les mouvements du serpent dans l'eau avaient apporté à Schauberger la solution au problème de la goulotte. Il envoya ses ouvriers à la scierie chercher de minces lattes de bois. Pendant toute la nuit on entendit résonner des coups de marteau, qui clouaient les lattes pour former une sorte de rail à l'intérieur des courbes de la goulotte, de telle sorte que l'eau pouvait suivre un mouvement analogue à celui du serpent. Ce travail était urgent car le lendemain devait avoir lieu l'inauguration de l'installation. Lorsqu'à minuit Schauberger se rendit à son campement, il y trouva une lettre de son supérieur hiérarchique où on annonçait pour le lendemain à 10 heures la venue du prince et de son épouse, du directeur des Transports forestiers et de toute une pléiade de spécialistes pour assister aux premiers essais. Comme on avait été occupé à parfaire le dispositif, il était devenu impossible de réaliser un autre essai avant le démarrage proprement dit. On ne pouvait plus qu'espérer que tout fonctionnerait bien. Schauberger raconte :

Je me rendis à la retenue de départ. Là j'attendis mes hommes puis le prince et la princesse ainsi que mes plus féroces ennemis les spécialistes. Je saluai le couple princier et le forestier en chef. Les autres je les ignorai. La princesse me regardait la mine soucieuse et adossé à un poteau le vieux maître flotteur souriait d'un air suffisant.

Je fis ouvrir la vanne d'écoulement et en amont mes gens jetèrent des billes de moindre calibre à l'eau. Une bille plus importante de 90 cm avait été poussée de côté. « Alors » fit le vieux maître flotteur « qu'en est-il de la grosse ? » Je fis un signe discret à mes hommes et lentement le billot se rapprochait, dépassant à peine la surface de l'eau. Lorsqu'il était devant la bouche de la glissoire, il retint l'eau qui commençait à monter. Tout le monde se taisait et scrutait la bille. La glissoire allait déborder.

Puis on entendit un glouglou. La bille se tourna un coup à gauche un coup à droite et à la manière du serpent, flotta rapide comme une flèche. Après quelques secondes elle dessina une élégante courbe et disparut.

Le succès était complet. Dans son enthousiasme le prince nomma Schauberger au poste de directeur général des réserves de chasse. Des spécialistes qui désiraient étudier l'installation affluèrent de toute l'Europe. La renommée du fameux garde forestier se répandit comme une traînée de poudre, d'abord dans les milieux forestiers puis à Vienne dans les cercles officiels.

1. 5 Conception et construction des goulottes d'écoulement

Lorsque Schauberger commença à construire ses premières installations de flottage de bois, il pouvait se référer à une vieille tradition de ses ancêtres, entre autres à la méthode paternelle, à savoir de flotter le bois pendant la nuit.
Mon père achemina des centaines de milliers de mètres cube de bois de hêtre sur de longs trajets ; il ne fit jamais réaliser ce travail de jour, mais par des nuits de clair de lune, parce qu'il nous a toujours expliqué que l'eau qui avait été chauffée par les rayons du soleil était fatiguée et devenait paresseuse, qu'elle s'enroulait et s'endormait, alors que pendant la nuit et surtout au clair de lune, elle restait fraîche et vivante, de sorte qu'elle était capable de porter les billes de hêtre et de sapin qui sont plus lourdes qu'elle[3].

Schauberger s'inspira également de ses ancêtres quant aux idées et recommandations concernant ses dispositifs.
Il arrive qu'une crue élimine les obstructions bien naturelles qu'on avait utilisées pour flotter du bois dans les sites forestiers. Ces obstructions obligeaient l'eau à couler selon des méandres particuliers, parfois à gauche parfois à droite, sortes de courbes serpentiformes et hélicoïdales. Le terme de « mouvement cycloïde spatial »[4] *leur était évidemment inconnu, mais elles l'appliquèrent, aussi singulier que cela paraisse, lors de la construction des glissoires, de telle manière que l'eau et le bois se trouvaient propulsés vers le haut, au mépris des lois de la pesanteur, grâce à des courbes rythmiquement alternées.*

Ces idées de base Schauberger les avait appliquées dans les Monts Priel, mais on était encore loin de la prouesse technique qu'allaient devenir un jour ses installations de flottage du bois. Il parle aussi de ce qui le poussa à les réaliser.
Si on a vécu la souffrance de ces pauvres bêtes de somme, lorsqu'elles transportaient le bois dans la montagne, on comprendra que je me suis acharné à trouver une solution pour descendre les billots – sans valeur aucune d'ailleurs – dans la vallée et cela sans ajout de cervelle bovine. Mes nombreuses propositions de faire transiter le bois par l'eau, furent toujours rejetées, parce que

3 Le hêtre rouge fraîchement abattu a un poids spécifique de 0,85 – 1,12

4 Le « mouvement cycloïde spatial » (de cyclone) est un terme de base chez Schauberger. Il parle aussi de mouvement planétaire et de mouvement d'enroulement. Pour comprendre ce type de mouvement, il faut s'imaginer une particule qui s'enroule autour d'une bobine entourant un cône.

ce type de transport amenait avec lui de telles dégradations, qu'il valait la peine de construire des routes et des pistes forestières, qui bien que très chères à l'exploitation, valaient mieux que les dégâts qui apparaissaient rapidement sur les goulottes. En outre on revenait toujours à invoquer le fameux principe d'Archimède pour affirmer que les lourds billots de hêtre ne nageaient pas, de sorte qu'il ne fallait pas suivre des propositions aussi tordues contraires à la science.

Pour comprendre ce qu'on voulait dire par dégât sur le bois et les cours d'eau, il faut savoir comment se passait le flottage du bois en montagne en règle générale. Les différences d'altitude étaient souvent importantes, les torrents passaient entre des gorges et des défilés abrupts et leur débit était faible, donc insuffisant pour flotter du bois de gros calibre. On avait l'habitude de faire des barrages à des distances données, où on retenait l'eau et où le bois, qui devait être transporté, y roulait.

On ouvrait alors une écluse et on laissait s'échapper la masse d'eau avec le bois jusque dans la vallée. L'eau qui avait était retenue développait du fait de la pente une très grande force, de sorte que le bois culbutait dans tous les sens, s'abîmant et se brisant au contact des rochers et des pierres. Les cours d'eau également en souffraient et on considérait ce procédé comme anti économique et destructeur. La construction de complexes de flottage conventionnels était aussi considérée comme impossible, puisqu'il fallait travailler avec de grandes masses d'eau pour pouvoir transporter de grandes grumes par un dénivelé très important. Lorsque Schauberger décida de construire une nouvelle sorte de dispositif, d'une part poussé par la pitié des bêtes de somme et d'autre part par l'envie de mettre à l'épreuve ses théories sur l'eau, son problème essentiel était d'obtenir le meilleur rendement avec un minimum d'eau. La tradition héritée par ses pères et ses propres études sur l'eau allaient dans la bonne direction : la solution consistait à donner à l'eau le bon mouvement ainsi que la bonne température. Mais la mettre en pratique n'était pas aisé. Plusieurs brevets datant de l'époque et qui concernent la construction de ces installations de flottage, montrent bien qu'il devait se battre avec de nombreuses difficultés pratiques.

1.6 L'installation de Steyrling

D'ailleurs on devrait dire les installations de Steyerling car il s'agissait de plusieurs constructions s'étageant sur un site important. La plus grande installation se trouvait le long du torrent de Zösenbach et de ses affluents.

Il m'a été difficile de trouver quelque chose de tangible à partir des données existantes. Ce n'est qu'à l'automne de 1997 que j'ai appris par l'intermédiaire de la PKS à Engleithen, que le garde forestier en chef Otto Laus avait écrit en 1975, l'année de sa mise à la retraite, un rapport précis sur le complexe de Steyerling. Manifestement le forestier en chef Laus connaissait très bien ce dispositif et affirme que Viktor Schauberger en était le seul constructeur.

Afin de corriger la description de cette installation dans les éditions précédentes, je cite l'essentiel du compte rendu du garde forestier Laus :

Autrefois on prétendait que l'installation comprenait une goulotte en bois de 50 km de long. C'était faux. Selon le garde forestier en chef Laus cette installation comprenait des glissoires sèches et des glissoires d'eau, des tronçons où le torrent flottait au moyen de retenues ou de crue et du canal de flottage, la goulotte patentée ;

Le tracé de flottage allait de la vallée de la Molter en passant par le torrent Zösen, jusqu'à sa jonction avec le torrent de Steyrling. Depuis le site du Gürtlerspitz descendait une longue glissoire jusqu'à un grand lac de retenue dans la Hungerau. Dans cette retenue de la Hungerau on avait construit une glissoire de flottage supérieure qui servait à trier le bois depuis le lac de retenue jusqu'au Haselbach. Là on le flottait dans le torrent de Steyrling jusqu'à la retenue F et le bassin de dessablement. (Voir le schéma ci-après.)

Sur le schéma les glissoires entre les retenues d'eau sont courtes et droites. Mais elles n'étaient pas ainsi. Viktor Schauberger dit qu'elles avaient 100 m de long environ et suivaient les méandres du torrent.

C'est précisément cela qui provoque ce mouvement particulier de l'eau, mouvement qui est d'une part fonction de la juste température et d'autre part du juste profil de la goulotte, sans oublier le tracé en méandres du courant. Schauberger dit que « l'eau trace sa voie tout naturellement comme il lui plait afin qu'elle puisse remplir son rôle de façon optimale. C'est pourquoi nous devrions respecter ce souhait. » Il suit là un principe qui va devenir son leitmotiv pendant toute sa vie : « comprendre et copier » ce qui veut dire comprendre la nature et la copier. La nature est notre maître le meilleur qui soit. Le

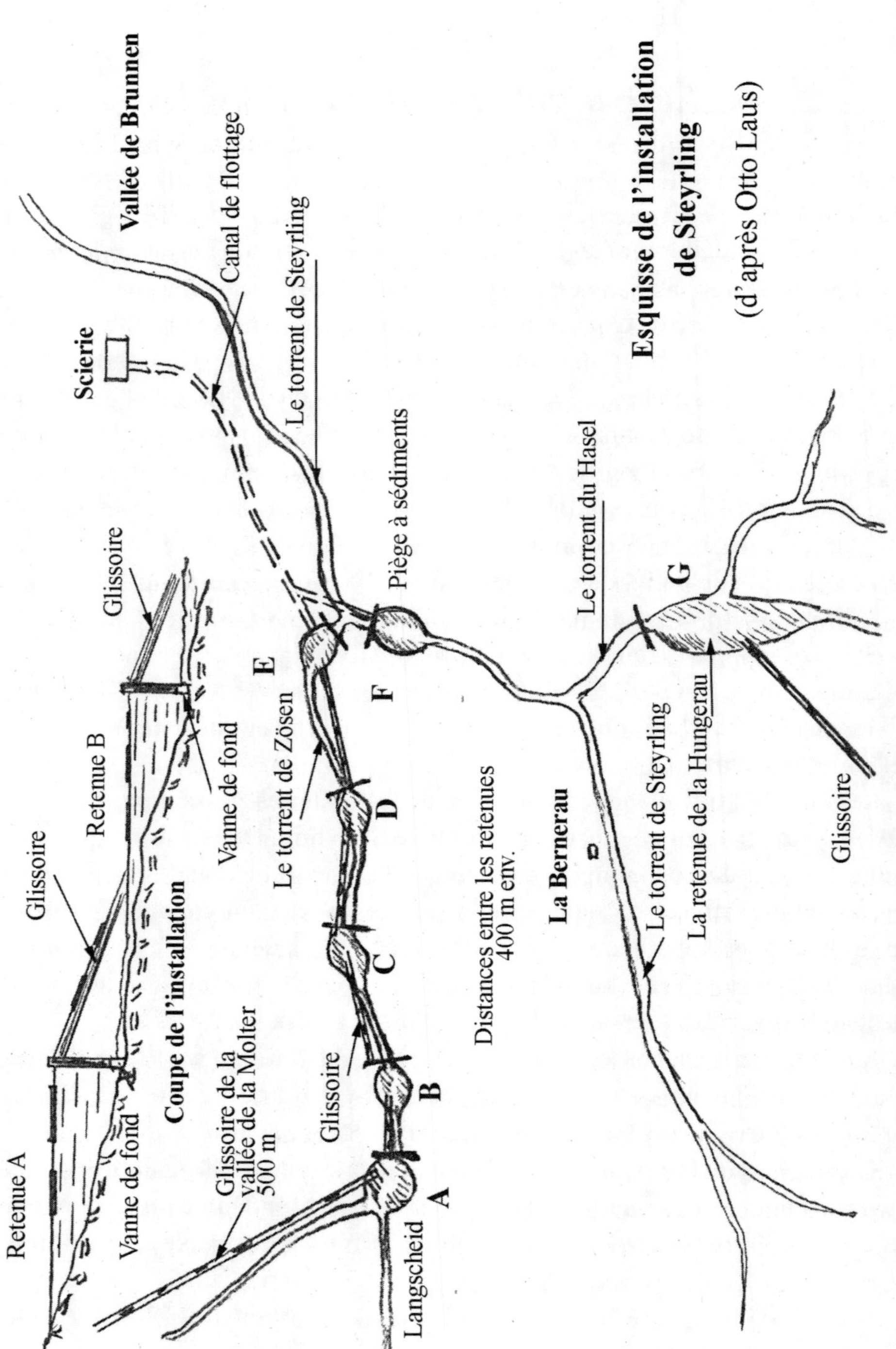

Esquisse de l'installation de Steyrling (d'après Otto Laus)

devoir de la technique n'est pas de corriger la nature mais de l'imiter.

Les méandres du torrent jouent un rôle primordial. Viktor Schauberger les nommera plus tard les « générateurs de courbes » parce c'est là que l'eau se charge grâce à son mouvement incurvé.

Ce n'est qu'avec l'observation du serpent (p 31) qu'il comprit, que la résistance qu'offrent les parois de la berge d'un torrent, a une influence sur les mouvements de l'eau. Il dira plus tard qu'il se souvint aussi d'un événement de sa jeunesse :

J'eus une vision de mon père, alors qu'il était mort, debout près du torrent de flottage en train de montrer à ses flotteurs et draveurs la façon de tracer naturellement les courbes de la goulotte. C'est à dire qu'il créait des obstacles artificiels, lesquels activaient l'eau aussi bizarre que cela paraisse et la rendaient fraîche, dense et lourde donc portante.

En incorporant des lattes dans les courbes des glissoires il copiait les obstacles naturels des parois des berges et le mouvement de l'eau pouvait se développer comme il fallait.

Le flottage

En cas de crue toutes les vannes A à E étaient maintenues fermées. Les retenues s'emplissaient d'eau et le bois provenant de la vallée de la Molter et de Langscheid était immergé dans la retenue A. Les grumes étaient alors introduites une à une dans la première glissoire. L'une après l'autre glissait alors dans la retenue B où deux meneurs les amenaient à l'aide d'un radeau jusqu'à la prochaine glissoire etc... pour arriver enfin à la retenue E. Là, pièce par pièce, les billes de bois étaient jetées dans le canal de flottage vers la scierie du Brunnental.

La retenue G dans la Hungerau avait une hauteur de 30 m. Elle avait une vanne submersible et une vanne médiane en fer dont les tuyaux avait un diamètre de 0,60 m. Une glissoire de passage, de 50 m environ de long, allait du bord supérieur de la retenue dans le torrent du Haselbach où le bois était jeté par trains entiers. On procédait alors à l'ouverture des deux vannes et tout le bois était flotté dans le torrent de Steyrling jusqu'à la retenue F. De là il prenait le canal de flottage jusqu'à la scierie.

La scierie

Avec un temps de travail journalier de 11 heures on pouvait flotter jusqu'à 1000 m^3 de bois du canal de flottage à la scierie. Là se terminait le canal près

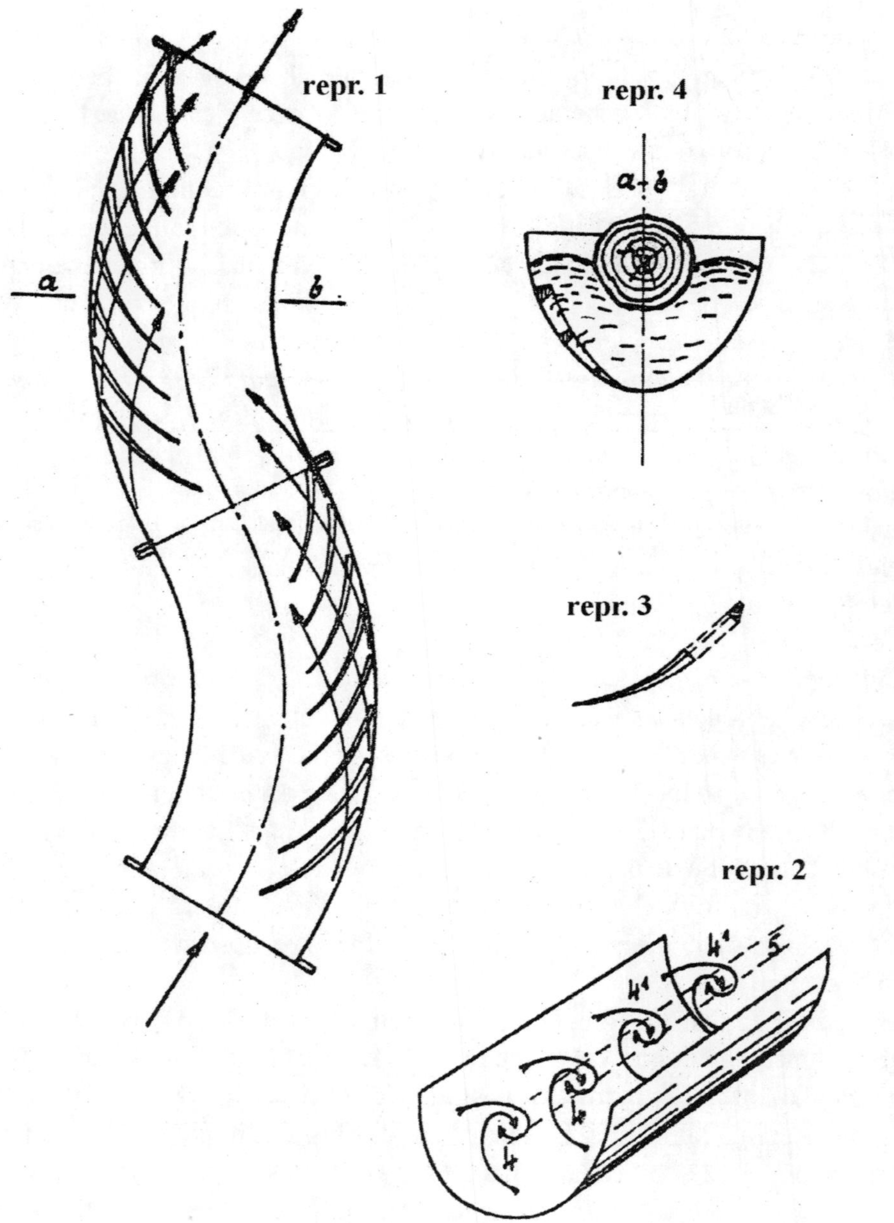

Lattes et mouvements tourbillonnants dans les goulottes

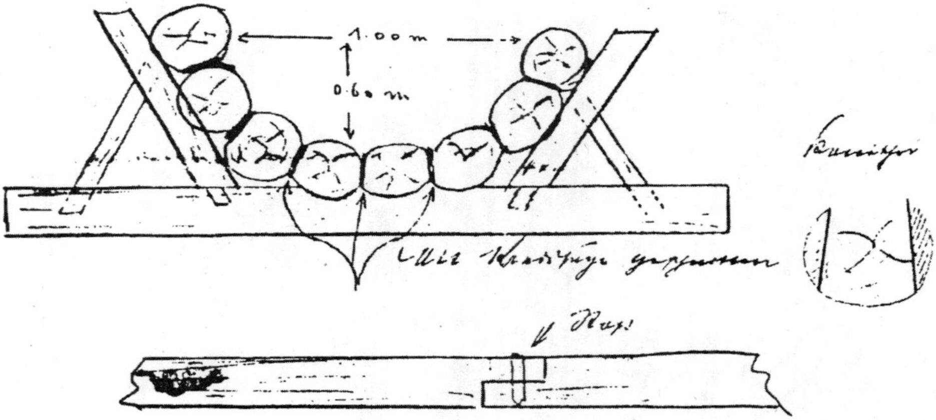

Exemple 1

Cette glissoire pouvait aussi bien être utilisée pour le flottage (le bois flottait dans l'eau) que pour l'acheminement sans eau (le bois glissait propulsé par son propre poids et la glissoire était lisse et humide).

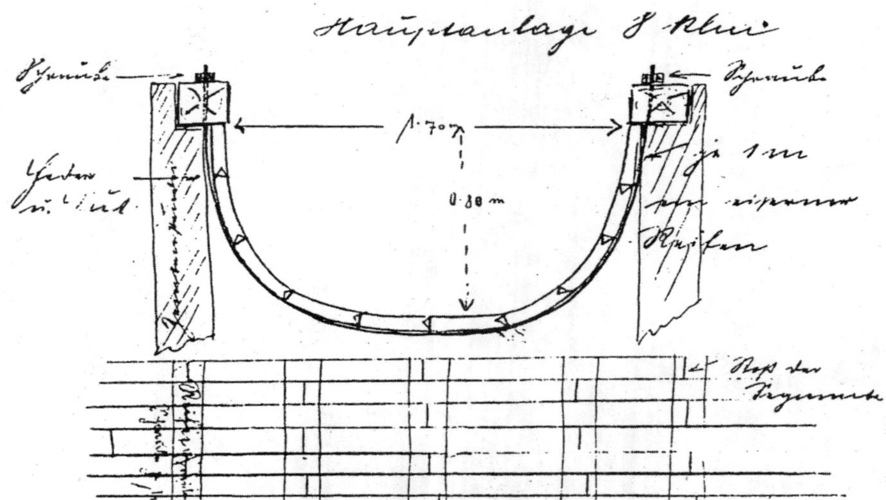

Exemple 2 – Le canal de flottage

Viktor Schauberger dessina ces deux modèles dans une lettre du 4.2.1922 à son frère. Il les utilisa tous les deux dans la construction de la station de Steyr et plus tard pour celle de Neuberg où il n'utilisa que le modèle II.

Détails de la station de Steyrling

La retenue E

La retenue F vue en amont. A droite la glissoire vers le canal de flottage

Le canal de flottage. Au fond le confluent des canaux venant des retenues E et F

La retenue de la Hungerau avec la glissoire de passage

Un meneur d'eau au bord du canal de flottage

Le canal de flottage

La vallée de Brunnen

L'aire de stockage du bois, à l'arrière plan le château d'eau, à gauche la centrale électrique

La scierie de Brunnental

du château d'eau, où une partie de l'eau se déversait par un grillage en fer dans une conduite à haute pression, qui menait à la centrale électrique située en dessous. Une autre partie de l'eau amenait le bois à l'entrepôt de la scierie par une glissoire très pentue. Plus loin il y avait encore une petite glissoire qui descendait du château d'eau pour se jeter dans un canal bétonné, qui amenait directement le bois vers les scies alternatives à châssis, de sorte que celle-ci était pourvue même pendant le flottage.

En 1949 on remplaça le canal de flottage par un dispositif en eternit.

1.7 Implication de l'Office fédéral des forêts

Le gouvernement autrichien avait de grandes difficultés financières. L'industrie forestière, important secteur de l'économie, n'était pas du tout rentable, surtout en ce qui concernait le secteur des transports. Celui-ci travaillait avec différents moyens, qui étaient désuets, lents et inefficaces. Le ministre de l'agriculture Buchinger et le directeur de l'Office Fédéral des Forêts Loew étaient d'accord : il fallait se montrer rationnel, mais comment faire ?

Ils avaient entendu parler du nouveau complexe de flottage de Steyrling et ils s'y rendirent immédiatement pour le visiter. Très vite ils furent convaincus de la supériorité de cette méthode d'acheminement et en septembre 1924 Schauberger fut invité à Vienne, pour discuter d'un poste au service de l'état. Dans la même année il fut engagé et commença son service.

Très vite arriva une proposition du ministre de l'agriculture Buchinger concernant un poste de consultant impérial en matière d'installations de flottage de bois. Schauberger accepta l'offre et il perçut un salaire contractuel, qui était le double de celui d'un universitaire au même poste. Le salaire était payé en monnaie or ce qui était appréciable par ces temps d'inflation.

Cependant Schauberger avait mis le pied dans un guêpier. L'Office Fédéral des Forêts – comme toutes les administrations centrales – était occupé par une multitude de conseillers à la cour, c'est à dire des fonctionnaires d'état qui n'aimaient pas le changement, surtout pas lorsqu'il venait d'une personne extérieure. Ils ripostèrent immédiatement pour lui nuire et tous les moyens leur semblaient bons. Schauberger dira plus tard que ces années là étaient les plus difficiles de sa vie, avant tout parce que le gouvernement était trop faible pour le protéger de toutes ces attaques.

Il avait été entendu que Schauberger devait construire dans un premier temps trois complexes : Grossraming, Klausen-Leopoldsdorf et Neuberg. Les fonctionnaires de l'office des forêts voulaient construire eux-mêmes l'installation de Grossraming. Mais comme il y eut des ratés, Schauberger a été obligé d'intervenir. Klausen-Leopoldsdorf, près de Vienne, était une installation où Schauberger construisit des glissoires combinées à des rails aériens. Il réalisa également une installation de flottage dans le site sauvage de Rettenbach à Bad Ischl, dont il reste des vestiges encore de nos jours. Le plus grand complexe fut monté dans la vallée de la Mürz, qui s'étendait le long de la Mürz de Frein jusqu'à Neuberg (voir page 53) D'abord on construisit la partie de Taschl-Krampen de 1925 à 1927. La seconde partie ne fut achevée qu'après le départ de Schauberger de l'administration.

1.8 Schauberger devient consultant officiel en flottage du bois

Dans les années qui suivirent Schauberger voyagea dans toute l'Autriche comme consultant. Il s'entendait très bien avec son supérieur hiérarchique le plus proche, le ministre Thaler, qui devait être à l'origine un mineur tyrolien. Mais ses rapports avec les spécialistes étaient d'autant plus tendus. Ceux-ci étaient furieux à l'égard de ce « self made man », parce que d'une part il était autorisé à donner des instructions dans des domaines techniques pour lesquelles il ne pouvait être compétent au regard de son instruction sommaire, mais d'autre part touchait un salaire auquel il n'avait pas droit en tant que non universitaire. L'amertume des universitaires ne fit que s'accroître lorsqu'ils échouèrent en copiant les installations de Schauberger. On essaya de construire à Reichraming des complexes analogues à celui de Steyrling, sans l'aide de Schauberger. Bien que les ayant copiés jusque dans le plus petit détail, le bois restait au fond de la goulotte. La pilule était amère à avaler mais il a fallu se résoudre à appeler Schauberger, qui les fit modifier en partie, après quoi ils fonctionnèrent parfaitement.

Pour tous ces experts les théories de Schauberger auraient été, tout comme lui d'ailleurs, sans aucun intérêt, si ses installations n'avaient pas été là comme un défi incroyable, une preuve flagrante du fait qu'il devait savoir quelque chose que les savants et les intellectuels ignoraient encore. Il a bien fallu reconnaître que le principe d'Archimède ne fonctionnait plus ; comment des grumes avec un poids spécifique plus lourd que l'eau, voire des pierres, flottaient dans l'eau comme du liège dans les goulottes. Toute cette affaire devait donc cesser. On mandata une commission qui avait pour mission d'étudier sérieusement l'installation de Neuberg. Comme président de la commission on fit appel au Professeur Forchheimer de Vienne, hydrologue internationalement connu.

Pendant toutes ces années pénibles le professeur Forchheimer fut une grande aide pour Schauberger. Il démontra que ses théories étaient scientifiquement fondées et qu'elles pouvaient en matière de « construction fluviale et de barrage » être enrichissantes et novatrices.

1.9 Les dernières expériences du professeur Forchheimer

Forchheimer s'attaqua à ces problèmes avec beaucoup de dynamisme. Il étudia les goulottes, observa leurs courbes et leur profil d'un point de vue mathématique, analysa les débits et la température de l'eau – bref, il mit tout son savoir d'hydrologue au service des dispositifs de flottage mais en vain. Il était incapable d'expliquer pourquoi ces mystérieuses goulottes fonctionnaient et comment elles étaient construites. Il changea alors sa tactique et commença à suivre Schauberger en ne le lâchant plus. Il l'accompagnait partout et lui posait des questions sur tout. Au début il ne reçut que des réponses brèves et acerbes, la plupart du temps formulées de telle sorte que Forchheimer ne les comprenait pas. Mais aussi bizarre que cela paraisse celui-ci n'abandonna pas et continua à se préoccuper de cette affaire.

Schauberger se rendit peu à peu compte que Forchheimer était différent des autres scientifiques qu'il avait rencontrés auparavant. Il n'était pas sarcastique et ne se sentait pas supérieur, au contraire il se montrait plutôt préoccupé d'avoir découvert quelque chose qu'il ne comprenait pas. Malgré lui Schauberger se mit à s'intéresser à cet homme de savoir et lentement se développa une profonde amitié entre les deux hommes. Ils se promenèrent ensemble dans les forêts et les prairies où Schauberger lui fit observer des phénomènes de la nature, qu'il avait depuis longtemps étudiés avec émerveillement. Donnons la parole à un témoin pour témoigner d'une anecdote qui eut lieu lors d'une excursion commune. Les deux hommes se tenaient à côté d'un torrent de montagne et discutaient. Soudain Schauberger dit :

« Professeur pouvez-vous me dire où l'eau est la plus froide : avant ou après avoir contourné la pierre ? » - il lui montra une pierre qui se trouvait en plein milieu du ruisseau et qui était polie d'une certaine façon. « Il n'y a aucun doute là-dessus, l'eau doit être plus froide avant de passer la pierre » répondit Forchheimer et se mit à expliquer comment le frottement au contact de la pierre provoque une augmentation de la température. « C'est parfaitement faux » rétorqua Schauberger « l'eau est plus froide en aval de la pierre ».

Une vive discussion s'en suivit et Forchheimer traça dans le sable des courbes de courant et des diagrammes de température, pour prouver qu'il avait raison. Après un moment Schauberger dit : « Ne serait-ce pas plus simple de mesurer la température de l'eau, nous verrons bien qui de nous deux a raison. »

Il prit son thermomètre et le plongea dans l'eau. Ce n'était pas spécialement difficile, puisqu ' il portait une culotte de peau et n'avait qu'à enlever ses chaussures. Après avoir relevé la température, il fit remarquer au professeur qui attendait avec impatience, que l'eau en aval de la pierre avait deux degrés de moins qu'en amont. Le sang de Forchheimer ne fit qu'un tour et il s'écria : « C'est impossible ! Vous avez dû mal lire, apportez-moi le thermomètre pour que je puisse mesurer moi-même ! »

Il enleva ses bottes avec un certain mal et retourna le bas de ses étroits pantalons avant d'entrer dans le ruisseau. A 72 ans cela pouvait paraître inconvenant ; Puis il mit le thermomètre dans l'eau, en releva la température et se tint là stupéfait. Il oubliait qu'il était debout pied nu dans un ruisseau de montagne glacé. Il dit soudain : « C'est donc vrai, c'est parfaitement exact ! »

Livré à ses pensées il retourna vers le bord et se rechaussa. De ce jour il fut vraiment convaincu que ce garde forestier colérique, entier et bizarre s'intéressait sérieusement à des phénomènes bien que ses théories et sa langue mystérieuse fussent difficiles à comprendre.

Prof. Dr. Phillipp Forchheimer
1852 - 1933

1.10 Viktor Schauberger tire sa révérence

Le supérieur hiérarchique de Schauberger, le ministre Thaler était satisfait et se réjouissait de son succès. Par contre les universitaires jugeaient la coupe pleine. Ils convoquèrent un congrès de forestiers diplômés à Salzbourg, puis envoyèrent au parlement de Vienne une lettre de protestation concernant l'engagement de Schauberger, en se référant à l'échelle des salaires en vigueur dans la république. Eu égard à cette attaque, Thaler céda et convoqua Schauberger en lui faisant remarquer que son salaire n'étant pas légal ne pouvait plus lui être versé. En outre le gouvernement était prêt à le garder à son service. Son salaire serait réduit de moitié mais en même temps on compenserait l'autre moitié par la soi-disant caisse noire du ministre. Là Schauberger devint carrément furieux. Il ne voulait pas être mêlé à de telles combines. Si le gouvernement n'honorait pas ses contrats, alors il donnerait sa démission. Il pensait que le pays était gouverné par des hommes et non pas par des pantins… il partit sur-le-champ.

1.11 L'entreprise Steinhard

Cependant Schauberger n'était pas au chômage pour autant. Devant la porte de la chancellerie du ministère attendait un certain Steinhard, directeur d'une des plus grandes entreprises de construction de l'époque en Autriche qui lui proposa un poste. Schauberger avait pour mission de construire dans toute l'Europe des complexes de flottage du bois. Il accepta et resta quelques années à son service.

Steinhard signa un contrat avec le gouvernement pour la construction d'un complexe près de Neuberg dans le Mürztal.

Celui-ci fut construit dans les années 1925-1928 et dans le contrat était stipulé que l'installation devait transporter au début 1000 m^3 de bois par jour. Si Steinhard réussissait, le gouvernement lui verserait une prime d'un million de schilling ; si ce quota ne devait pas être atteint, toute l'installation devait être démontée à ses frais. Cependant l'installation atteignit les 1400 m^3 dans les premières heures de sorte que Steinhard empocha son million. Lors d'une cérémonie officielle l'état prit possession du complexe de flottage et Steinhard saisit l'occasion pour offrir à Schauberger une montre en or gravée et le loua par-dessus tout.

Dans un protocole officiel du gouvernement ce complexe fut considéré comme un chef d'œuvre et il fut en service jusqu'en 1951, date à laquelle toute la forêt avait été déboisée.

La meilleure documentation concernant ce chef d'œuvre a été pendant longtemps le film « Tragendes Wasser », que le syndicat d'initiative autrichien avait tourné en 1929. (Récemment d'autres documents écrits ont été trouvés. Voir le paragraphe sur « Que sont devenues les installations de flottage en Autriche ? » (page 242)

Le film a disparu pendant la seconde guerre mondiale, mais a été retrouvé en 1961 dans des archives de Berlin Est. On en fit des copies destinées à des organismes de biotechniques en Allemagne de l'Ouest et en Suède. Une partie du film original a été perdue quant au reste il était déchiré et abîmé. Cependant ce film nous livre la preuve irréfutable et documentée du fonctionnement de ces installations, qui étonnèrent en leur temps tous les experts en la matière et donnèrent lieu à maintes discussions passionnées, de disputes et d'études par des commissions de spécialistes. Dans les années qui suivirent Schauberger construisit pour Steinhard des installations analogues non seulement en Autriche mais encore en Yougoslavie, Monténégro, Turquie et autres pays, toujours avec le même succès. La collaboration avec Steinhard continua jusqu'en 1934 quand un contrat avec la Tchécoslovaquie était en passe d'être signé. Mais Steinhard essaya de manipuler les conditions de paiement de sorte que le contrat fut retiré.

Schauberger entra alors en conflit avec Steinhard parce qu'il critiquait ces manipulations. Leurs chemins se séparèrent. De ce fait les constructions d'installations de flottage cessèrent pour lui. Il eut encore bien plus tard une commande venant d'Allemagne, mais qui échoua car la seconde guerre mondiale venait d'être déclarée.

Pour Schauberger la période passée chez Steinhard fut marquée par le succès. En même temps il continuait à avoir des ennuis avec ses anciens contradicteurs du milieu des universitaires. Dans son entreprise Steinhard employait quelques techniciens et architectes à succès, qui enregistraient avec une amertume croissante les succès de Schauberger en prédisant la ruine à leur patron au cas où il continuerait à laisser faire cet autodidacte sorti du rang contre un savoir-faire scientifique et technique avéré. Bien que plusieurs fois de grosses sommes fussent en jeu, Steinhard maintenait sa confiance à Schauberger. Il n'eut d'ailleurs jamais l'occasion de le regretter.

Iconographie : L'installation de Neuberg

Viktor Schauberger à la fin des années 20

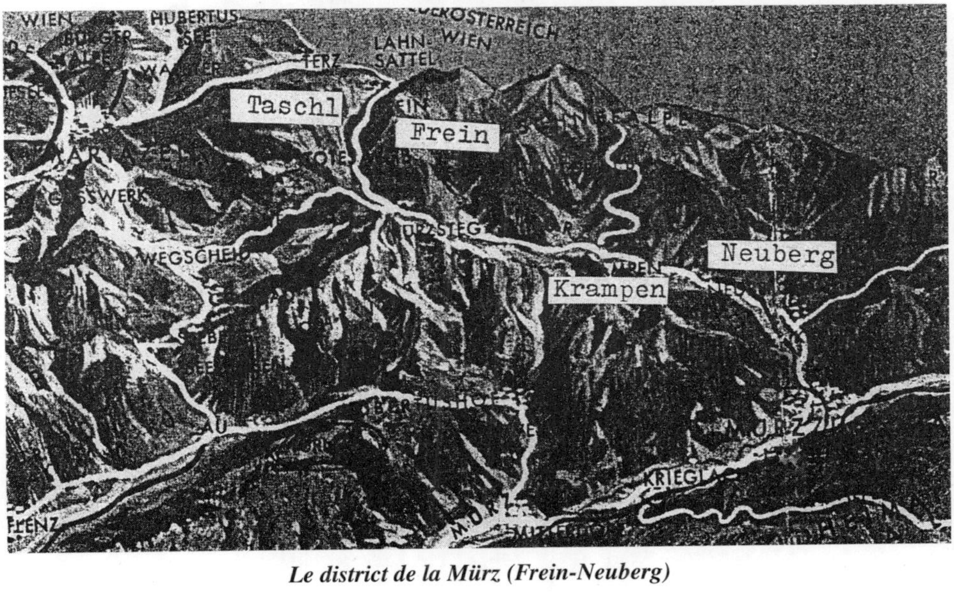

Le district de la Mürz (Frein-Neuberg)

Le point de départ : le barrage de Taschl

La rivière Taschl

Le Brunnbach

Le Brunnbach

La jonction de la rivère Taschl et du Brunnbach

Le barrage de Rasthöhe près de la Toten Weib

Krampen : chargement de bois dans la glissoire

Le canal de flottage

Le passage de la Mürz

De Krampen à Neuberg

La sortie du tunnel

A Neuberg

La station terminus de Neuberg

Le canal de flottage construit en bois

L'installation de Frein-Neuberg – esquisse du principe de base

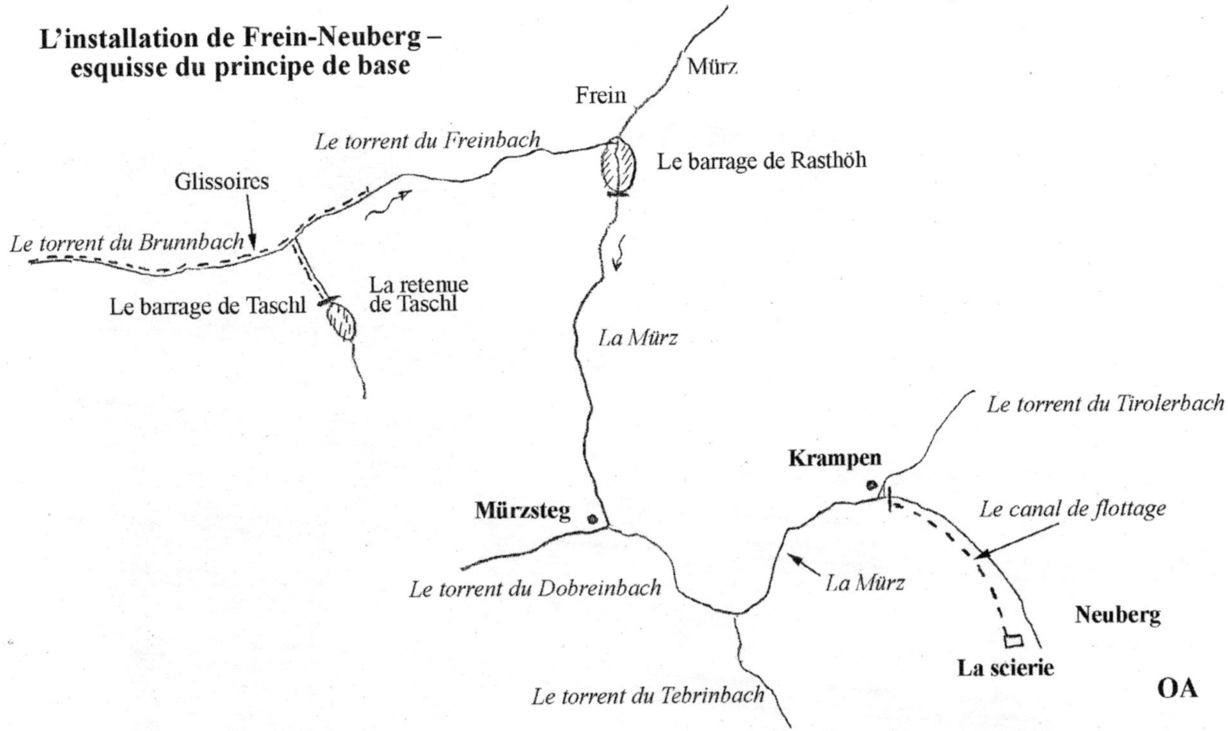

La retenue et le barrage de Taschl marquaient le début de l'installation. Le bois de flottage passait dans une glissoire de 335 m jusqu'à la dite « Kohlung » où elle se joignait à la glissoire du Brunnbach. Tout le bois flottait ensuite dans une glissoire de 458 m pour rejoindre le torrent du Freinbach long de 6,5 km dont le fond était muni de poutres de soutènement et de dispositifs de guidage. Le torrent du Freinbach confluait dans la rivière Mürz près du village de Frein. A 1 km en aval environ, on construisit près du lieu dit « Toten Weib », un grand bassin de retenue (60 000 m^3) avec un barrage, le « Rasthöhsperre ». Ce barrage était muni de 2 vannes de fonds et 2 grandes vannes d'après les plans de Viktor Schauberger. Sur le pilier du fond à gauche du barrage, il y avait une glissoire de passage par laquelle le bois descendait dans la Mürz. A 3 km du barrage à Krampen se trouvait une grille de retenue ainsi qu'une station d'amenée pour le canal de flottage (2100 m de lg) où le bois était flotté vers l'aire de déchargement de Neuberg. La longueur totale de flottage était de 46 km.

La retenue de Taschl –
Esquisse du principe de base

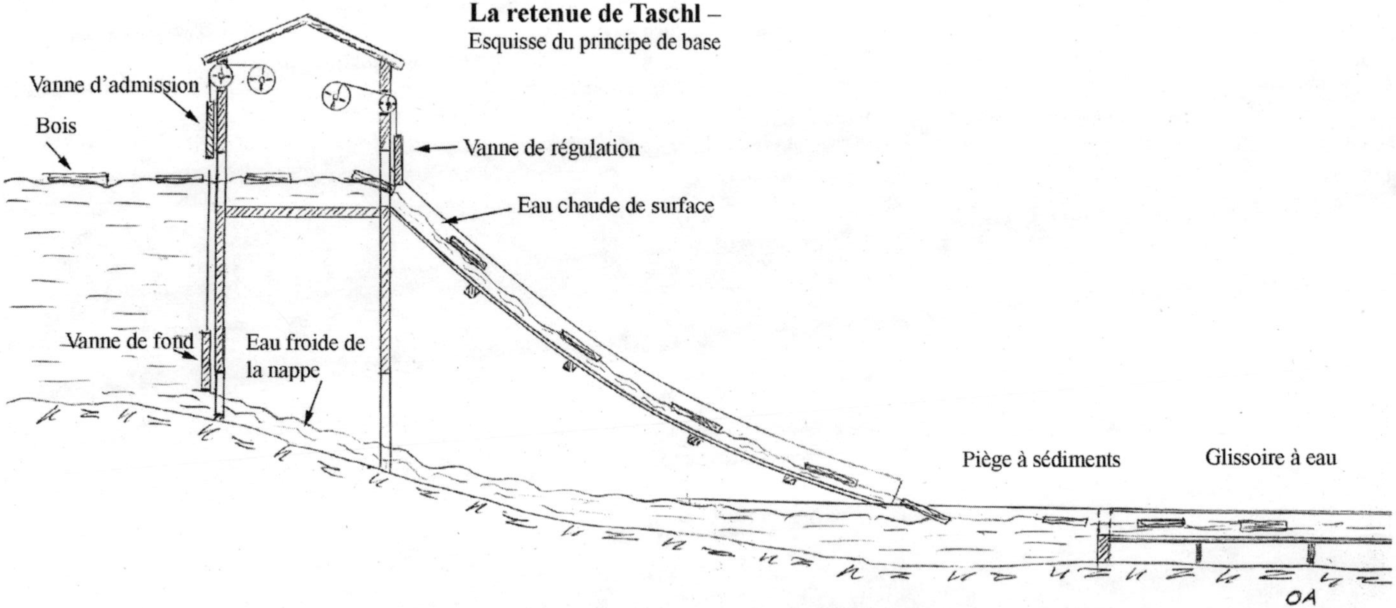

A partir d'un mélange précis d'eau froide de la nappe et d'eau chaude de surface, Viktor Schauberger réalisa dans ses retenues la dite « chute de température positive », qui équivaut à + 4° C environ. Ainsi l'eau devenait une « eau qui porte ».

Il se peut qu'à la fonte des neiges l'eau de surface soit plus froide que celle de la nappe. Il fallait donc ajouter à l'eau de flottage de l'eau souterraine plus chaude pour arriver à une température avoisinant les + 4 ° C. Pour Schauberger le réglage de la température représentait la clef du fonctionnement des installations de flottage. Il disait « Je les guide avec mon thermomètre. »

Le barrage de Rasthöh
Esquisse du principe de base

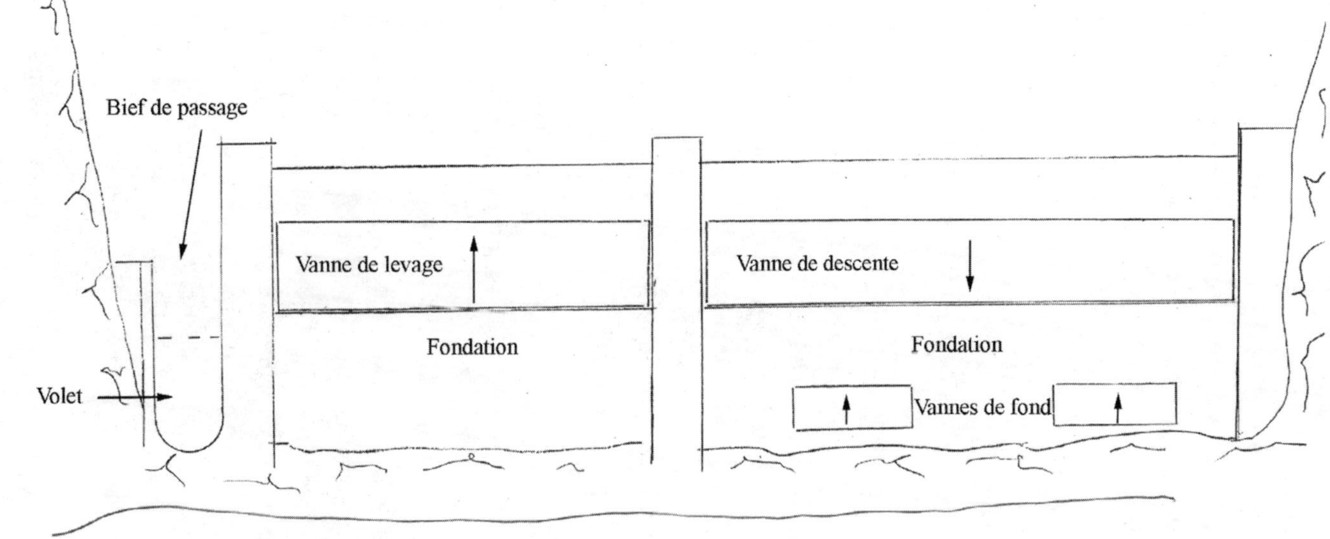

Dans ce barrage aussi les vannes n'étaient pas seulement prévues pour régler la quantité d'eau, mais aussi pour la régulation de la température de l'eau de flottage : de l'eau froide de la nappe par la vanne de fond, de l'eau chaude par la vanne de descente et le bief de passage.

1.12 Une expertise

Bien que pendant les années qui suivirent la construction de l'installation de Neuberg, d' importantes contributions au projet et à la réalisation par Viktor Schauberger avaient été minimisées et parfois complètement désavouées, il est intéressant de lire une expertise de l'architecte V. Raymann, directeur général des eaux et forêts en Autriche :

... nous confirmons qu'en raison d'une rationalisation de l'acheminement du bois dans le Freinbach et dans la rivière Mürz, après avoir pris connaissance des données et en partie aussi au regard des projets de Monsieur Schauberger datant des années 1925-27 des installations de flottage ont été construites et différentes régulations des dispositifs d'écoulement ont été réalisées. Ces installations comprennent pour l'essentiel : un dispositif dans la « Taschl » qui sert à l'acheminement du bois à partir du bassin de retenue au niveau de la cluse de Taschl et du Brunntal jusqu'au flux du Freinbach ; un barrage dans la rivière Mürz au niveau de la Toten Weib le barrage dit de Rasthöhe, ainsi que différents radiers et canalisations de berges dans le Freinbach et la rivière Mürz.

Ces mesures en matière de construction facilitent l'acheminement du bois de telle manière que les frais ont été réduits considérablement par rapport à ceux engendrés par les méthodes anciennes.

Afin de faire passer le bois stocké au barrage de Krampen vers l'installation de Neuberg on réalisa en 1928-29 toujours d'après les plans de Monsieur Schauberger une installation artificielle de flottage sur 2 km de long à Krampen-Neuberg, où le bois est récupéré fonctionnellement et très économiquement, au moyen d'un dispositif automatisé roulant. Les installations étaient disposées de telle sorte que, le dispositif de déchargement peut aussi être utilisé comme plate-forme de transition pour d'autres moyens de transport (poids lourds, chemin de fer à voie étroite ou normale).

Nous vous confirmons volontiers, que ces installations répondent parfaitement à toutes les exigences demandées et qu'en cas de rythme accéléré, on peut obtenir un rendement horaire de 100 m^3 (flottage, triage et conditionnement) ce qui correspond sans aucun doute à un progrès considérable dans le domaine du transport forestier. D'autre part nous vous confirmons aussi que les constructions au Freinbach et à la Mürz ont été parfaitement rentables et qu'elles ont eu une influence bénéfique sur l'évacuation des éboulis et par conséquent sur la consolidation évidente des cours d'eau sauvages.

Copie certifiée conforme
Böhm

1.13 L'arrière chaîne de montagnes (Hintergebirge)

En mars 1945, alors que Viktor Schauberger se trouvait encore à Leonstein (page 144) l'office autrichien des forêts prit contact avec lui.

Le sujet des entretiens portait sur la mise en exploitation de « l'arrière chaîne » de montagne, un site forestier dans le district Weyer à Reichraming. Viktor Schauberger avait déjà travaillé sur un projet en 1923-24, qui envisageait la mise en exploitation de ce site très difficile d'accès, mais qui n'avait pas trouvé d'écho auprès des autorités autrichiennes compétentes. Ceux-ci avaient essayé de régler ce problème depuis plus d'un demi-siècle mais en vain.

L'office du travail de Kirchdorf écrivait en mars 1945 :

« Selon contrat Monsieur Viktor Schauberger a livré à la société de construction d'Obersteir un projet d'installation de flottage brevetée en vue de l'exploitation de l'arrière chaîne de montagnes près de Reichraming. De telles installations existent déjà depuis un certain temps près de Neuberg en Styrie et près de Steyrling.

Sur ce site sont stockés de grandes quantités de bois de mélèze, de hêtre, de sapin et de pin. Il s'agit de vieux bois qui n'ont pu être acheminés vers des scieries, étant donné que ce site n'avait pas pu être exploité par les moyens à disposition. Non seulement le prix de revient était très élevé mais la nature aussi y avait placé des obstacles insurmontables.

La mise en exploitation de ce site est pour le négoce du bois en Autriche de la plus grande importance, parce que la reconstruction du pays va s'en ressentir puisqu'il ne faut pas oublier que l'année dernière environ 3 millions de m^3 de bois de construction a été utilisé comme bois de chauffage. »

Le site forestier se trouvait sur un plateau, entouré de gorges profondes. La proposition de Viktor Schauberger consistait à fermer les ravins par de hauts murs de retenue et de les remplir d'eau. Il en aurait résulté un lac de 10 km de long, où il aurait été possible de stocker le bois. A partir de ce lac on pouvait acheminer le bois jusque dans la vallée au moyen d'un canal de flottage, dont le tracé devait traverser un rocher grâce à un tunnel. Malgré de nombreux essais dans les années 1946-47 il n'a pas été possible d'obtenir l'agrément de l'office fédéral des forêts pour ce projet et Viktor Schauberger y renonça.

1.14 Les petites voies fluviales

Parallèlement Viktor Schauberger travaillait sur un autre projet sur l'acheminement du bois, les dites « petites voies fluviales ». Au lieu d'une glissoire de bois placée dans des torrents canalisés ou des canaux de flottage, il proposa de construire un réseau de nombreux canaux en pierres naturelles. Chaque canal devait conférer au terrain des courbes adaptées et devait être très profilé, avec une alternance d'axes verticaux et horizontaux. De ce fait ni la pression de l'eau ni celle du bois ne s'exercerait sur les parois et celles-ci pourraient donc être réalisées en matériau léger.

Par leur « profilé conforme à la nature » ces canaux étaient soumis au « principe de guidage axio-radial ».

« La caractéristique de ce profilé, totalement inconnu des scientifiques, c'est la possibilité de maintenir de l'eau en été comme en hiver, proche du point d'anomalie de la gravité grâce à toutes les conditions de déclivité existantes. » (on peut voir des phénomènes analogues dans des sources de montagne très riches).

« Par un tracé conforme à la nature les masses d'eau du bord, vont tourner autour de leur axe, de sorte que grâce à cette rotation « originelle »,(il faut comprendre par là un mouvement rythmique de la courbe éternelle) un champ biomagnétique va être créé, dont la force est proportionnelle à la vitesse de rotation. La gravitation de l'eau va devenir un champ magnétique où résultera une force de levage et une capacité portante.Ce n'est que comme cela que les matériaux qui sont plus lourds que l'eau normale, pourront flotter par roulage. »

Il existe un seul schéma de Viktor Schauberger montrant une petite route fluviale. Celle-ci n'est évidemment que schématique, mais elle rend compte des conditions du courant ainsi que la section transversale. Celle-ci est assez analogue à la section de son tuyau hélicoïdal (voir dessin breveté fig.2 page 193)

Manifestement ces petites voies d'eau n'ont jamais vu le jour.

Une petite voie d'eau

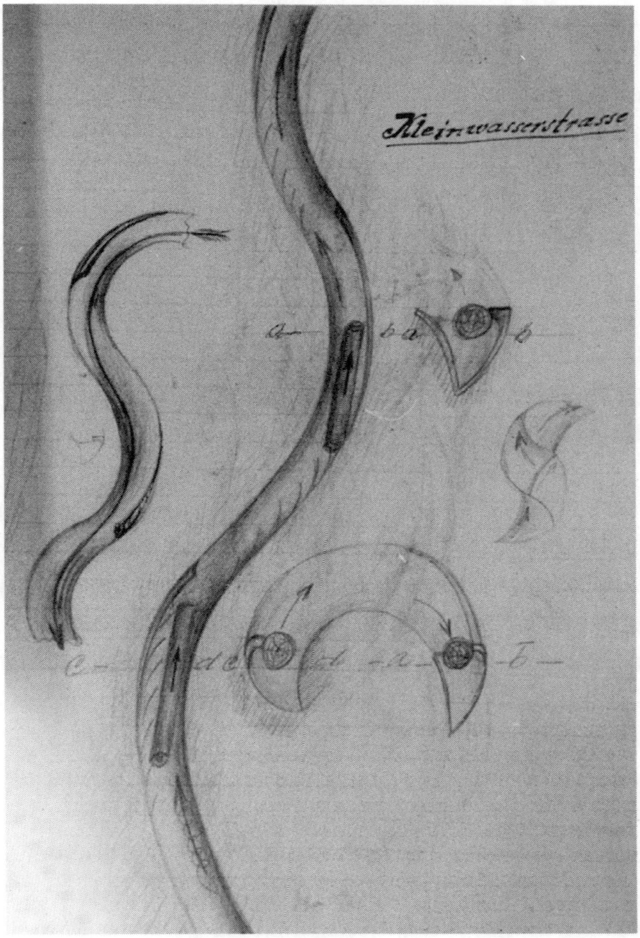

D'après un dessin de Viktor Schauberger (comparer la coupe a-b avec la fig. 2 p. 193 – coupe transversale du tuyau à double torsion !)

2. Une nouvelle technique de génie hydraulique

2.1 La coupe à blanc altère le cours de l'eau

Le but principal de Schauberger n'était pas seulement les installations de flottage du bois. Il s'intéressait à un éventail plus large mais l'eau restait le centre de ses intérêts. Elle était partout, que ce soit dans l'activité forestière ou agricole voire domestique. Il était de plus en plus convaincu que la condition d'un développement économique, social et politique en Europe – et dans le monde – c'était d'adopter une nouvelle attitude envers l'eau, les forêts et la terre. En premier lieu, la technique devait accepter l'idée que l'eau était une chose qu'on ne pouvait pas manipuler n'importe comment comme si elle était sans vie. L'eau n'était pas l'H2O mais bien un organisme vivant avec ses propres lois que tout homme devait respecter.

C'est précisément parce que Schauberger avait eu pendant si longtemps l'occasion d'étudier les différents comportements dans une nature quasiment intacte, qu'il a pu – peut-être mieux qu'un autre – se rendre compte des modifications dangereuses qui en résultent lorsque l'homme détruit l'harmonie existante. Il fut témoin avec effroi de ce qui advint aux sources et aux cours d'eau, à la faune et à la flore, lorsqu'on pratiquait le déboisement massif des sites forestiers. La coupe à blanc se développa en Autriche après la première guerre mondiale telle une traînée de poudre. Le pays souffrait de mauvaises conditions de vie et la forêt offrait un moyen facile de faire de l'argent. Personne alors ne songeait à reboiser ou à agir par tout autre moyen contre la destruction des sols. L'altération des sols était en marche dès lors que la forêt disparaissait. Dans les sites montagneux, les avalanches et les glissements de terrain emportaient sur leur passage tout ce qu'on appelle terre et empêchaient à jamais toute culture des sols. Les modifications apportées après une coupe à blanc ne furent remarquées au début que sur les cours d'eau. Schauberger avait en effet étudié en détail les sources et les torrents ; il s'était rendu compte qu'ils ne tarissaient jamais et avait vu que leurs lits étaient tapissés de mousse, qui même en cas de très fort courant, n'était jamais arrachée. Il avait observé aussi comme les filaments moussus allaient contre le courant ce qu'il mit en

Remembrement dans le secteur de Gällovaren (Foto Pal-Nils Nilsson)

rapport avec l'énergie de l'eau. Ces filaments étaient les antennes, qui plus ils résistaient au courant, plus grand était le rapport entre mouvement et température dans le cours d'eau. De tels torrents ne détruisaient jamais leur lit et ne débordaient jamais, même en cas de très fortes précipitations.

Tout cela changea dès lors qu'on pratiqua le déboisement des forêts. Ce sont les torrents qui réagirent en premier, ils devinrent sauvages. La mousse au fond fut emportée et disparut à jamais. L'eau n'arrivait plus à maintenir son cours proprement, elle charriait des éboulis et de la boue ce qui provoquait des retenues et par suite des inondations Puis l'eau s'attaqua à son propre lit, inondant les bords par le dessous, puis déborda et devint un grand danger pour l'environnement, surtout après la pluie ou la fonte des neiges. En outre les sources commençaient à tarir. Le niveau de la nappe souterraine baissait dans un grand secteur autour de la coupe à blanc. Enfin les torrents eux-mêmes s'asséchèrent complètement, sauf en cas de fortes pluies, où ils pouvaient alors se transformer rapidement en flots incontrôlables, menaçant les hommes et leurs maisons. Par voie de conséquence se mourrait peu à peu tout un paysage situé dans une zone où on avait supprimé la forêt. La menace provenant de ces cours d'eau dégradés et sauvages exigea des mesures d'urgence. On pratiqua alors l'obstruction des cours d'eau sauvages, qui est par trop fréquente en Autriche et parfois en Europe méridionale. Pour empêcher l'eau de sortir de son lit et d'engendrer des catastrophes, on se mit à canaliser les cours d'eau au moyen de pierres et de béton. On avait entrepris un travail de Sisyphe qui n'aurait jamais de fin. Ces parois et ces murs doivent être toujours entretenus, puisque l'eau menace de déborder constamment et de les attaquer par en dessous. Les frais qu'occasionnent ces travaux sont énormes. Seules les entreprises qui vendent les pierres et le béton peuvent se réjouir. A la fin des années vingt déjà Schauberger s'était mis à décrier verbalement et par écrit ces destructions des forêts et ces constructions dans les torrents. On pourrait lui objecter que par ses installations de flottage il participait aussi à cette dégradation de la forêt. C'est exact mais il croyait – naïvement peut-être – que par une diminution des frais d'acheminement il obtiendrait un plus grand bénéfice net. En même temps il prêchait avec opiniâtreté la nécessité de ne prélever que les intérêts de la forêt et de ne pas tout déboiser. C'était des paroles prononcées dans le vide car les grandes firmes de bois, qui partout se montaient avec l'autorisation de l'état n'avaient qu'un seul but : transformer au plus vite chaque arbre en monnaie trébuchante, comme cela se passait en Suède à l'époque, alors que la dernière forêt vierge du pays disparut ainsi. Le déboisement total, qui jusqu'il y a peu de temps était autorisé dans l'économie forestière en Suède est aussi négatif dans ses conséquences que l'abattage de vaches à lait en période de disette.

Schauberger vit que cette catastrophe de la déforestation empirait du fait de l'obstruction artificielle des torrents. Il était conscient, qu'on ne devait pas laisser les torrents livrés à leur destin, mais que l'eau elle-même ne demandait qu'à retrouver son équilibre initial. Grâce à un tracé naturel elle entretiendrait son cours :

« On ne canalise jamais un cours d'eau à partir des bords mais bien du centre c'est à dire du milieu lui-même »

Schauberger avait commencé très tôt à s'intéresser à toutes ces questions. En 1929 il obtint le brevet pour des constructions contrôlant les torrents de montagnes et les rivières (Brevet autrichien N° 11 3487) Selon le texte du brevet « les aménagements freinent la vitesse de l'eau de telle manière que les éboulis et la boue qui affluent ne peuvent provoquer de dégâts dangereux. En outre par l'ajout d'éléments qui vont jouer le rôle de frein à des endroits bien précis, on obtient un mouvement de l'eau dont l'axe du courant est au milieu de la rivière. » A ce sujet il a pu déposer un brevet concernant une découverte

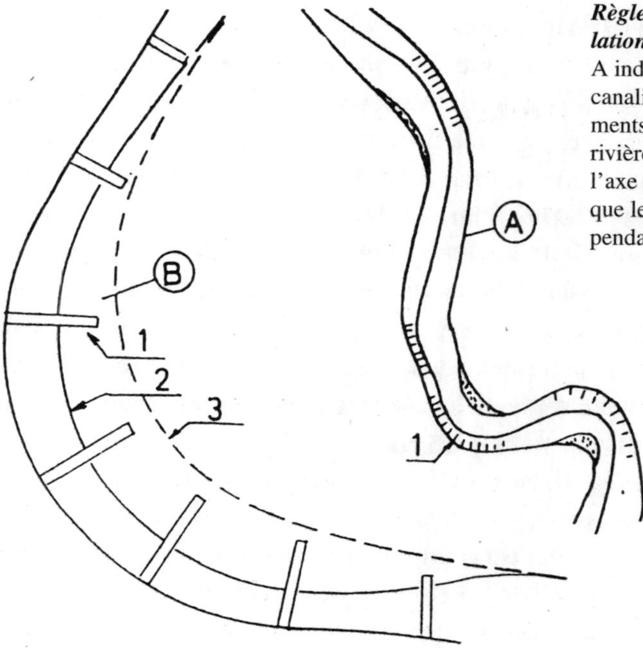

Règlement à suivre pour une régulation de rivière
A indique le cours d'eau devant être canalisé – En 1 on a posé des éléments de freinage dans le lit de la rivière. En B il est indiqué comment l'axe du courant passe de 2 à 3 dès que les éléments de freinage ont agi pendant un certain temps.

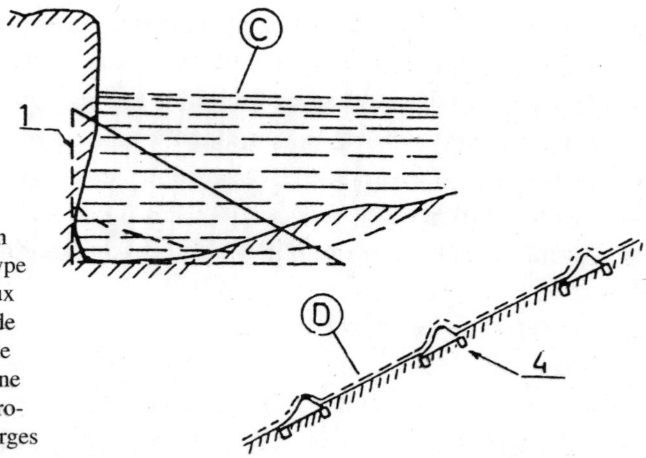

En C on peut voir le détail d'un élément de freinage. En D le type d'élément (4) correspond à ceux qu'on utilise pour les torrents de montagne. Il freine la vitesse de l'eau, de sorte que les torrents ne charrient pas trop d'agrégats provenant de leur lit et de leurs berges (brevet autrichien n° 11 3487).

complémentaire en 1930 (Brevet autrichien N° 13 62 14 avec le titre suivant : « Dispositifs et constructions pour régler le débit de barrages et pour renforcer les constructions de digues. ») Dans ce texte on affirme dans l'introduction qu'autrefois lorsqu'on réalisait le tracé d'un cours d'eau et malgré toute la technicité, on oubliait un détail important, à savoir la température de l'eau et son comportement envers la température du sol et de l'air, de même que les différences de températures de l'eau elle-même. En outre on n'avait pas pris en compte que les différences de température de l'eau avaient une influence sur son mouvement propre. Si on utilise, comme c'est le cas jusqu'à présent, un tracé naturel avec des barrages se succédant et des écluses, qui ne déversent que de l'eau de surface ou que de l'eau du sol à partir de la digue, cela provoque immédiatement après le barrage des perturbations sous forme de destruction de la berge. L'eau déversée doit de ce fait, par le mélange d'eau plus chaude en surface et plus fraîche au sol, atteindre une température telle, qu'elle puisse s'adapter à la température qui règne à ce moment là dans l'air. On obtient alors un courant régulier, qui va emporter lentement vase et autres boues sans agresser le secteur des rives. Cette découverte brevetée provoqua une régulation automatique de ces rapports, avant tout grâce à un volet d'aération commandé par la température de l'air. Tout ce que Schauberger découvrit au sujet des lois concernant l'eau, ses différents mouvements et son comportement vis à vis de la température ainsi que les facteurs qui en découlent, l'importance de l'eau en agriculture, dans le domaine forestier et dans toute l'économie en général, les conséquences de la déforestation au niveau des paysages et des hommes, les méthodes anti écologiques concernant les canalisations des torrents, tout cela se trouve dans un traité qu'il écrivit dans les années 30. C'est grâce au professeur Forchheimer qui s'intéressait à ses théories qu'il a pu le publier.

2.2 Débat à l'Ecole des Hautes Etudes de la Culture des Sols

Que Schauberger ait pu présenter ses théories devant un parterre de spécialistes c'était encore grâce à l'intérêt que lui portait Forchheimer. Ce dernier devait être présent et dans une certaine mesure contribuer à faire entendre enfin les théories « hérétiques » d'un néophyte. Comme forum approprié, Forchheimer choisit les professeurs de l'Ecole des Hautes Etudes de la Culture des Sols à Vienne.

Schauberger avait raconté dans une langue imagée comment tout s'était passé. Forchheimer l'avait présenté à tout le collège de professeurs dont la présidence était assurée par le recteur personnellement. Mais il fut bientôt confronté à une attitude qu'il décrivit comme sarcastique et suffisante. Le recteur commença par une petite entrée en matière et encouragea Schauberger à « apprendre aux spécialistes que nous sommes comment pratiquer la régulation des eaux et rivières de manière conforme à la nature, pour que n'apparaisse aucune dégradation ni du lit ni de la berge ... »

Schauberger répondit que cette affaire n'était pas aussi simple pour pouvoir l'expliquer en peu de mots comme le souhaitait le recteur. Mais ce dernier insista pour qu'au moins les points essentiels de la méthode de régulation de Schauberger soient expliqués brièvement en peu de mots : Alors, en deux mots, comment devons-nous réguler les cours d'eau ? allez, en deux mots ! »

Schauberger était à présent extrêmement irrité et répondit d'un trait : « Comme un sanglier quand il pisse ! » La réaction à cette sortie donna lieu à une gêne, au silence et à des froncements de nez. Le recteur cependant pria Schauberger dans un ton condescendant d'utiliser un autre vocabulaire et de s'exprimer de façon claire et professionnelle. Forchheimer qui jusque là était resté assis sur sa chaise silencieux et patient, se leva d'un bond et dit que Schauberger n'avait utilisé cette expression non pas pour se moquer de l'assistance mais parce qu'elle était tout à fait appropriée. Il s'avança vers le tableau noir et commença à griffonner des formules, alors que le recteur perdait patience. Le tableau rempli, il commença à lire. « Je ne comprend pas un mot » relate Schauberger. Mais les autres professeurs, les techniciens et même le recteur s'intéressèrent de plus en plus à la chose et il en résulta une discussion qui dura deux heures. Elle fut interrompue par le recteur parce qu'il avait un rendez-vous qu'il faillit oublier. Prenant congé de Schauberger il s'adressa à lui d'une tout autre manière qu'au début souhaitant poursuivre la discussion prochainement.

Lorsqu'ils se rencontrèrent le lendemain matin, Forchheimer demanda à Schauberger comment il en était arrivé à faire cette comparaison avec un sanglier. Celui-ci répondit qu'elle ne venait pas de lui. Il ne pouvait que se rappeler l'expression utilisée par son père, pour expliquer à ses flotteurs, comment ils devaient disposer les courbes de freinage dans les torrents avec peu d'eau, pour pouvoir y flotter du bois. Celles-ci confèrent à l'eau un mouvement en spirale autour de l'axe du courant et sont identiques au jet d'urine d'un sanglier quand il est en rut. Forchheimer accepta l'idée que cela devait correspondre à la courbe spatiale idéale, dont le calcul mathématique était très difficile eu égard au niveau des mathématiques à l'époque. Schauberger répondit qu'il pouvait parfaitement comprendre cela : il s'agit là d'une courbe qui est lié à un processus vital.

Après qu'ils avaient discuté pendant un certain temps, le professeur Forchheimer abandonna le sujet et déclara qu'il ne pouvait penser qu'en formules, que Schauberger pensait comme personne d'autre et que cela n'était pas compatible.

2.3 Schauberger est autorisé à publier un traité

Au cours d'une autre réunion plus tard dans le temps, Forchheimer proposa que Schauberger publie ses théories dans la revue « Die Wasserwirtschaft ». Auparavant Schauberger et lui-même devaient se rendre à Brünn et rencontrer les professeurs Schocklitz et Smorcek. Cette visite chez ces deux hydrologues dans leurs laboratoires bien équipés pour l'époque n'apporta aucun résultat positif. Le prof. Smorcek, qui était aussi directeur de l'Ecole des Hautes Etudes Techniques de Brünn, commença par s'intéresser sérieusement aux idées de Schauberger et proposa de se rendre ensemble chez le professeur Schaffernak à l'école de Vienne. Forchheimer objecta, que celui-ci ne savait même pas expliquer pourquoi le Danube et l'Inn ne mêlent pas leurs eaux après leur jonction mais au contraire coulent parallèlement dans le même lit pendant un long trajet.

Lorsque Smorcek arriva plus tard à Vienne, une rencontre avec Schaffernak eut tout de même lieu. Rien de positif n'en sortit comme l'avait prévu Forchheimer. Dans son dernier traité Forchheimer cite la « courbe cycloïde spatiale » ainsi que les théories de Schauberger. Peu avant sa mort il travaillait sur un nouveau livre, qui traitait avant tout de l'eau et de ses lois, sous un angle proche des idées de Schauberger.

Il lui disait ceci :
« Je suis content d'avoir déjà 75 ans. Cela ne peut plus beaucoup me nuire de défendre vos idées. Il viendra un temps où on les comprendra. »

Avant sa mort, Forchheimer réussit encore à tenir sa promesse de faire paraître une publication du traité de Schauberger. De 1930 à 1931 il parut dans une série d'articles dans « Die Wasserwirtschaft » à Vienne. Forchheimer en écrivit la préface et insista sur le fait que « cette dissertation a éveillé en moi le plus grand intérêt à cause de leurs points de vue absolument nouveaux, qui semblent destinés à être enrichissants et novateurs en ce qui concerne la construction hydraulique … » Dans un autre contexte Forchheimer dit « qu'un jour viendra où les idées de Schauberger…changeront le monde »

2.4 Schauberger propose une régulation du Rhin

Peu de fleuves en Europe donnent aujourd'hui une image aussi précise que le Rhin quant aux conséquences malheureuses d'un déboisement massif et d'une technique de régulation d'eau conventionnelle. Ce fleuve aujourd'hui malmené et méprisé était autrefois puissant et son eau était si claire qu'on pouvait en voir le fond par plusieurs mètres de profondeur. La nuit son lit brillait dans une lumière ardente et dorée qui provenait des décharges que provoquaient les entrechocs de graviers que l'eau charriait. Voilà l'origine de la légende des nains qui créaient des bijoux merveilleux dans leur atelier du fond du fleuve. Richard Wagner utilisa ce thème dans son opéra « L'or du Rhin ». Mais ce fleuve de légende coulait inexorablement vers un sombre destin. Cela commença par le déboisement des forêts en amont dans la montagne suisse ; son équilibre s'en trouva rompu et le fleuve commença à charrier de la vase. Afin d'augmenter la vitesse du courant et de maintenir l'eau propre, on se mit à aligner ses courbes et méandres. Il n'en résulta qu'un déplacement des matériaux charriés vers l'aval. On aligna alors des courbes plus en aval et on déplaça le problème : lorsqu'on avait commencé à corriger les courbes on pensait qu'il fallait continuer, aussi longtemps qu'il en existait. C'est alors que le fleuve s'envasa. La cause première était la déforestation et le déséquilibre écologique qui en résultait. L'immense réservoir et son effet de rafraîchissement que représente la forêt avaient disparu[5].

Il était impossible alors de retenir une certaine quantité d'eau de pluie de sorte que toute l'eau se précipita dans le fleuve, arrachant tout sur son passage, se réchauffa très rapidement et déposa son charriage de pierres et de boue dans le fond qui s'emplissait constamment provoquant des crues répétées. Les techniciens de l'eau se mirent donc à maçonner le fleuve à l'aide de pierres et de béton et à en draguer le fond – au grand plaisir des fabricants d'excavateurs. Ils avaient du travail pour l'éternité, car après toute pluie torrentielle dans la montagne, la crue arrivant très rapidement, elle remplissait à nouveau tout ce qui avait été excavé. Sans oublier les parois de la berge qui devaient être réparées continuellement.

Il était impossible alors de retenir une certaine quantité d'eau de pluie de sorte que toute l'eau se précipita dans le fleuve, arrachant tout sur son passage, se réchauffa très rapidement et déposa son charriage de pierres et de boue dans le fond qui s'emplissait constamment provoquant des crues répétées. Les techniciens de l'eau se mirent donc à maçonner le fleuve à l'aide de pierres et de béton et à en draguer le fond – au grand plaisir des fabricants d'excavateurs. Ils avaient du travail pour l'éternité, car après toute pluie torrentielle dans la montagne, la crue arrivant très rapidement, elle remplissait à nouveau tout ce qui avait été excavé. Sans oublier les parois de la berge qui devaient être réparées continuellement.

En 1935 il y eut une importante crue dans le bassin rhénan. On planifia de nouvelles mesures, encore plus onéreuses, afin de renforcer les berges et de nettoyer le lit du fleuve. C'est là qu'intervient Schauberger. Il avait écrit différents articles dans la presse ainsi que des lettres adressées aux autorités allemandes directement dans lesquels il critiquait fortement les mesures annoncées et proposait des solutions quant à la régulation définitive du fleuve.

« De creuser le lit de 4 à 6 m de profondeur n'est qu'une question de synergie des forces tractantes. Elle ne peut être atteinte que par la régulation de la température de l'eau et ne coûte q'une infime partie des frais occasionnés par les corrections habituelles du tracé.

Le dragage est une mesure ridicule puisqu'une crue suffit à remplir à nouveau les trous. Il faut penser que le Rhin charrie vers la vallée une quantité d'éboulis qui est de l'ordre de 100 000 m^3 environ !

5 D'après Walter Schauberer, les arbres ont un effet réfrigérant pour le sol et l'eau. Grâce á l'évaporation des couronnes des arbres de la chaleur sera retirée aux racines: de ce fait la forêt aux abords d'un cours d'eau ainsi que les arbres de sa berge rafraîchisent l'eau, non seulement par l'effet de l'ombre mais aussi au travers de leurs racines. (voir Implosion N° 9)

Le Rhin, un fleuve qui se meurt (photo de l'auteur)

Tout rehaussement des parois des berges ne fait qu'augmenter le danger d'un effondrement, qui est inévitable si un jour on est en présence d'une crue tempérée. Qu'on m'invite à venir. Il suffira de peu de frais pour écarter le danger, et une régulation réussie sera garantie. Le coût des travaux ne seront redevables qu'après que le lit du Rhin a 2 m (deux mètres) de profondeur de plus. »

Pourtant personne ne prit acte de la proposition de Schauberger. On continua d' appliquer la méthode d'usage, ... et le Rhin se meurt lentement…

Pour la régulation qu'il proposait Schauberger voulait inclure dans le lit du fleuve ses fameux« éléments énergétiques ». C'était de simples éléments de commande d'une certaine forme qui conféraient à l'eau ce mouvement décrit plus haut. Il les avait déjà essayés autrefois :

Lorsqu'il y a environ 14 ans j'avais incorporé clandestinement mes éléments énergétiques dans le torrent de Steyrling, la rivière avait été tellement nettoyée au cours d'une seule nuit, qu'on a pu récupérer des centaines de mètres cube de sable et d'éboulis dans le piège à sédiments et que le torrent s'affaissa jusqu'au rocher.

Toujours à propos de ses travaux :

Le long d' endiguements lisses ou de pierres polies l'eau coule plus vite et creuse bien plus qu'aux endroits où les particules d'eau se frottent les unes aux autres. Ce phénomène est à prendre en compte dans la régulation des fleuves. Si nous conférons une impulsion au fleuve, en agissant intelligemment sur son énergie naturelle, nous obtiendrons une fosse non pas près des berges mais au milieu du fleuve de sorte que le but recherché, à savoir l'enfoncement du flux dans l' axe horizontal de l'eau, est déjà pratiquement atteint.

Dans un fleuve régulé comme il faut, il se forme de façon purement mécanique, suite à une refonte des substances de l'eau, une sorte de vaisseau capillaire où les particules tourbillonnantes se dirigent vers les deux berges et concassent, broient, pulvérisent mécaniquement leur substance alors que les masses d'eau laminaires se chargent intérieurement et transportent les éboulis les plus grossiers.

Par l'avancement de phase de la masse d'eau nucléaire intérieurement renforcée, on obtient l'évacuation des éboulis les plus grossiers, qui vont être peu à peu repoussés vers le côté et atteindre la zone des parties tourbillonnantes de l'eau, où va se jouer le processus de concassage. Les éboulis plus petits, qui peuvent à la rigueur s'introduirent dans la masse d'eau nucléaire, ne peuvent y rester à cause de leur poids spécifique moindre et vont être immédiatement rejetés, de telle sorte qu'on évite très facilement un ensablement de l'axe horizontal du flux. Tout ce qui est parfaitement traité, un fleuve sain va le rejeter vers les bords et se construire ainsi sa berge lui-même. C'est là que poussera une flore riche qui se penchera sur sa mère l'eau[6].

Aussi bien les dépôts d'éboulis que l'envasement du lit d'un fleuve sont un signe, que ce fleuve c'est à dire l'eau va vers une mort certaine. Ses symptômes ne peuvent disparaître que si on donne une nouvelle vie au fleuve c'est à dire lui donne une impulsion nouvelle mais organisée.

Le pouvoir de l'eau qui est celle d'exécuter un travail, à la manière d'une turbine dans une centrale électrique, dépendrait donc de l'état où se trouve l'environnement de la source et du cours d'eau. Lorsque l'équilibre normal du paysage est rompu, par un déboisement par exemple, l'eau n'a plus de force, comme un être humain qui aurait de la fièvre[7].

6 Harry Martinson « La vase du fleuve a toujours un arrière goût de petite forêt »

7 A cet égard la théorie de Schauberger semble soutenue par le physicien néo-zélandais B.S. Clair-Corcoran. Celui-ci avait avancé l'idée, de préciser l'utilisation rationnelle des richesses du sol d'une région, par l'analyse de la qualité de son eau. Par rationnelle on entend une utilisation qui maintient l'équilibre écolodynamique de la nature. En mesurant l'entropie négative de l'eau, la néguentropie, c'est à dire l'ordre de ses molécules, on comprend ce que Corcoran entend par qualité de l'eau : le pouvoir de véhiculer son énergie profitable avec un coefficient d'efficacité optimal. Mais comme l'état de l'environnement agit également sur la néguentropie de l'eau, celui-ci devient un indicateur quant au traitement exigé par la terre, la forêt, les sols et les cours d'eau. (journal of hydrologie N.Z. Vol. 10, N° 2, 1071)

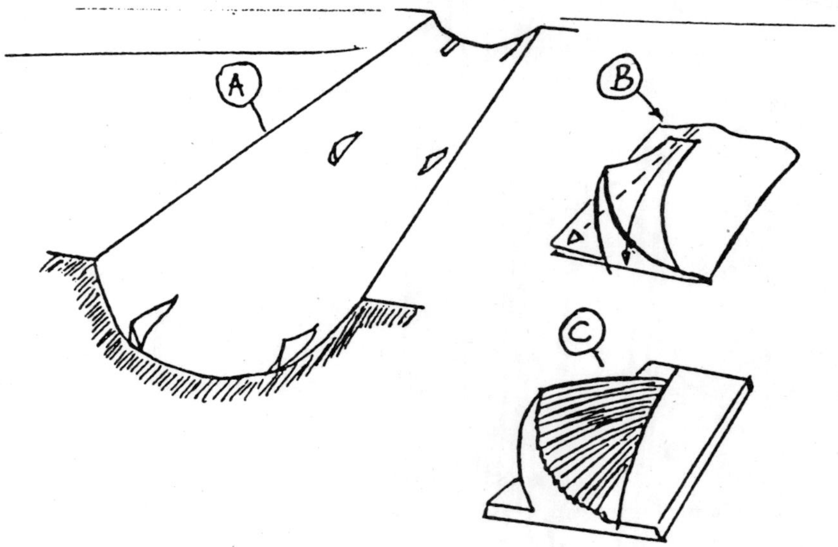

A montre un schéma de cours d'eau qu'on a muni « d'éléments énergétiques » de type B ou C symétriquement autour de l'axe du courant. Par ces rails de direction placés en biais, l'eau est amenée au milieu du courant par un mouvement en spirale. (brevet autr. N°13 4543)

Dans son traité « L'exploitation de l'eau » Schauberger traite avec détail des bases de la régulation de l'eau, de l'influence du paysage et des constructions hydrauliques sur la qualité de l'eau et sur la santé en général. Il démontre aussi comment la température ambiante et d'autres influences peuvent modifier le profil du tracé d'un cours d'eau et décrit l'apparition de différents mouvements dans l'eau, le mouvement laminaire et le mouvement de turbulence, qui tous deux ont un impact essentiel sur le « métabolisme » de l'eau. Il décrit également de façon détaillée, comment grâce à des types de digues bien précis dans le cours d'eau, il serait possible de rafraîchir l'eau et d'agir en même temps positivement sur le paysage environnant[8].

Viktor Schauberger pensait, que la température de l'eau baissait dans le cas d'un « mouvement dans le courant » qui irait dans le sens contraire à l'axe du flux. Les expériences que l'auteur réalisa dans un torrent, montrèrent que les « éléments énergétiques » agissaient ainsi. La température (prise dans l'axe vertical) baissait de 0,2° C des berges vers le milieu du courant.

8 « Die Wasserwirtschaft » N° 24, 1930

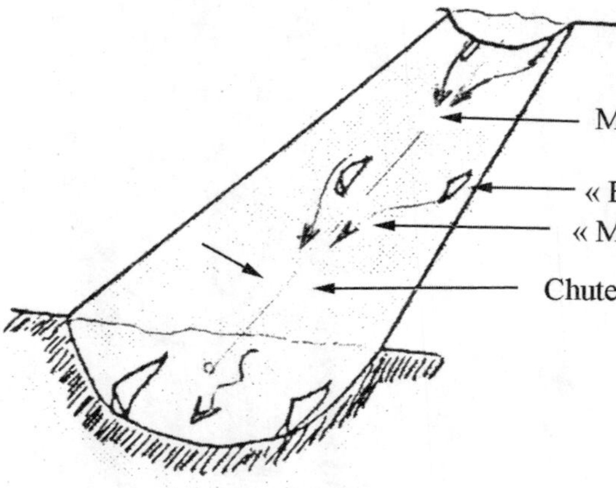

Des notions essentielles dans les théories de Schauberger sur l'eau, ce sont les « mouvements de température positifs et négatifs ». Les premiers avoisinent +4°C. Par ces écarts de température et simultanément par le mouvement cycloïde hélicoïdal l'énergie de l'eau sera plus forte et celle-ci sera plus fraîche et plus vivante. Une nouvelle eau va être créée par ladite « émulsion », où l'oxygène va être séparé de l'hydrogène. En cas de mouvement de température négatif l'eau va en revanche être réchauffée jusqu'à 4° Celsius, ce qui provoque une baisse d'énergie et une qualité biologique médiocre. L'hydrogène va alors être lié à l'oxygène, ce qui va causer une lente dégradation de l'eau ; celle-ci va perdre sa force « portante et tractante » et se remplira de germes pathogènes.

3. Ce que l'eau a enseigné à Schauberger

3.1 Etudes sur l'eau

L'eau tient une place prépondérante dans la vision du monde de Schauberger. C'est la première naissance de la vie. Elle est pleine de mystique. Nombreux sont ceux qui au cours des temps ont essayé d'ouvrir la grande porte de l'eau, mais pour de multiples raisons n'y sont pas parvenus. Dans leurs recherches les hommes sont allés dans un sens opposé.

Aussi loin qu'il est possible de remonter dans le temps, on peut constater, que tous les hommes, qui se sont penchés sur l'énigme de l'eau, ont été combattus à l'extrême. Toutes les allusions auxquelles font part les anciens écrits et qui nous expliquent l'essence même de l'eau, ont été supprimées dans les éditions postérieures. Maintenir un mystère autour de l'eau est également un moyen de s'assurer une rente. L'argent ne profite qu'à une activité économique de besoin.

Si le problème de l'eau est réglé et si on arrive à amener de l'eau en toute quantité et de toute qualité n'importe où, on sera capable de défricher d'immenses surfaces désertiques. La valeur de la machine aura tellement diminué qu'il ne vaudra plus la peine de spéculer avec elle. La liberté de consommation et le travail gratuit de la machine sont des notions très controversées de sorte que la vision du monde et la philosophie de la vie pourraient s'en trouver modifiées.

Défendre le mystère de l'eau est de ce fait le plus grand capital du grand capital et de ce fait toute expérience au service de cette cause est étouffée dans l'œuf.

Schauberger rappelle dans nombre de ses écrits qu'il avait réussi à élucider le mystère de l'eau. Son savoir à ce sujet était de toutes les façons immense. En premier lieu il se basa sur des observations approfondies sur la nature qui s'étagèrent sur de longues années. Cependant il n'était pas un néophyte en hydrologie théorique. On peut en juger à différentes études qu'il a réalisées. En revanche il considérait comme peu positives les expériences que des techniciens et des scientifiques pratiquaient sur l'eau dans leurs laboratoires, tout simplement parce qu'avec de telles méthodes, il n'existait guère de perspectives d'apprendre quelque chose d'essentiel sur la vraie vie et la caractéristique de l'eau.

Les méthodes analytiques les plus diverses ont beau être intensivement menées dans les dispositifs d'analyse de l'eau soit au cours de mesures ou dessais, le matériau utilisé à cet égard, à savoir un « cadavre » ne pourra jamais livrer ses lois au grand jour. Ce n'est qu'à partir des manifestations d'une eau qui bouge que l'on pourra tirer des conclusions et entrevoir une explication. Ses normes essentielles cependant sont à chercher dans la forme elle-même.

A présent on sait que l'eau n'est pas toujours la même, dit Schauberger. Aujourd'hui on sait qu'il existe de « l'eau lourde » aux qualités bien spécifiques. Pour la science l'eau est en fait une substance chimique anorganique morte avec une série d'états et une circulation à partir de l'atmosphère à la mer puis retour à l'atmosphère etc.…Mais la question de l'eau n'est pas aussi simple que cela, dit-il.

L'eau cache des mystères similaires à ceux du sang dans le cœur humain. Elle remplit des fonctions dans la nature qui permet de penser à juste titre qu'elle est le sang de la terre[9].

Dans sa recherche de la clef du mystère de l'eau, Schauberger se fit aider par l'histoire elle-même. Il fit des recherches pour savoir comment dans l'antiquité on traitait l'eau par exemple :

Le bassin d'admission des sources était réalisé par les Romains de telle façon qu'à une certaine hauteur, au-dessus de la bouche de la source sur le rocher nivelé vers le bas, ils plaçaient un couvercle sous forme de plaque épaisse en pierre. Celle-ci était colmatée latéralement par des cales et on y avait fait un trou dans lequel on plaçait les tuyaux d'écoulement de telle manière que l'air ne pouvait pas passer. Toutes les sortes de bassin d'admission de l'époque avaient malgré et à cause de leur simplicité respecté plus la nature de l'eau que les systèmes d'aujourd'hui. Car ces derniers, en plus de divers défauts dus souvent à des mesures exagérées en matière de construction et d'altérations de l'environnement de la source par l'utilisation de calcaire, de ciment ou de bassins en métal, détruisent à maints égards la circulation de l'eau ainsi que les échanges métaboliques entre source et environnement.

En ce qui concerne le choix du matériel des conduites de dérivation, on utili-

9 Schauberger ne considérait le sang non pas comme un liquide sans force, pompé par le cœur , mais pourvu d'une énergie propre comparable a celle de l'eau. Ceci fut prouvé plus tard par le professeur Manteufel de Varsovie « Das Herz ist keine Pumpe » (le cœur n'est pas une pompe) Voir « Kosmische Evolution 2, 1970

sait, sauf si le bois trouvait une application, les pièces de monnaie jetées dans la source pour des motifs culturels et qui des années durant avaient été les plus résistantes.
Lorsque nous observons les conduites des Romains, nous pouvons voir au cours de fouilles, qu'au début de la fondation des villes, on était attentif à amener l'eau potable vers les endroits où elle était consommée, dans des tuyaux en bois ou en pierre naturelle.
Ce n'est que plus tard lorsque les villes s'agrandirent et que la consommation augmenta, on eut cette mauvaise idée d'acheminer toute l'eau dans des goulottes en métal.

D'autres constructions hydrauliques du plus grand intérêt, étaient les canaux souterrains dans l'Est du Turkestan. Ils étaient encore en état de fonctionnement au 18e siècle et étaient donc utilisés. Leurs vestiges furent étudiés par Sven Hedin lors de ses voyages en Asie[10]. Dans ces canaux l'eau était acheminée très profondément et dans le noir total vers le site devant être fourni et Schauberger considérait ces deux facteurs, à savoir la profondeur et l'obscurité, comme une des causes de la fertilité des oasis du Turkestan oriental. Toutes ces observations historiques sont très intéressantes car elles prouvent que jadis l'homme avait une meilleure conception de la vraie nature de l'eau qu'aujourd'hui. Mais pour finir Schauberger revenait toujours à ces expériences propres et à sa situation personnelle. C'était l'intuition, le regard à l'intérieur des choses cachées de la nature qui le conduisit à copier les processus naturels et l'aida à tirer des conclusions inhabituelles. C'est ainsi qu'il écrit :
Les phénomènes de la nature qui n'ont pas été perturbés par la main de l'homme nous montrent comment réaliser une nouvelle technique. Pour cela il faut un don d'observation. Il faut d'abord comprendre la nature, pour pouvoir la copier dans son processus de mouvement. Comme garde chasse dans un secteur forestier éloigné, à peine visité par l'homme, je pouvais faire ces observations et ils me menèrent à l'implosion.
Dans la Hetzau, en de ça du Ring se trouvent les lacs d'Ödsee. Après une longue période de chaleur, ils commencent à gémir, c'est ainsi qu'on a l'habitude d'appeler ce grondement ressemblant au tonnerre et qui vient du fond du lac, lorsque des trombes de la hauteur d'une maison montent de son centre. Voici l'événement tel que je l'ai vécu personnellement.

10 Sven Hedin : « Die Flucht des grossen Pferdes (la fuite du grand cheval), p 40, Stockholm 1935

Par une chaude journée d'été, j'étais assis au bord du lac et me demandais si je n'allais pas me baigner pour me rafraîchir. Alors que je m'apprêtai à le faire, je remarquai que l'eau du lac commençait à tracer des mouvements tourbillonnants bizarres. Des arbres précipités par des avalanches dans le lac se débarrassaient de leurs branches et commencèrent à dessiner une ronde en spirale qui les emportaient de plus en vite au centre du lac. Là ils se dressèrent verticalement et furent aspirés par une telle force de succion que leur écorce fut arrachée. C'était comme si des hommes emportés par un cyclone retombaient nus comme des vers. Aucun arbre ne ressortit de l'Ödsee.
Puis le lac se calma, comme s'il avait été satisfait de ses victimes englouties dans ses profondeurs. Mais ce n'était que le calme avant la tempête. Soudain le lac se mit à faire du bruit et une trombe de la hauteur d'une maison jaillit du milieu du lac. Un bruit de tonnerre accompagnait cette cascade tournante et en forme de calice. La trombe d'eau s'effondra en quelque sorte, les vagues s'abattirent sur la rive que je du abandonner au plus vite parce que le lac montait soudain de manière angoissante. Je vécus là la « croissance naturelle » c'est à dire le renouvellement de l'eau dans les lacs, mais sans apport d'eau nouvelle[11].

Voici donc la conclusion audacieuse que Schauberger tire de ces événements du lac. Selon sa théorie sur l'eau, celle-ci est une substance vivante, qui naît et se développe : normalement sous forme d'énergie plus grande, mais en cas de traitement inapproprié elle peut également mourir. Même un volume modéré d'eau peut croître, pas dans le sens d'une dilatation par réchauffement mais d'une autre façon. A ce propos, Schauberger dit :
Le mouvement naturel de l'eau la porte à se multiplier. Elle améliore sa qualité et a plaisir à croître. Elle change son point d'ébullition et son point de congélation ; ce phénomène est utilisé par la sage nature qui porte l'eau sur les plus hautes montagnes sans pompe, ce qui est le cas des sources d'altitude Le terme de porter n'est pas à prendre textuellement puisqu'il s'agit ici d'un processus de développement naturel qui sert à la naissance d'une poche d'air qui est destinée à une vie ayant une autre dimension.

11 Dans « Welt u. Wissen » N° 1, 1966 G. Westbury parle de lacs en Ecosse où il y an eu des phénomènes analogues.

3.2 *Cycle complet ou partiel*[12]

Selon Schauberger la circulation de l'eau, de la terre vers l'atmosphère et retour à la terre, peut se faire en un tour complet ou en un demi-tour, mais le cycle complet va se passer normalement là où la végétation et l'eau se trouvent tout naturellement.

Le chemin parcouru par l'eau dans un cycle complet est le suivant :

Lorsqu'elle est tombée sur la terre sous forme de pluie, elle va commencer par rafraîchir le sol, à y pénétrer jusqu'à ce que la pression des masses d'eau agissantes en surface va s'équilibrer avec celles qui ont déjà pénétré le sol. Là elle va se réchauffer au contact de la chaleur de la terre, diminuer son poids spécifique et aspirer à remonter.

Par ce réchauffement, l'eau est en mesure d'adsorber des métaux ainsi que des sels et de créer des liaisons. C'est ainsi qu'elle s'est transformée en partie en vapeur d'eau et a rencontré dans la terre le carbone, ce qui donne la réaction suivante : C + H2O = CO +H2 : l'oxygène de l'eau est séparé de l'hydrogène et ce gaz humide va subir une énorme pression en direction de la surface de la terre.

De l'acide carbonique va être libéré dans les couches de terre irriguées, et les sels s'y trouvant sont emportés et stockés dans les couches supérieures de la terre. Par l'effet réfrigérant des plantes ces couches vont rester fraîches. Ces processus à l'intérieur de la terre sont la base qui permet un apport constant de substances nutritives à la flore, puisque celles-ci sont précisément stockées au niveau des racines. Voilà donc le cours normal qui assure à la végétation une nourriture constante[13].

En ce qui concerne les régions proches du pôle avec leurs hivers longs et leurs périodes de gel, le transport des substances nutritives est différé au printemps. La neige et le gel forment un isolant contre l'atmosphère ; sous la couche isolante la chaleur de la terre est maintenue jusqu'au printemps lorsque le soleil contribuera à ameublir la couche de terre. L'eau de la fonte des neiges pénètre alors dans la terre et plus profondément, le processus dont il a été question plus haut va se mettre en marche et les substances nutritives vont se précipiter

12 Une description détaillée dans « Wasserwirtschaft » N° 20, 1930

13 Une eau qui a un poids spécifique plus élevé (plus froide) ne peut pas rester au-dessus d'une eau ayant un poids spécifique moindre (plus chaude).

sur les racines. Plus le sol a été gelé mieux il va être nourri au printemps. Des hivers pourris donnent de mauvaises récoltes l'été suivant[14].

En revanche lorsqu'il s'agit du demi-cycle il n'y a pas d'apport de substances nutritives. Si le sol est pauvre en raison du manque de végétation même partielle {après un déboisement par exemple) la surface des sols est réchauffée par le soleil. Elle est souvent plus chaude que l'eau de pluie, de sorte qu'elle n'arrive pas à pénétrer et se contente d'une profondeur réduite. Elle s'accumule et s'écoule rapidement, sans qu'il lui soit possible de puiser des substances nutritives. Puis elle s'évapore.

La circulation de l'eau est aussi en rapport avec la formation de la nappe phréatique et de son niveau. Comme seul un demi-cycle a lieu, il n'existe pas de nappe souterraine, ou plus exactement, elle se trouve très en profondeur. La nappe phréatique est en rapport avec l'effet de refroidissement de la végétation sur la terre. Lorsqu'une période de sécheresse survient dans un paysage normal, celle-ci provoque une augmentation de l'évaporation des arbres et par là même une perte de chaleur au niveau des racines, qui vont refroidir jusqu'à 4°C environ. En raison du principe d'Archimède, des masses d'eau plus chaudes qui se situent à un niveau inférieur, vont remonter à la surface, étant donné que des couches d'eau plus chaudes ne peuvent se trouver sous des couches plus fraîches.

En d'autres termes : la nappe remonte à la surface et arrête le dessèchement qui menace les racines. Si en revanche il n'y a aucune végétation, l'eau de la nappe phréatique ne peut être puisée. Pour Schauberger le fait que l'eau arrive à de tels changements de température au cours de sa circulation, explique l'alimentation constante de la ceinture végétale d'un paysage naturel, de même que l'appauvrissement d'un paysage, lorsque la forêt naturelle et les conditions hydrologiques normales ont été altérées.

Le déboisement ne provoque pas seulement la baisse de la nappe phréatique, mais aussi une interruption de l'apport nutritionnel provenant de l'intérieur de la terre, qui dans des conditions normales ne cesse jamais. Nous comprenons alors pourquoi la technique forestière moderne est obligée de fertiliser artificiellement ses forêts industrielles, puisqu'elle a réussi avec des méthodes contre nature, à détruire l'organisation nutritionnelle normale du paysage.

A cet égard il faut remarquer : que Schauberger était contre le fait de pomper dans la nappe phréatique pour avoir de l'eau potable. L'eau pompée dans

14 « Die Wasserwirtschaft » N° 5, 1931

les profondeurs n'est pas « mûre » - elle n'a pas encore suivi son cycle de croissance et à plus longue échéance est nocive pour l'homme, pour la faune et la flore. Seule l'eau qui jaillit d'elle-même des sources est propre à être consommée. Comme il est devenu courant de vider le réservoir de la nappe phréatique sur la terre, le danger selon Schauberger est double. D'une part les réserves d'eau immatures sont utilisées et d'autre part cette eau a des effets négatifs sur toutes les fonctions biologiques des êtres vivants. Au lieu d'apporter de l'énergie à celui qui la boit, elle lui en ôtera. Il en va tout autrement avec l'eau qui jaillit des sources, surtout des sources d'altitude.

Schauberger découvrit que, lorsqu'on boit un litre d'eau de très grande qualité, l'organisme ne subit une augmentation de poids que de 300 à 400 g, le reste se transformant immédiatement en énergie, ce qui explique les effets vivifiants considérables de l'eau. C'était une telle eau que Schauberger aspirait à reconstituer à l'aide de son « Repulsator ».

3.3 De l'eau de source par voie artificielle

Très tôt Viktor Schauberger eut l'idée de fabriquer une bonne eau potable artificiellement. En copiant les méthodes de la nature on devrait pouvoir fournir les hommes en eau de source par des moyens mécaniques. Ce qui avait disparu en raison d'une destruction constante pourrait renaître par voie mécanique. A ce sujet Schauberger écrivit ceci :

Aussi longtemps que l'homme n'avait pas détruit les rapports organiques naturels et que le sang de la terre, à savoir l'eau, pouvait encore maintenir la vie végétale en bon état, il n'y avait aucune raison de réfléchir comment on pouvait fabriquer de l'eau saine par une voie artificielle. Mais aujourd'hui presque toutes les sources de bonne qualité sont taries et on capte l'eau à sa source pour l'acheminer vers les cités dans des conduites mal construites, de sorte que le sol et toute la faune sont forcés de boire une eau usée, fade, donc malsaine :

même les hommes se voient obligés de boire de l'eau immature, avec des substances encore inorganisées, arrachées à la terre, une eau superficielle stérilisée qui est dangereuse pour la santé puisqu'on y adjoint des produits chimiques pour la stériliser. Il est donc plus que temps de trouver des moyens et des voies pour sauver l'homme, l'animal et le sol de leur dépérissement, ce qui arrivera inexorablement si par le processus interne de décomposition de l'eau, conditionné par l'économie actuelle la terre meurt de soif.

Seule la nature peut et doit être notre maître à tous. Si nous voulons recouvrer la santé du corps et de l'esprit, nous ne pouvons pas seulement nous baser sur des effets secondaires mécaniques ou hydrauliques, mais nous devons d'abord nous efforcer d'étudier les grandes règles de base des différents processus, à savoir comment notre mère la terre fabrique l'eau qui est son sang et comment l'acheminer vers les lieux de vie où on va la consommer.

Lorsque nous aurons découvert ces secrets et si nous imitons fidèlement ce qui a fait ses preuves depuis des millions d'années, nous serons infaillibles et pourrons intervenir intelligemment dans le chef d'œuvre de la nature et récolter sans compter les fruits les meilleurs et les plus nobles, que notre mère la terre crée en de multiples variétés avec l'aide d'un sang pur.

La bonne eau de source des altitudes se différencie de l'eau atmosphérique (l'eau de pluie) par sa substance. L'eau de source contient, hormis les sels libérés, une quantité non négligeable ***de gaz libres ou de liaison*** *(acide carbonique). Les gaz absorbés par une bonne eau de source d'altitude, sont composés de 96 % de groupes de carbones : par groupes de carbones on entend tous les groupes chimiques. tous les éléments et leurs liaisons, tous les métaux et minéraux, en un mot* ***toutes les substances à l'exception de l'oxygène et de l'hydrogène****.*

L'eau atmosphérique (eau de pluie, eau distillée, eau de condensation ou bien une eau de gouttière qui a subi une forte aération et une forte lumière) c'est à dire une eau de surface, elle présente comparativement un fort taux d'oxygène, peu de sels organiques ou pas du tout, peu ou pas de substances carboniques libres ou en liaison et une teneur en gaz absorbé dans l'air, qui est surtout composé d'oxygène libre sous une forme physique. Par forme de solution physique on entend une forme plus élevée de la solution (liaison) de plusieurs groupes de substances que dans les formes de solutions purement chimiques. Dans les solutions physiques, il y a des processus énergétiques qui entrent en jeu.

C'est pourquoi nous faisons la différence entre une eau avec un pourcentage élevé en ***énergies carboniques*** *et une eau avec un taux élevé en* ***énergies oxygénées****.*

L'eau qui pénètre dans la terre depuis l'atmosphère, a besoin pour se recon-

vertir, non Seulement d'une capacité d'absorption de certaines substances reconstructrices ainsi qu'une isolation de l'air et de la lumière, mais aussi certaines distances et délais pour pouvoir réaliser ce processus de reconstruction c'est à dire mûrir intérieurement.
L'eau est mûre lorsque l'air qu'elle aura absorbé contiendra au moins 96 % de la sphère carbone ainsi que la part de substances carboniques solides appartenant à cette sphère. De cette maturité interne dépendra la pureté et la force de l'eau. (« Unsere sinnlose Arbeit »- 1933)

Schauberger se mit à copier ce processus. Vers 1930 il construisit les premiers dispositifs destinés à purifier l'eau et sortit un modèle d'appareil qu'il fit breveter (Brevet autrichien N° 142032).

Il prit comme point de départ une eau stérilisée du Danube, y ajouta de petites doses de certains métaux, de substances minérales et d'acide carbonique , puis dans l'obscurité il lui imprima un mouvement cycloïde pendant que la température descendait au point zéro de l'eau c'est à dire +4° Celsius. Tout ce procédé était un essai pour copier avec exactitude le développement de l'eau dans la terre et de la faire écouler en se référant à la circulation complète dont nous avons parlée plus haut. Après un court stockage, l'eau était réchauffée à +8° Celsius et devenait ainsi potable. Bientôt se répandit une rumeur qui disait que Schauberger savait à présent fabriquer de l'eau thermale curative. Une foule de gens se précipitèrent chez lui pour la tester. En général on considérait cette eau comme très rafraîchissante, les malades allaient mieux, la fièvre baissait et la guérison était accélérée. Déjà lorsque Schauberger avait mis au point ses installations de flottage, on lui avait donné le surnom de « magicien de l'eau » et à présent on le considérait à nouveau comme tel. Cette eau n'était pas une simple eau de source, mais plutôt une eau minérale comme on en trouve dans les stations thermales. Des échantillons qui avaient été envoyés dans des laboratoires de contrôle montrèrent qu'il n'était pas possible de la distinguer d'une eau thermale. Le premier de ces appareils était très compliqué quant à sa construction et à sa manipulation. Schauberger voulait absolument en construire un autre qui se rapprocherait de la nature. Au final il mit au point un appareil qui est décrit dans la partie iconographique de ce livre. Conscient du symbole, Schauberger partit d'une forme ovoïde parce que pour lui l'oeuf était la forme idéale qui se trouve dans la nature. Le matériel de cet « œuf » était essentiel. Il essaya divers alliages à partir de métaux « nobles », jusqu'à ce qu'il en trouve un qu'il considérait répondre à ses exigences. Le récipient était muni d'une fermeture hermétique et d'un tuyau purgeant, pour éliminer l'eau et l'acide carbonique. Il y avait aussi un manomètre, qui devait servir à surveiller le « vide biologique » qui pouvait se manifester dans le réservoir quand tout se passait bien. Un détail important c'était l'agitateur qui devait donner à l'eau le mouvement cycloïde parfait. La configuration du mélangeur ainsi que le nombre de tours, la direction du mouvement et un certain rythme en mesure, étaient des facteurs importants En même temps il fallait que le réservoir soit bien isolé avec un matériel adéquat. pour empêcher l'énergie, libérée par le mouvement, de rayonner vers l'environnement. Cette énergie devait par contre retourner dans l'eau pour y exercer une action positive et améliorer encore ses qualités.

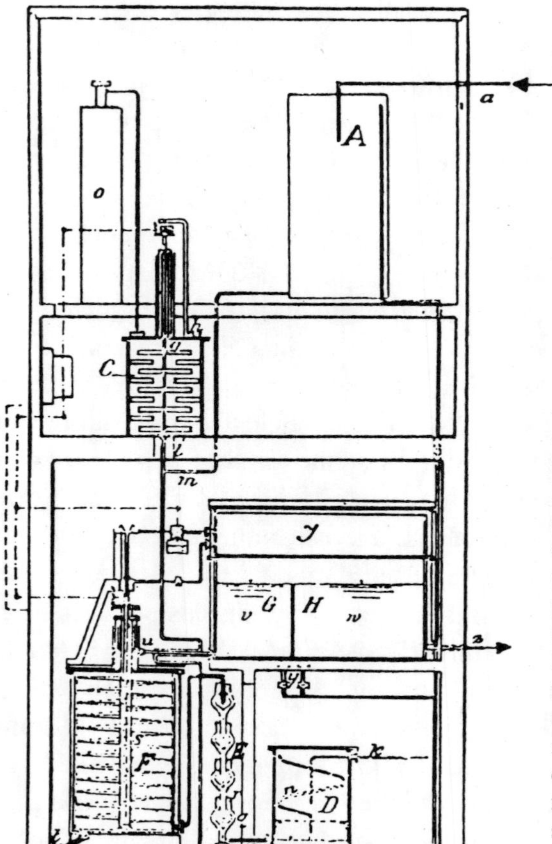

Appareil destiné à la fabrication d'eau « curative ». (première version)
On introduit de l'eau stérilisée dans le récipient A d'où elle est mélangée goutte à goutte à une solution saline qui vient de C et s'écoule vers D, pour être ensuite pulvérisée par le tuyau perforé N. De l'acide carbonique est introduit par K. L'eau s'égoutte sur le sol en D, où elle absorbe en même temps de l'acide carbonique puis est amenée vers E, où elle remonte alternativement dans des tuyaux latéraux et centraux en faisant un mouvement de méandre. Elle y rejoint F, où elle passe sur des lamelles d'or ou d'argent, pour être recueillie enfin dans le réceptacle H, argenté intérieurement ; là elle est lentement refroidie jusqu'à ce qu'elle atteigne 4°C. (Brevet autr. N°14 2032)

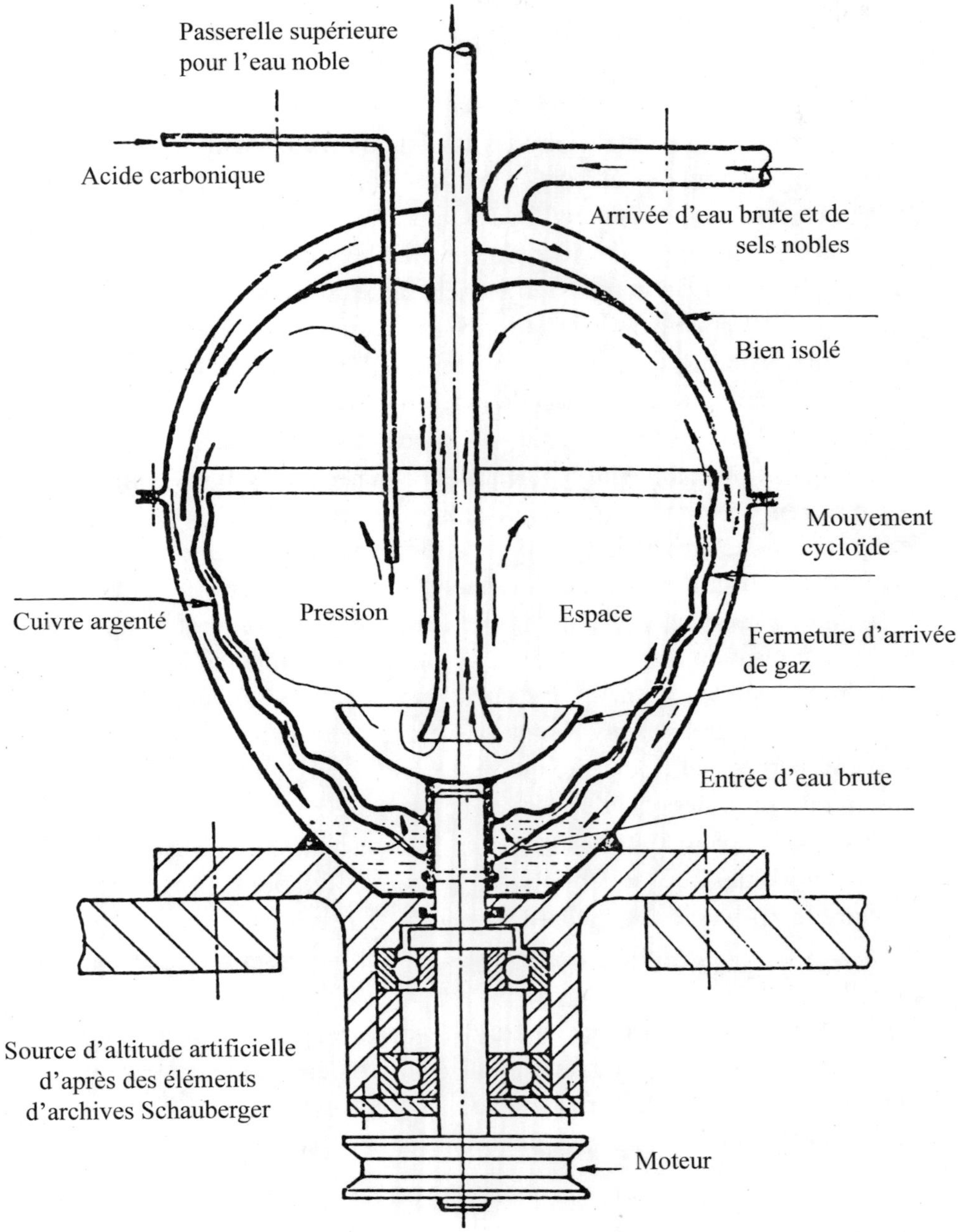

Appareil destiné à la fabrication d'eau de source (version tardive) (« Implosion » N°26.)
Cet appareil n'a sans doute jamais vu le jour.(note de l'auteur)

A la fin des années Trente on utilisa avec succès cette eau curative dans un hôpital de Nuremberg.

Pendant la guerre Schauberger essaya de construire ce fameux « repulsator » à Mauthausen et à l'école des ingénieurs SS à Vienne, pour fabriquer des carburants pour moteur diesel par la « biosynthèse ». Le « repulsator » était plus simple que l'appareil hydraulique breveté, mais devait fonctionner selon le même principe. Il avait la forme d'un oeuf et était muni d'un agitateur central qui imprimait un mouvement hélicoïdal au contenu. Mais l'étanchéité de la tige de l'agitateur donna beaucoup de soucis à Schauberger. Comme pendant le processus se créait du vide, le réservoir devait être parfaitement étanche. D'autre part l'isolation de la tige ne doit pas provoquer d'échauffement du à la friction car elle gênerait le processus. Bien que Schauberger avait beaucoup travaillé sur ce problème après la guerre, ni lui ni ses collaborateurs ne trouvèrent de solution. Le « vieil appareil « était muni d'un joint en mercure liquide, qui ne provoquait pas d'échauffement, mais les autorités médicales en avaient interdit l'utilisation. A ce sujet Schauberger écrit :

Le fait de remplacer le joint en mercure par un autre joint n'a pas réussi malgré l'utilisation d'autres joints d'étanchéité des plus modernes. « Dès la moindre friction entre eau et fer {acier), même entre caoutchouc (cuir etc.) et acier, vont se libérer des rayons qui passent toute résistance - sortes d'émanations surchargées en électricité qui se décomposent et de ce fait chauffent de plus en plus et déclenchent un faux processus d'émulsion... »

C'est pourquoi en 1957 Schauberger renonça à la «stupide affaire de l'eau. » La firme Voith, avec laquelle il avait de bonnes relations, pensait cependant résoudre le problème. Malheureusement l'affaire capota à cause des Américains. Le dernier appareil avait été emporté aux U.S.A. et on n'a jamais su ce qu'il était devenu.

Depuis lors on a essayé de construire un appareil de ce genre à plusieurs reprises mais sans succès. Peut-être à cause du problème d'étanchéité de l'arbre qu'on ignorait, mais peut-être aussi parce qu'on ne connaissait pas les catalyseurs qui étaient indispensables pour réaliser une véritable « émulsion ».

3.4 Des conduites d'eau potable d'un nouveau type

Pour Schauberger le fait d'obtenir une meilleure eau potable était aussi lié au changement de matériel et de forme des conduites. Cela faisait partie de son programme et il était très critique en ce qui concernait les conduites en fer ou en béton, qui comme il en était persuadé, continuaient à détruire l'eau et étaient une cause de cancer.

Les capillaires d'un corps animal ou végétal servent d'une part à la circulation du sang, ou selon les cas de sucs végétaux, et d'autre part à la construction constante et à la conservation des capillaires eux-mêmes. C'est pourquoi la conduite d'alimentation d'eau potable doit être faite de façon à ne pas donner lieu à des phénomènes inadaptés qui conduiraient à la destruction des capillaires de la circulation et d'autre part dans l'eau elle-même à des processus métaboliques faussés. Ceux-ci ont une portée négative, que ce soit dans l'organisme humain ou dans tout autre corps vivant.

L'état de la circulation dans nos canalisations d'eau potable doit avant tout répondre auxconditions de la substance véhiculée, car sinon on aura d'abord une destruction des conduites d'eau et ensuite une dégradation des systèmes de vaisseaux sanguins qui conduisent fatalement à de fréquentes maladies métaboliques qui sont liées à l'augmentation des cancers.

Si on veut éviter les inconvénients déjà cités, concernant l'aggravation de l'état psychique de l'eau, il faut choisir pour les conduites un matériel qui soit avant tout un mauvais conducteur thermique et qui soit équilibré organiquement parlant. Le plus approprié est le bois, le bois sain bien entendu. Pour la canalisation d'eau potable, la pierre artificielle est presque aussi inappropriée que le métal. Pour la bonne raison que, comme mentionné précédemment, pour la circulation du sang de la terre, on doit exclusivement utiliser des matériaux naturels. Si on objecte que le bois, à cause de sa durée de vie courte, nest pas adapté au réseau de canalisation d'une grande ville, force est de constater aussi que le bois sain et correctement traité peut être aussi résistant, voire plus, que le fer. Pour éviter si possible les influences destructrices que connaissent les canalisations souterraines, en plus de traitements spéciaux jugés adéquats, il faut entourer ces tuyaux de terre sablonneuse et sans humus.

La mauvaise conductibilité des parois en bois empêche une influence néfaste sur les processus métaboliques internes de l'eau, par lesquelles les dissocia-

tions qui apparaissent avec des chutes de température négatives de l'eau[15] *, sont en grande partie minimisées et la qualité de l'eau courante maintenue. La productivité hydraulique des douelles en bois est même un peu plus importante que celle des canalisations en béton ou en fer*[16].
Toutefois et il faut insister là -dessus, les arbres cultivés par l'exploitations forestière moderne sont pratiquement inutilisables parce que les forêts domestiquées n'offrent que des bois qui n'ont plus la qualité ni la résistance des bois sauvages.

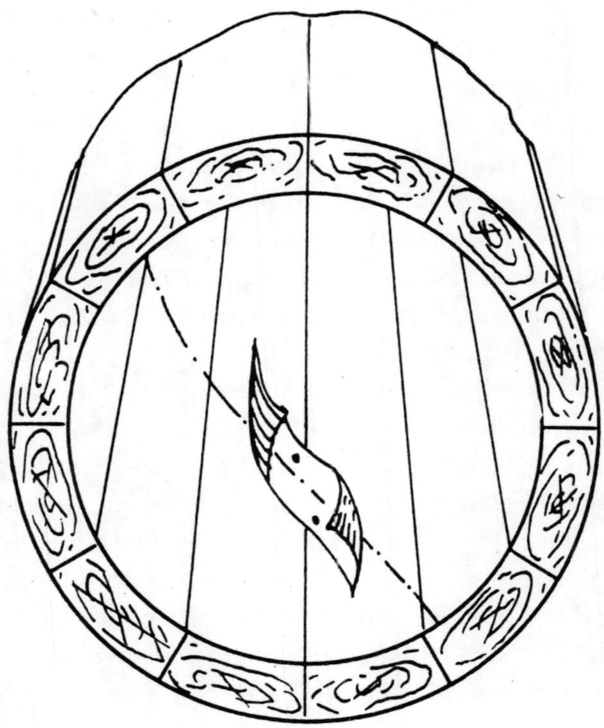

Un tuyau hélicoïdal à double torsion
Ce tuyau qui devait être en bois, était muni de rails de guidage en métal noble comme le cuivre ou l'argent, qui étaient fixés à l'intérieur. Ceux-ci dirigeaient l'eau en lui imprimant un mouvement en spirale, qui devait améliorer l'eau ; simultanément la résistance à l'intérieur du tuyau était réduite de beaucoup. (Brevet autr. N°13 8296)

15 Mouvement de température négatif voir page 72.
16 Schauberger évoque ici les effets du matériel de canalisation sur la résistance du flux. Voir aussi les expériences réalisées à Stuttgart sur les flux (page 191)

Ce n'était pas seulement le matériel des conduites qui jouait un rôle important dans la qualité de l'eau, mais aussi leur forme. Celle-ci influe sur la nature du mouvement de l'eau. Une eau qui était de mauvaise qualité au départ. pouvait donc être améliorée dans la mesure où les conduites, du moins par tronçons, étaient munies de « tuyaux à double torsion », que Schauberger put faire breveter en 1934. Ce tuyau lui aussi était une copie de la nature comme disait son inventeur :

Si on construit de telles canalisations en copiant la nature, il résulte une sorte de double torsion que nous pouvons encore observer dans les torrents el les rivières....C'est ainsi que l'eau qui y passe, sera fraîche, pure, énergétique et pauvre en gaz.

Il affirmait aussi que les germes pathogènes de l'eau seraient détruits, dès lors qu'elle passerait par de telles conduites. Le mouvement souhaité il l'atteignit en munissant l'intérieur de la canalisation de rails spécialement façonnés dans un alliage donné.

Schauberger fit remarquer en outre, que le traitement de l'eau à l'aide de pompes refoulantes allait dégrader son état. Elle deviendrait alors « anti-biologique » tout comme l'eau qui passe dans les turbines d'une centrale électrique[17].

Schauberger posait donc des conditions inhabituelles et exigeantes au traitement de l'eau qui devait être réalisé selon les lois de la nature :

1. Il faut permettre à l'eau d'évoluer et de se développer dans son milieu naturel dont fait partie, entre autres, la forêt naturellement composée de ses multiples variétés d'arbres. La monoculture et la coupe à blanc doivent être définitivement interdites.

2. Tous les cours d'eau, du ruisseau jusqu'au fleuve, doivent avoir des berges plantées d'arbres et de bosquets, afin d'avoir des rives ombragées.

3. Les constructions hydrauliques (barrages, centrales etc) doivent être adaptées à la spécificité de l'eau et ne doivent pas l'empêcher par la force d'évoluer de manière naturelle.

4. Les canalisations et autres formes d'acheminement de l'eau doivent être en matériel adéquat et construites de telle sorte, que le maintien et le développement de sa caractéristique biologique soient maintenus.

17 W. Drobek, directeur de l'usine hydraulique de Hambourg, met l'accent sur le fait qu'en analysant l'eau à l'aide d'un ruban de papier filtre suspendu perpendiculairement á l'eau, on pouvait constater de réelles modifications lorsqu'elle était centrifugée dans des pompes refoulantes par exemple. (Réflexions sur le traitement de l'eau dans les grandes villes) « Das Gas und Wasserfach » 108, 1967, H40, 50, 109, 1968, H8

3.5 La technique de tourbillonnement dans les canalisations de l'Antiquité [18]

Viktor Schauberger pensait que les peuples de l'Antiquité savaient mieux acheminer et traiter l'eau que nos pays aux techniques très avancées. Il dit par exemple dans « Die geniale Bewegungskraft » (La force géniale du mouvement) - les hydrologues de l'Egypte ancienne savaient acheminer l'eau sans pompe au sommet des plus hautes montagnes.

Je me souviens de ma visite en été 1986 du palais du roi Minos à Knossos en Crête. Il y avait entre autres les restes de la canalisation d'eau du palais sous une grille dans une des cours. Le guide racontait que la forme spécifique des conduites de cette canalisation, selon certains chercheurs, avaient un pouvoir d'aspiration tel qu'elles facilitaient l'acheminement depuis la vallée jusqu'à la hauteur du palais du mont Jukta. Les conduites étaient de forme conique et étaient reliées entre elles par du ciment.

De retour à la maison. je me mis à étudier le remarquable ouvrage de Sir Arthur Evans : « The Palace of Minos » 1921-1936) dans lequel on pouvait voir des descriptions et des dessins très précis des conduites.

(C'est Evans qui dans les années 1900-1931 entreprit les fouilles et la restauration du palais). Comme on peut le retrouver sur les dessins de Evans, le bout étroit du tuyau fait office de buse à injection pour la partie large du prochain tuyau. Par voie de conséquence l'injection provoque une dépression dans le tuyau suivant et l'eau est aspirée par impulsion vers l'avant.

De cette façon on obtenait à l'intérieur de la canalisation une allée de tourbillons rythmiquement pulsés. Evans écrit : « Le système de canalisation d'eau avec des tuyaux en terre cuite fait partie des éléments les plus anciens du palais (1900-1700 av. J.C. environ - note de l'auteur). Avec leurs manchons (collars and stopridge) ces tuyaux sont dignes d'admiration et la forme renouvelée de chaque tronçon permet à l'eau d'être propulsée vers l'avant et évite l'accumulation de dépôts. »

18 En partie publié dans MUT N 1/89

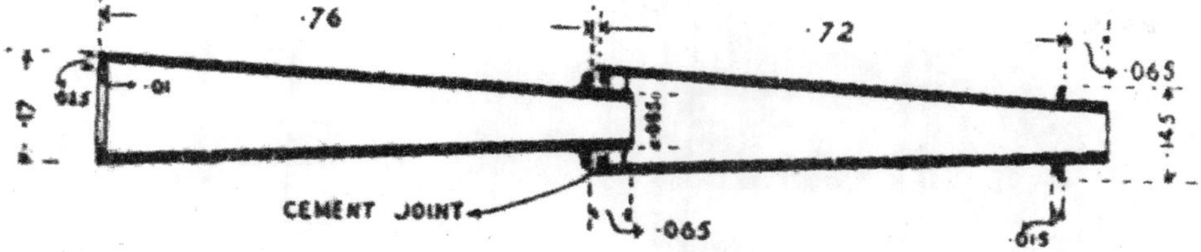

Fig. A Tuyau en terre cuite (d'après « The palace of Minos » de Ewans)

Fig. B Cœur de hanneton (« Das sensible Chaos » de Schwenk)

La canalisation était donc composée de tubes à tourbillonnement assemblés entre eux, à la manière du corps de certains insectes, les hannetons ou les cafards dont les anneaux se suivent un à un.

La remarque d'Evans concernant la prévention de dépôts sur les parois internes de la conduite est très intéressante. Il est bien connu qu'à l'heure actuelle de tels dépôts représentent un réel problème dans toutes les canalisations d'eau. Grâce à cette technique de tourbillonnement on avait déjà réussi à Knossos à réduire le courant et à éviter les dépôts. Mais d'où venait ce savoir qui a développé une telle technique il y a plus de 3000 ans ? Ce qui est frappant, c'est que partout à Knossos. on peut voir des motifs avec des allées de tourbillons et des spirales, dans les décorations de murs des palais et sur les amphores.

Dans les canalisations d'eaux usées on avait appliqué la technique du tourbillonnement. Les eaux usées étaient évacuées de l'intérieur du site du palais par des canaux fermés, mais vers la vallée el les coulaient dans des goulottes maçonnées et ouvertes, latéralement de la colline du palais. Afin d'éviter que les eaux usées ne se précipitent des hauteurs abruptes, on avait installé des éléments de freinage dans les goulottes, analogues à ceux que Viktor Schauberger avaient fait breveter.

Coupe en albâtre

Amphore royale du port de Knossos

2 amphores royales à Knossos

Fig. C Motifs de tourbillons et de spirales sur des vases à Knossos (« The palace of Minos » de Ewans)

4. De la vie et de la mort des forêts

4.1 La forêt naturelle et la forêt artificielle

Viktor Schauberger considérait la forêt comme la condition d'une eau saine destinée à la culure des aliments et pour tout ce qui a trait à la culture en général. Le terme de forêt avait cependant pour Schauberger une toute autre signification que dans le vocabulaire de l'exploitation forestière. Par forêt Schauberger comprenait une forêt mixte naturelle, vivant en parfaire symbiose avec de multiples variétés d'arbres.

En 1930 il écrivait ceci :

Dans une forêt saine, vierge de toute exploitation forestière, nous trouvons une variété de mélanges bien particulière. A côté de certains arbres à bois noble bien développés, on découvre aussi une situation chaotique qui nous semble bizarre et qui s'exprime par un désordre sans lois. Ceux qui n'ont pas l'habitude du monde de la forêt, sont tentés d'enlever tout ce qui semble faire de l'ombre à ce qui paraît bon.

Il faut beaucoup de vigilance et une très longue expérience pour apercevoir dans ce désordre apparent, la sage main de la nature omnisciente.

L'entretien moderne des forêts na absolument rien à voir avec la vie naturelle de la forêt. Au contraire il perturbe l'équilibre du monde végétal et provoque de nombreux désordres :

Pendant des décennies la jeune plante poussait dans une forêt saine, naturelle, qui n'avait pas été influencée par la main de l'homme et de sa science, ce rejeton plein de santé se trouvant bien sous la protection des arbres reproducteurs, dans des conditions régulières de température, d'humidité et d'éclairage. Avec la disparition de ces arbres, les jeunes plants devenus adultes furent directement exposés à la lumière et à la chaleur ;sans doute ils y prirent certainement du plaisir. Mais leur jeunesse, qui aurait réagi aux influences météorologiques extrêmes en fabricant des cernes très larges, était passée. De fait cet apport de lumière et de chaleur a une action positive sur un développement régulier, mais il est aussi essentiel dans sa reproduction.

Il faut savoir que le tronc se protège toujours du soleil, seul la couronne de l'arbre en subit les rayons. Le forestier, qui ne pouvait ignorer ce fameux ***apport de lumière****, vit là la possibilité d'une activité scientifique et l'occasion qui lui était donnée de* ***corriger*** *la nature.*

Il établit de nouvelles règles, qu'il estimait meilleures et plus justes, même si elles étaient en contradiction avec la nature. Pour organiser ***cette nouvelle sylviculture*** *il s'empressa de faire jouer ce mobile dont il est question ici, à une période où la jeune plante réagit à trop de lumière et de chaleur par une croissance exagérée des cernes.*

Ces nouvelles voies qu'on avait empruntées, permirent également de réaliser ***des coupes à blanc*** *ainsi qu'une exploitation prétendue plus rationnelle en réduisant les surfaces exploitables.*

Dès le début de cette façon de procéder, certaines variétés de bois disparurent. Mais ceci ne fut pas considéré comme un inconvénient, mais au contraire plutôt comme un avantage, car de ce fait on évitait une aspiration superflue du sol par des ***arbres sans intérêt****.*

Dans cette nouvelle forme d'exploitation. une mise à la lumière précoce de tous les arbres d'ombre sensibles au gel et qui étaient naturellement protégés par de vieux bois, se fit inévitablement. De jeunes sapins aux larges cernes, exposés brutalement à la lumière, fabriquent à cet endroit un bois spongieux, de densité médiocre. qui peu après l'abattage, parfois même avant, se désagrège au niveau des cernes.

Il est évident qu'après le séchage les parties spongieuses réagissent différemment des parties saines et ce bois ne peut plus être considéré comme bois naturel.

Il est bien connu qu'en arrêtant l'exploitation forestière qui respectait les règles de base, notre bois le plus précieux, ***le bois dit « de résonance »*** *disparut d'un coup.*

Ce bois qui pousse lentement, à l'encontre du bois qui, selon les méthodes modernes a une croissance rapide, présente des cernes qui ne peuvent être discernés à l'œil nu. En outre pour ce qui est de sa composition organique, ce bois est d'une régularité merveilleuse.

Le timbre magnifique qui s'échappe des instruments qui en sont faits (Stradivarius l'utilisait pour ses fameux violons) est non seulement la preuve de leur développement sain et naturel, mais ce bois a une durée de vie illimitée.

En comparant la structure du bois élevé selon la pratique forestière actuelle, au bois devenu légendaire dans nos régions surtout, on prend pleinement conscience de la perte irréparable que nous avons subie, par la méconnaissance des faits développés plus haut.

Il serait d'une extrême urgence de se poser la question de savoir, si cela vaut vraiment la peine, en raison d'un apport de lumière relativement réduit, d'accepter ces pertes en qualité catastrophiques, consécutives à une exploitation forestière moderne d'à peine 100 ans, et de risquer en plus de mettre en péril l'existence de toute la forêt d'altitude. Une étude plus approfondie et le retour urgent à la nature montreront que la forêt n'est pas, comme on le cru jusqu'ici, un objet dont on peut tirer profit surtout en montagne, mais une condition absolue de toute culture et que ***la misère sociale*** *de plus en plus grande n'est que la conséquence de la destruction actuelle de nos forêts.*

Ce qui au premier regard semblait être un progrès scientifique, s'avéra dans la pratique comme une erreur inéluctable, voire une ***décadence culturelle****.*

Une observation pertinente ne peut ignorer, que la disparition d'une variété de bois crée une lacune dans le sol (le milieu nourrisseur) et que cette destruction en entraîne d'autres. Il s'agit ici de ***la rupture de l'apport d'eau et de substances nutritives****, dont il sera question plus tard.*

En sylviculture, les principes de base adoptés jusqu'ici par l'exploitation forestière (il faudrait plutôt dire par la déforestation !) à savoir par un rajeunissement artificiel, provoquent une baisse ***de la qualité*** *et un dépérissement général.*

La monoculture de résineux remplace la forêt mixte. Mais si on sort le sapin de son environnement de feuillus, il va pousser plus vite c'est certain, les cernes vont s'agrandir, la quantité de bois va croître, mais dans le même temps la qualité va baisser rapidement. L'arbre deviendra spongieux. va être facilement victime de maladies et de parasites et ses racines vont pourrir (cancer du bois).

Les différents microbes vont être assidûment répertoriés, on va leur donner des noms latins et de nombreuses personnes vont avoir des activités lucratives pour enregistrer les nombreuses maladies qui d'année en année attaquent de plus en plus d'arbres. Personne ne voit que l'agent pathogène de cette vie nouvelle n'est autre que le travail absurde du forestier.

La perturbation de l'équilibre naturel de la forêt n'a pas seulement des conséquences pour elle seule. Tout l'apport de nourriture au paysage environnant commence à être sérieusement menacé.

Par le déboisement et la mise à nu des terrains, puis par la disparition de certaines variétés de bois,on a provoqué une détente du sol suite à une absence de contrastes thermiques,différents selon l'altitude, qui est indispensable à un apport constant de substances nutritives. Par les rayons de soleil directs. les sols dénudés se réchauffent à un point tel que le dépôt de sels nobles se fait à une telle profondeur que les racines des plantes ne peuvent plus y accéder.

La distance du secteur des racines aux substances nutritives stockées,devient de plus en plus Grande, et l'apport de sels nutritifs toujours plus réduit, bref - ***le recul de la végétation a commencé, c'est le début de la stérilité***[19].

Schauberger rappelle qu'une forêt naturelle a une température de 9° Celsius au niveau de ses racines. Celle-ci ne doit pas être dépassée, si le processus normal de croissance doit se poursuivre[20].

4.2 La forêt source énergétique du paysage

Schauberger est d'avis que la forêt est une centrale électrique pour son paysage environnant. Il considère chaque arbre comme un corps chargé d'énergie, dans lequel se déroulent des processus compliqués, dans lesquels de l'énergie est également transmise à l'environnement. Cette énergie, « le rayonnement horizontal du sol », qui est aussi diffusée par les cours d'eau naturels, n'est pas seulement une source originelle pour la végétation, mais contribue aussi à la vie des nappes phréatiques.

Les dommages causés par l'exploitation forestière moderne sont si terribles, parce que les tensions énergétiques originelles ne peuvent être nulle part ailleurs dans le monde végétal ussi élevées que dans une forêt exploitée selon la nature. C'est là que de multiples variétés agissent des kilomètres à la ronde, parce que mélangées les unes aux autres, elles transmettent des valeurs décuplées en dosage et en énergie

Mais Schauberger insiste aussi sur le rôle important de la forêt en tant qu'usine à métaux. Lors de processus biochimiques et de mouvements biodynamiques certains métaux et minéraux sont accumulés.

19 voir p.77 la circulation complète de l'eau

20 Schauberger se base vraisemblablement sur les conditions de l'Europe centrale.

Chaque feuille et chaque aiguille est une usine à métaux.

Ce mécanisme organique de création de métaux est vérifiable expérimentalement[21]*. Après la chute des feuilles ou des aiguilles, ces usines à métaux sont arrêtées et dispersées par le vent; plus la forêt a de taillis, plus le sol sera riche en sels métalliques organiques qui en hiver se fixeront sous le poids de la neige.*

Ces métaux jouent un grand rôle dans la formation de la « peau isolante » que Schauberger considèrent comme essentielle en ce qui concerne les processus vitaux ayant lieu dans le sol. Ils forment un treillis extrêmement fin à la surface du sol, une sorte de filtre organique diffuseur, qui sépare le sol chargé négativement de l'atmosphère chargée positivement, condition sine qua non de toute croissance.

C'est ainsi que les arbres transforment les métaux importants dont les plantes et les hommes ont besoin, sous forme d'oligo-éléments.

Le cours d'eau qui coule en descendant de la forêt naturelle, transporte une partie de ces métaux et les décharge dans la nature.

En outre ils jouent un rôle important dans la formation de l'eau en général (grâce à leur rôle de catalyseur). C'est pourquoi d'après Schauberger, la forêt, mis à part ses qualités reconnues, contribue aussi à créer un climat agréable et exerce de nombreuses fonctions vitales. Il dit qu'elle est le « berceau de l'eau », un facteur essentiel dans la distribution de l'eau de la nappe, produisant des oligo-éléments et des sels minéraux, sans oublier d'apporter de l'énergie destinée à la formation des substances nutritives.

4.3 La destruction de la forêt et ses conséquences biologiques

Viktor Schauberger était sans doute un des premiers au monde, à dénoncer les erreurs écologiques qui étaient en train d'être commises à l'égard de la forêt et de sa vie. Il avait sans doute plus pertinemment qu'un autre, décrit les conséquences de telles agressions envers le paysage et la vie en général.

21 Grâce à la photographie de haute fréquence de Kirlian

Grandes étaient son amertume et son inquiétude au sujet du pillage des forêts, comme il s'est passé après la première guerre mondiale. Ses avertissements pathétiques, que ce soit de vive voix ou par la presse, s'adressant directement aux autorités en ayant l'intention d'éveiller un refus général de brader le paysage. Il écrivait en 1928 :

« Comme il y aurait beaucoup à dire sur la vie de la forêt ! Mon devoir est malheureusement d'écrire sur sa mort. Dénonçons les terribles erreurs aux gens qui sont en mesure d'aider in extremis la forêt qui se meurt sous la main de personnes étrangères à la nature. »

« Lorsque meurt un homme, les cloches sonnent ; lorsque c'est la forêt qui meurt et avec elle tout une population, personne ne lève le petit doigt. »

« La mort de tout un peuple a été devancée par celle de la forêt. Cela mettra peut-être des siècles, jusqu'à ce que la forêt soit de nouveau comme elle était il y a quelques décennies. »

« La plupart des gens ne comprennent pas cette déliquescence qui perdure. Ils continuent à voir une forêt qui existe et ne se laissent pas troubler par les statistiques qui leur démontrent qu'à l'heure actuelle, il y a plus de mètres cube de bois par hectare qu'autrefois. Mais que par ces mesures la qualité des plantations élevées ainsi régresse considérablement, cela on l'occulte. »

Avec la destruction de la grande forêt l'eau disparaît également ; l'amère expérience de ces dernières années le lui avait appris. En 1930 il écrivit :

On devrait ériger un monument magnifique à l'homme qui a le pouvoir de mettre fin à cet assassinat insensé de la forêt d'altitude. Malheureusement ces hommes n'ont aucune notion de ce que la forêt représente dans la vie d'un peuple. La forêt c'est le berceau et la maison de l'eau divine qui inquiète deviendra le plus grand danger pour l'homme qui lui détruira sa patrie.

Sans forêt pas d'eau. – Sans eau pas de pain. – Sans pain pas de vie. En examinant toutes ces choses, on en arrive tôt ou tard à se dire que les malheurs d'aujourd'hui (la maladie, la décadence) sont à mettre en rapport avec des fautes commises sur le sol, dans l'eau et dans les airs.

Il n'est pas question de savoir si l'homme doit utiliser la forêt ou non. Mais vu le déboisement actuel, ce n'est pas raisonnable et prouve bien la totale méconnaissance des lois de la forêt et de l'eau.

Aussi longtemps qu'un cours d'eau livre le bois lui-même, c'est à dire gratuitement, le forestier ne doit pas utiliser sa hache. La dégradation des cours d'eau signifie un avertissement des dangers, je n'exagère pas, qui menacent notre existence au plus haut degré.

La rivière Haravatt à Jämtland (Suède)
(Photo Nils Johan Norenlind)

Aussi longtemps que le forestier reste dans le cadre du possible, le torrent qui coule dans presque toute forêt, paiera les intérêts de la forêt, à savoir le bois, quasiment sans frais.

Mais si l'exploitant forestier (dans ce cas le dévastateur) va plus loin et change la forme initiale, sous laquelle la forêt peut se développer (déboisement massif) la nature va se protéger elle-même. La destruction de la forêt conduit actuellement à la destruction des cours d'eau, la destruction du seul moyen de transport rentable.

Mais cette destruction de la forêt suit son cours et ses conséquences en sont effrayantes :

Abaissement de la nappe phréatique.

Catastrophes dues aux crues.

Déséquilibre des précipitations.

Dépérissement de l'agriculture.

Tout cela et bien plus encore sont les conséquences de cette mauvaise gestion.

Sans la moindre notion des principes qui régissent la nature, sans connaître les bases les plus élémentaires des lois sur le mouvement de l'eau, on a entrepris des travaux gigantesques de régulation, qui transforment le paysage du tout au tout et vont contre les règles qui font loi. Au lieu de penser que la végétation d'altitude - la forêt - était tout aussi utile que la peau pour le corps par exemple, on fit tout pour détruire dans la nature tout ce qui était merveilleux dans sa complexité et qui semblait indestructible.

Comme on pensait que la forêt n'était là que pour en retirer tout ce qui est utilisable , on fit tout ce qu'il fallait pour détruire ce qui est indispensable à la vie de la nature et du maintien de la glèbe, non seulement pour réaliser de viles spéculations, mais en plus par des mesures à l'encontre du bon sens.

Le plus curieux est que malgré toutes les mauvaises expériences et malgré notre chaos économique qui s'en suivit, on continue à s'en tenir à ces méthodes de régulation et d'exploitation forestière impossibles, alors que la forêt, qui est la condition de toute culture, va mourir à cause de mesures prises par des organismes autorisés.

Bien qu'écrit en 1930, c'est tout à fait d'actualité pour la fin de ce siècle.

A une époque où des milliers de gens sont au chômage et où en vérité nous en aurions besoin du double pour maintenir notre économie debout alors qu'elle menace de s'effondrer ; cette action ne peut se faire que si les erreurs commises sont corrigées aussi vite que possible, c'est à dire reconstruire la fo-

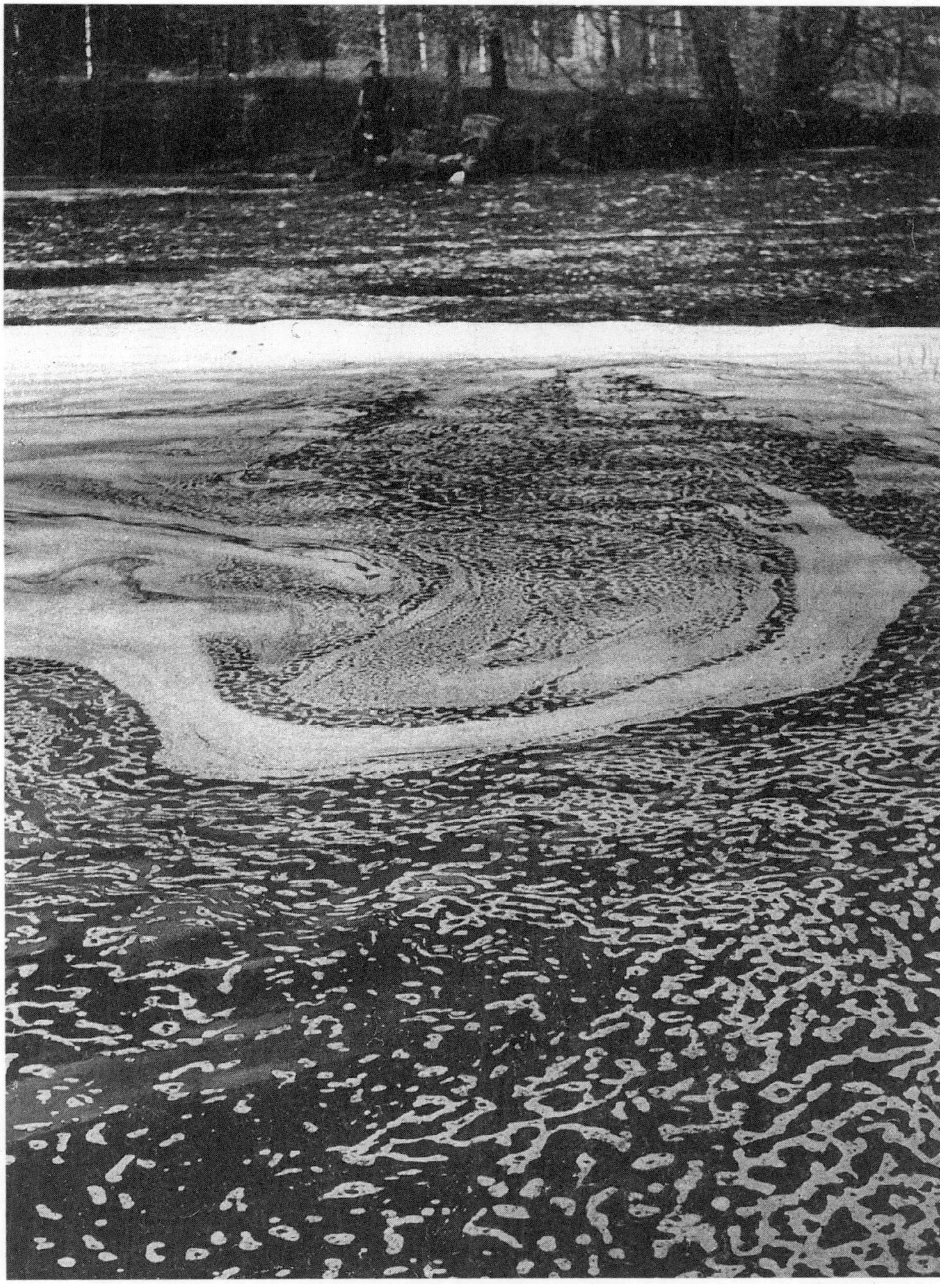

Pollution de l'eau par les eaux rejetées par l'industrie dans la rivière Fyris en Suède
(photo : Sti T Karlson)

rêt telle qu'elle était autrefois, remplacer la goulotte par des installations de bassins de retenue adéquats, afin qu'elles puissent au moins provisoirement, garder en partie leurs trajectoires normales, pour que de l'eau saine coule à nouveau – du sang neuf en l'occurrence pour les plantes et les espèces vivantes. Au lieu de cela on assiste sans bouger au fait que des personnes qui, ayant perdu toute relation avec la nature, continuent à détruire encore d'autres vies ainsi que les derniers espoirs d'un retour.

Schauberger voit dans la forêt naturelle l'origine de toutes les qualités de l'eau et des aliments. Si l'ensemble de la forêt naturelle est détruit, la formation d'une eau naturelle et biologiquement normale va être la première touchée, puis viendront par la suite toutes les autres matières organiques. La qualité biologique des aliments est en baisse et les hommes sont de plus en plus touchés par des maladies dues à des carences, maladies circulatoires et enfin des cancers. Pour Schauberger c'est la conséquence logique de la destruction de la forêt et des processus naturels de l'eau… c'est pourquoi le soin apporté à la forêt naturelle est pour un peuple une question vitale.

Sans une forêt saine, il n'y a pas d'eau saine ni de bon sang. Ce qui a pour conséquence une dégradation des conditions de vie fondamentales par la méthode actuelle des techniques forestières et hydrauliques.

Schauberger a vu de ses propres yeux, comment la dégradation d'un secteur forestier avait rapidement des effets biologiques négatifs. Il relate un cas dans le Salzkammergut.

Il existait une source qui passait pour empoisonnée. On l'avait entourée d'une clôture pour empêcher les bêtes assoiffées de venir s'y désaltérer. Lorsque Schauberger s'y rendit en compagnie d'un vieux garde chasse, ce dernier le prévint de ne pas s'en approcher. Mais comme son chien avait bu à la source et qu'une heure plus tard il était toujours en excellente santé, lui aussi se mit à boire l'eau. Après quoi il eut d'abord des vertiges, puis bientôt une sensation agréable et rafraîchissante.

Tout autour de la source on pouvait voir des traces de chamois et des herbes d'altitude, qui lorsqu'on passait au travers, laissaient un film huileux sur les souliers de montagne ainsi que sur la surface de l'eau cristalline. Ce qui frappait avant tout c'était la couleur rouge sang des rhododendrons, qui formaient comme un tapis vermillon autour d'elle. Leurs feuilles étaient comme saupoudrées de poussière dorée et qui observées à la loupe ressemblaient à des écailles. Elles contenaient à coup sûr du métal.

Cette eau ne gelait jamais, même par des hivers très rudes, où à cette al-

titude une température de – 30° Celsius n'est pas rare. Les vieux chasseurs utilisaient de telles sources pour y poser leurs pièges à renard, qui recouverts de mousse ne gelaient jamais, laissant leur appât tendre et sans odeur. Plus la température extérieure était froide, plus l'eau devenait chaude. Par moins 30° C la température de l'eau montait à 10° C, alors que par des journées d'été particulièrement chaudes, elle se rapprochait du point d'anomalie de 4°.

Ce cas précis se passa avant la première guerre mondiale. Pendant la guerre on pratiqua une coupe importante à environ 600 – 800 m en contrebas. L'année suivante la source commença à tarir. Ce qui était frappant c'était la disparition complète de la pellicule huileuse. L'eau devint fade et tout autour de la source disparurent d'abord les simples, puis plus tard les herbes courtes de montagne qu'apprécient les chamois.

Peu à peu les chamois du secteur succombèrent à la lèpre, alors qu'ils en avaient toujours été épargnés. Les rares qui survécurent se cantonnèrent toujours aux abords de sources analogues. Celles-ci se maintenaient si on n'avait pas procédé à des déboisements.

C'est grâce à des observations systématiques qu'on a remarqué que l'eau ne peut pas monter et que ses tensions internes ne peuvent avoir lieu lorsque les métaux lourds commencent à manquer, parce que la terre se détend à cause de coupes trop importantes.

Dans ces secteurs déboisés qui se réchauffent au soleil, les herbes médicinales métallifères ne peuvent plus pousser et les chamois ne peuvent plus régénérer leur sang, qui maintient leur énergie à ces animaux d'altitude.

De la même manière que les chamois ont été touchés par les conséquences de la coupe, Schauberger pense que l'homme aussi, à longue échéance, sera victime de la destruction de la forêt naturelle.

L'avis de Schauberger sur la forêt peut être résumé de la manière suivante :

1. La forêt ne doit pas être considérée uniquement comme une source de matière première et comme base de prospérité matérielle. Par l'eau et par l'humus fertile, la forêt est un acteur de vie incontournable, une source d'énergie et de structuration dans le domaine de la vie. Elle est « le foyer et le berceau » de l'eau.

2. Sans une forêt naturelle, où une variété d'arbres, de taillis et d'herbes a le droit de pousser, et où une stratification naturelle aussi bien à la surface de la terre, que sous la terre au niveau des racines, leur permet d'être efficaces tous ensemble, la circulation de l'eau ne peut se réaliser pleinement…Mais la circulation complète de l'eau est la condition pour nourrir l'humus de façon

naturelle à l'aide de substances nutritives et d'oligo-éléments issus de l'intérieur de la terre.

3. Sans une telle forêt l'eau ne peut exister sous forme de sources et de torrents, quand elle a mûri à l'intérieur de la terre ; elle ne peut pas se développer et exercer ses fonctions naturelles à la surface, si elle ne peut pas couler sous la protection de la forêt naturelle.

4. Une forêt naturelle est comme une centrale électrique, qui dispense son énergie à l'eau qui coule à flot dans le paysage environnant.

5. L'utilisation rationnelle de la forêt avec ses méthodes de plantation et déboisement, provoque des troubles dans une nature complexe, qui décide elle-même de la qualité des mécanismes vitaux de tous les organismes.

C'est pourquoi cette façon de traiter la forêt devient finalement une menace pour l'homme lui-même puisque concerné par la baisse de la qualité biologique de l'eau et des aliments.

4.4 Le Front vert

En collaboration avec son fils Walter Schauberger, ingénieur diplômé, Viktor Schauberger fonda en 1951 en Autriche une organisation, qui avait pour but de protéger et de régénérer la forêt ainsi que de s'occuper de tout l'environnement en général. Cette organisation « Die grüne Front » (Le Front Vert) avait trouvé l'approbation générale ; et son activité contribua à ce que les autorités responsables prennent enfin conscience qu'il fallait stopper cette destruction des forêts. En 1951, au congrès mondial des forestiers, les deux protagonistes de « Die grüne Front » furent honorés pour leur engagement méritoire.

4.5 Des forêts saines grâce à des mesures effectuées sur les arbres

Viktor Schauberger pensait que les arbres comme les bêtes et les hommes avaient des températures différentes selon les espèces et les races. Les pins par exemple s'ils sont sains ont 14°C (en Europe centrale) On ne devrait pas non plus planter de forêts sur un sol d'une température supérieure à + 4° C si on veut avoir des plantes saines.

Viktor Schauberger démontra que des tensions électriques mesurées dans un lieu ont beaucoup à révéler sur son état de santé. Dans les années 60 déjà, des chercheurs suédois qui étudiaient l'implosion, entreprirent de telles mesures et les ont poursuivis les années suivantes. J'en parle dans un article paru peu après dans la revue Implosion N°16 (1965). Les mesures ont été réalisées de la façon suivante :

A. Mesures de températures

Viktor Schauberger et son fils Walter qui était ingénieur diplômé, ont démontré que chaque variété d'arbre a indubitablement une température propre, qui

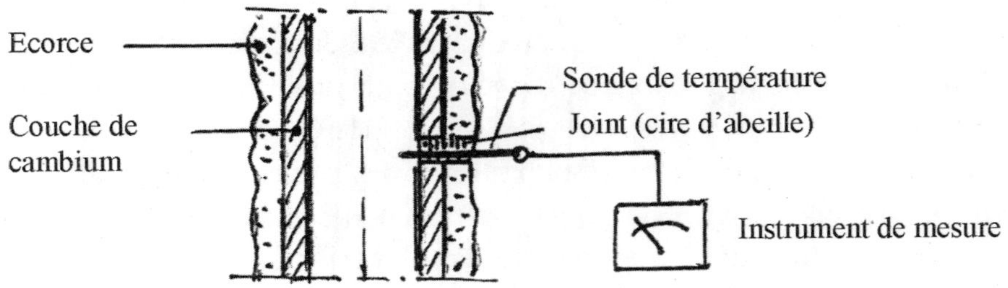

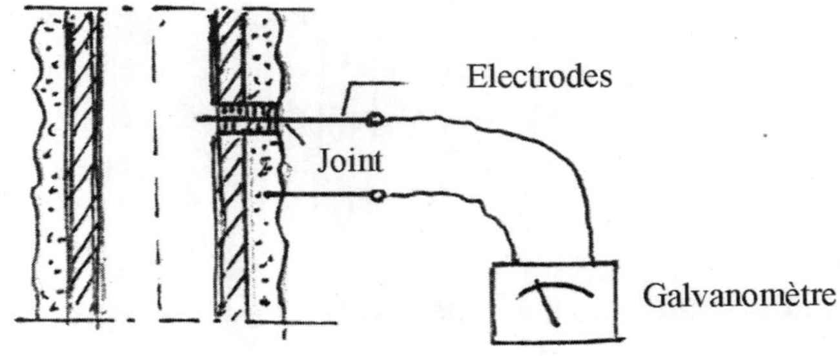

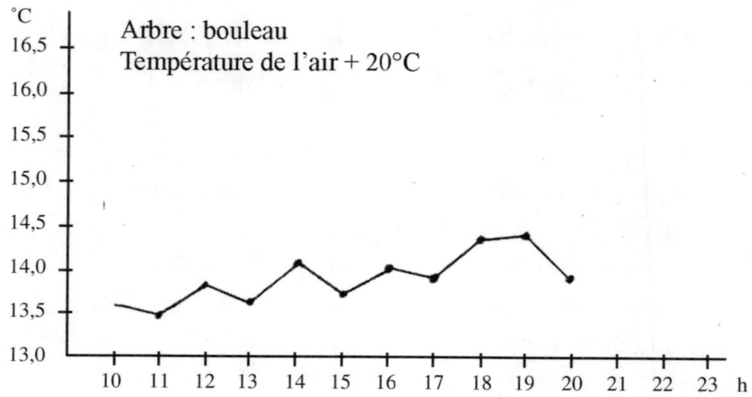

Fig : A 1

varie en augmentant de plus en plus à son désavantage, comme un être humain qui va avoir de la fièvre. Déterminer normalement la température d'un arbre est aujourd'hui pratiquement impossible. C'est pourquoi il est très difficile de connaître la température exacte qui correspond à une certaine sorte d'arbre. Il nous a été seulement possible de faire des expériences sur des arbres, qui se trouvaient autour de nous, pour mettre au point la méthode la plus juste.

Comme instruments de mesures nous avions de simples thermomètres ainsi que des éléments thermiques électriques du pont de mesure qui en faisait partie. Dans les deux cas on perçait un trou d'un diamètre de 6 à 8 mm jusqu'au milieu de l'arbre, dans lequel on introduisait le thermomètre ou l'élément de mesure. Afin d'éviter une entrée d'air, on colmata le trou hermétiquement avec de la cire.

Les mesures furent effectuées en partie sur des bouleaux (betula alba) et en partie sur des épiceas (pineus abies). Pour les bouleaux on a choisi des spécimens uniques, alors que les épiceas étaient soit uniques soit ils se trouvaient dans une forêt mixte.

La figure A indique les mesures obtenues sur un bouleau. Alors que la température de l'air était de +20° C pendant toute la journée, l'intérieur de l'arbre n'avait que + 14° C. Il est intéressant de constater que les variations de température sont analogues à des pulsations. Cette mesure a été réalisée par l'ingénieur G. Norling à l'aide d'un instrument de mesure électrique.

B. Mesures de tension

L'ingénieur Walter Schauberger découvrit que l'arbre représentait une sorte de biocondensateur dont la tension pouvait être mesurée à l'aide d'un galvanomètre multiplex (voir Implosion N°14) Les expériences ont été réalisées dans les mois d'avril et mai. Leur but était d'observer si les résultats trouvés en Allemagne et en Autriche pouvaient être mis en parallèle avec les mesures exécutés en Suède, pour des pronostics de météorologie entre autres.

On utilisa comme instrument de mesure un galvanomètre Goerz à double index lumineux de type 167 304. L'ampérage était de 1x 10-9 ampères et la résistance du galvanomètre de 2000 ohm. Comme sonde on prit deux clous en cuivre. Cet appareil doit rester allumé pendant toute la durée de la mesure de l'arbre. Chaque mise en route provoque des variations de tension très fortes qui ne baissent que très lentement. Ce n'est qu'après coup que l'on peut obtenir des mesures comparables entre elles. Evidemment, il vaudrait mieux utiliser des sondes (électrodes) en plaine pour éviter toute perturbation électrolytique.

Nos mesures ne furent réalisées que sur un bouleau (betula alba). La figure B1 indique le résultat obtenu entre le 1 et le 15 mai 1964. Ce qui était intéressant dans cette série, c'est que la tension, dont la graduation était de 40 à partir du 27 avril augmenta soudain jusqu'à 100 début mai , après quoi les feuilles étant sorties la tension retomba. Un rapport entre les variations de tension entre le bouleau et le temps n'était pas si facile à établir. Peut-être cela n'est-il possible que chez les conifères.

L'expérience suivante a été intéressante :

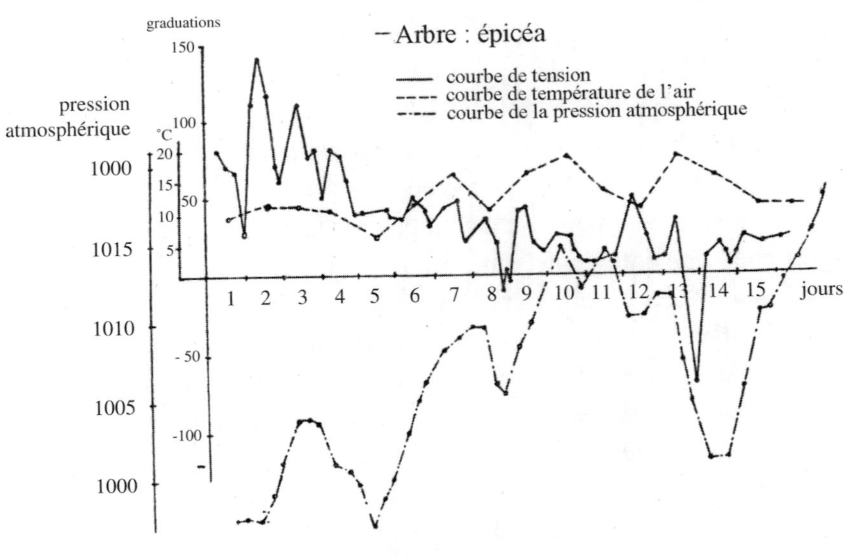

Fig : B 1

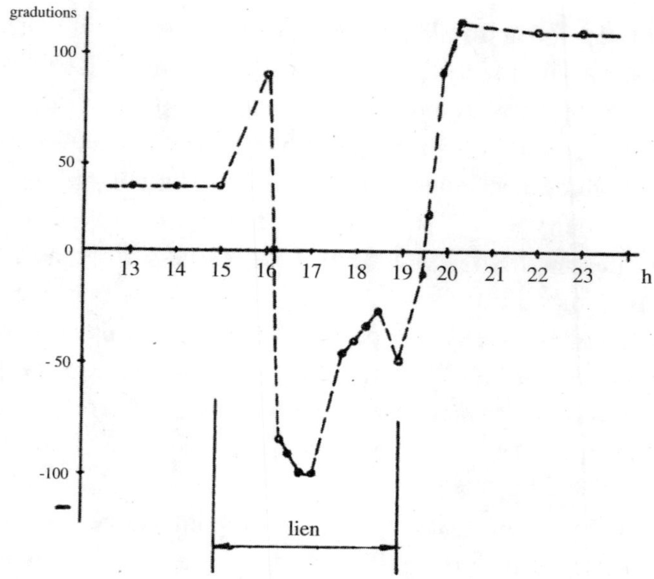

Fig : B 2

J'avais noué une corde autour de l'arbre devant être mesuré. Celle-ci n'était pas serrée du tout et entre l'arbre et la corde j'avais placé un chiffon de laine pour éviter de blesser l'écorce. Mais lorsque peu après je voulus lire le galvanomètre, je vis qu'il était tout à coup très perturbé. La tension était passée brutalement de positive à négative. Aussi longtemps que la corde était autour de l'arbre, la tension restait négative. Dès que je l'enlevai, la tension redevenait positive et pendant plusieurs heures resta pratiquement constante. Cette légère pression sur l'écorce semblait avoir suffi à causer une variation de polarité.

La figure 2 décrit la courbe concernant ce phénomène.

Pendant une nuit de tempête, je fis une autre observation intéressante. J'avais branché un galvanomètre sur un épicéa. La tension était positive. Mais à chaque fort coup de vent elle devenait négative. La déflexion était très forte. Je me rappelais que Viktor Schauberger avait dit un jour, que l'arbre envoyait des charges électriques depuis ses racines jusqu'au bout de ses feuilles les plus hautes, afin de les rendre plus fortes. Le professeur Wilhelm Balters dit entre autres « si on ne ressent plus le vent derrière une haie, ce n'est pas à cause de l'abris qu'elle représente, mais la raison de cette accalmie est que les haies avec leur nuage d'énergie d'une certaine polarité effacent le nuage énergétique du vent d'une polarité contraire. »

Nos mesures concernant les arbres ont été reprises dans les dernières années et continuent à montrer des tensions en baisse. Vikor Schauberger dit que l'arbre reflète les conditions de la terre. Peut-être que ces tensions en baisse prouvent que la tension entre atmosphère et géosphère disparaît progressivement, ce que Schauberger prédisait et considérait comme le signe d'une nature qui se meure. (L'auteur, Implosion No. 16)

Mesures scientifiques sur des arbres

Nos mesures avaient déjà été effectuées dans les années 60. Actuellement l'exploitation forestière a commencé à appliquer de telles méthodes. L'école des Eaux et Forêts de Umea en Suède, applique ces mesures de température aux plantes de la forêt pour rechercher quelles plantes présentent les meilleures conditions de croissance (III Vetenskap N°8 1992)

L'Institut pour la recherche forestière du Land de Hesse utilise l'électrodiagnostic pour constater l'état de santé des arbres. Leur tension électrique est mesurée à l'aide d'électrodes (FAZ 26.6.96)

5. Une visite à Adolf Hitler

En 1934 R. un industriel de Brême, ayant entendu parler des vertus curatives de l'eau de Schauberger, lui écrivit pour en obtenir le brevet pour l'Allemagne. C'est par R. qu'indirectement Hitler apprit qu'il y avait un Autrichien aux idées originales sur la technique et qu'il travaillait à de singulières inventions.

A l'époque l'Autriche n'était pas encore annexée par l'Allemagne, mais les relations entre les deux gouvernements étaient plutôt tendues. Un jour cependant, l'ambassadeur d'Allemagne à Vienne fit savoir qu'un certain Schauberger avait la possibilité d'obtenir un visa pour une visite à Hitler. Schauberger aurait l'occasion de débattre de ses idées et de ses travaux, qu'Hitler avait l'air de bien connaître. Schauberger espérait que l'entrevue se passerait entre quatre yeux, ce qui lui avait d'ailleurs été promis. Mais en entrant dans le bureau d'Hitler, s'y trouvait déjà une tierce personne, avec laquelle Schauberger avait eu autrefois des contacts désagréables – le nommé Wiluhn, chef de cabinet, un haut fonctionnaire de l'Institut Kaiser Wilhelm. Toujours est-il que Schauberger eut l'occasion de parler sans être interrompu. Il fustigea ouvertement « l'arbitraire de la technique académique » et ce qu'il jugeait comme une erreur dans le plan quadriennal d'Hitler et ses méthodes en matières d'économie politique.

Lorsqu'il eut terminé, Hitler lui demanda : « Que voulez-vous changer aux machines et aux méthodes actuelles ? » Schauberger : « Donnez-moi des locaux, du personnel, des outils et du matériel, que j'aimerais choisir moi-même. Vous allez constater par vous-même qu'en l'espace de quelques mois avec quelles méthodes on peut créer de l'énergie. Après quoi vous pourrez décider vous-même, lesquelles sont les meilleures et les plus performantes. » Hitler : « Mais que comptez-vous utiliser comme carburant dans vos machines ? » Schauberger : « De l'eau et de l'air, là où se trouve l'énergie en somme. » Hitler appuya sur un bouton et le secrétaire d'état Keppler entra. Hitler : « Donnez à l'Autrichien ce dont il a besoin pour ses idées qui m'intéressent, afin qu'il puisse prouver qu'il est dans le vrai. » Il prit alors poliment congé de Schauberger que Keppler raccompagna.

Dès qu'il fut sorti, Wiluhn se précipita vers lui et l'accusa de déraison. Il lui fut reproché de s'être introduit chez Hitler et de lui avoir mis dans la tête des absurdités. Après un échange véhément de paroles, Schauberger retourna à son hôtel. Il y eut encore un appel téléphonique de la chancellerie lui demandant de rester à disposition, mais Schauberger repartit sur le champ en Autriche, s'agaçant d'être allé à Berlin pour être traité de la sorte par ce « négrier » de Wiluhn. Ce que Hitler avait convenu ne se réalisa pas encore, mais quelques années plus tard, on pourra constater que le troisième Reich n'avait pas oublié Schauberger.

5.1 Nouvelles expérimentations

5.1.1 Essais hydrauliques à Nuremberg, du courant électrique issu directement de l'eau

En 1938 c'est « l'Anschluss » entre l'Autriche et l'Allemagne. Peu après, Schauberger fut informé par Julius Streicher, que sur l'ordre d'Hitler, toutes les facilités devaient lui être offertes. Dans un premier temps, on devait lui mettre à disposition 10 millions de Reichmarks, pour entreprendre des coupes et construire des installations de flottage en Bavière, en Haute Autriche et en Bohême. En outre le laboratoire Kötschaus à Nuremberg était à sa disposition pour de nouvelles recherches. Sur ce Schauberger prit contact avec son fils Walter, qui entre temps avait terminé ses études d'ingénieur à l'Ecole des Hautes Etudes de Breslau et qui y travaillait comme assistant, en le priant de venir le soutenir dans son travail. Son fils ne pouvait pas être d'accord sur toutes les théories paternelles et restait sceptique à beaucoup d'égards. Au cours des années pourtant, il se laissa convaincre par la pertinence des conceptions de son père.

On voulait dans un premier temps renouveler une série d'essais, que le Dr. Winter avait réalisés autrefois, à savoir capter de l'énergie à partir d'un jet d'eau[22].

D'abord on pratiqua l'expérience avec un gros jet sous haute pression,

22 En 1890 le physicien allemand Lenard avait déjà fait l'expérience du phénomène électrique autour d'un jet d'eau, afin de régler le problème de ladite électricité de chute d'eau. Avant lui le physicien anglais Lord Kelvin avait aussi fait des expériences analogues.

sortant de buses larges, mais sans résultat. Walter Schauberger choisit alors l'autre extrême et utilisa des buses fines et une pression basse. Là le mécanisme se mit en place et on a pu enregistrer des tensions allant jusqu'à 50 000 volts. Julius Streicher était très impressionné et fit appel à un physicien de l'Ecole des Hautes Etudes qui vint au laboratoire pour expliquer le phénomène. Celui-ci commença par chercher des câbles électriques sensés alimenter les appareils. Mais n'en trouvant pas, il fut irrité et pria Walter Schauberger de lui montrer où il les avait cachés. Que l'eau seule pouvait générer ces hautes tensions était tout à fait impossible pour lui. Mais comme il commençait peu à peu à comprendre le tout, et qu'il ne vit aucune supercherie, il reconnut ne pas savoir expliquer le phénomène. Cette expérience avec le jet d'eau – en fait intéressante – ne donna une fois de plus aucun résultat pratique[23].

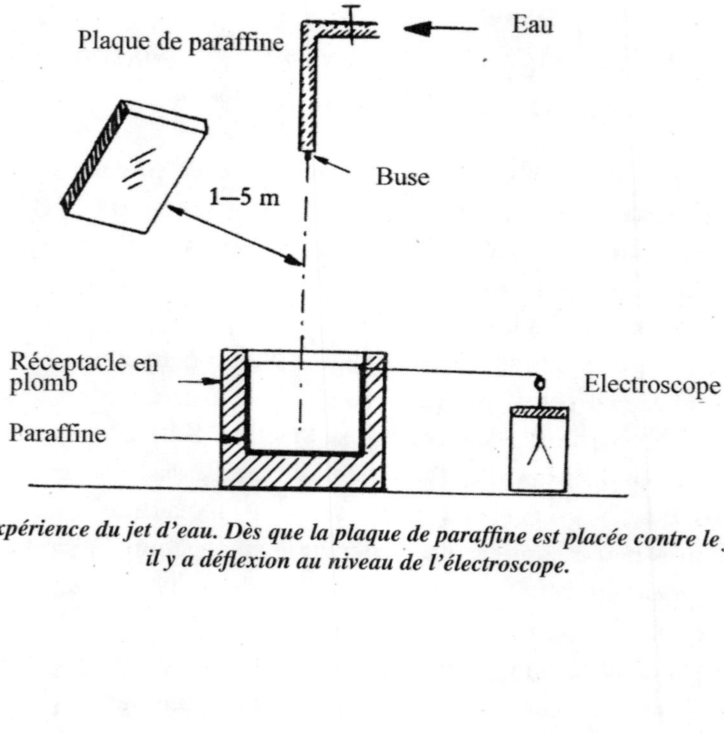

L'expérience du jet d'eau. Dès que la plaque de paraffine est placée contre le jet, il y a déflexion au niveau de l'électroscope.

23 L'expérience fut poursuivi par des chercheurs suédois sur l'implosion. Publications à ce sujet dans Implosion N° 6 et Kosmische Evolution N° 1, 1973

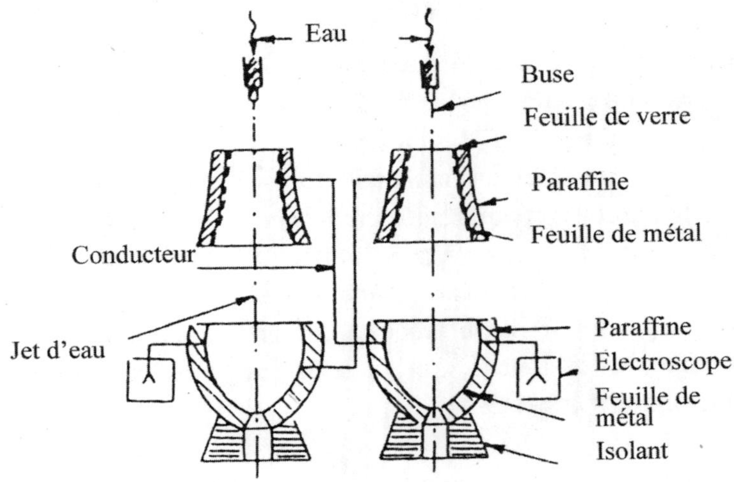

« L'essai de Nuremberg » (Implosion N°6)

5.1.2 Essais suédois par jet d'eau

Encouragé par Walter Schauberger, le groupe de chercheurs suédois en biotechnique, réitéra ces essais. Les résultats ont été relatés jusqu'en 1962 dans la revue Implosion n°6. Puis un rapport plus important parut dans la revue « Kosmische Evolution » n°2 1973

Nous en donnons un aperçu ci-dessous :

Essai par aquaphorèse

Les fig. 1 et 2 décrivent le dispositif. Deux buses (des aiguilles à injection pour animaux de 0,3 –0,5 mm de diamètre) sont raccordés à une canalisation d'eau (pression de 1-3) par des soupapes. L'eau qui est dosée à travers chaque buse, s'écoule dans des récipients en verre ou en plastique, qui sont posés sur un isolant (du verre par ex.) Dans chaque récipient se trouve une plaque de cuivre d'où part un fil de cuivre de 5-8 mm d'épaisseur vers la buse opposée. Le fil est isolé par un tuyau en plastique, de telle manière que le bout supérieur du tuyau soit bouché par de la chaleur. Les bouts inférieurs des fils sont soudés dans la plaque de cuivre. Les bouts supérieurs continuent en spirale dont le centre doit se trouver exactement sous les buses. La spirale est fixée par des fils de nylon de telle manière, à se retrouver à 25-50 mm sous les pointes des buses. Là où se croisent les deux fils de cuivre il faut une distance suffisante d'isolation, pour éviter les étincelles d'électricité.

La fonction

On fait passer un filet d'eau à travers les soupapes. Après quelques secondes, les jets s'écartent sous la spirale (collecteur) et les gouttes d'eau décrivent les trajectoires indiquées schématiquement sur la fig.3. Certaines gouttes se tournent vers le haut en direction du collecteur où elles traversent des courbes ou contournent la buse, pour s'unir à nouveau au jet d'eau. D'autres gouttes forment des mouvements en spirales de bas en haut, le long du fil de cuivre et cela avec des courbes de plus en plus serrées et une rotation propre (spin) qu'on peut observer de façon précise. Ces gouttes peuvent tourner vers la droite comme vers la gauche. Ce jeu de gouttes fascinant est spécialement visible sur fond sombre et éclairage par spots.

Effets

On obtient des rapports de charges très compliqués. Entre les buses et les récipients la tension peut monter de 20 à 60 000 V. Les collecteurs ont une polarité contraire. Entre collecteur et terre, on peut brancher un tube luminescent et par régulation des jets d'eau, le tube va donner soit une lumière stable soit scintillante. Dans une pièce sèche, bien isolée, les objets en métal se charge d'électricité. Si on approche le doigt d'un collecteur, une étincelle jaillit et immédiatement le mouvement des effets lumineux s'effondre un court instant pour se reconstruire par la suite. Lorsque l'eau s'accumule dans les réceptacles, les charges diminuent, il faut alors jeter l'eau.

Dans l'obscurité, avec un jet réglé à une certaine force, on remarqua de singulières apparitions lumineuses dans la zone de stimulation (Fig.4 et 5). Une lueur bleue oscillait et lorsqu'on approchait un film radiologique emballé à l'abris de la lumière près d'un collecteur, le film était exposé.

En restant pendant des heures dans la pièce, différents troubles physiques sur les personnes ont pu être remarqués, ainsi l'insomnie par exemple.

D'ailleurs lors de ces expériences, Viktor Schauberger portait toujours un tablier de plomb pour se protéger.

(Des expériences ayant eu lieu en Suède dans les années 90, montrèrent malheureusement une baisse de tension, ce qui pencherait pour une dégradation de l'eau.)

L'auteur lors de son expérience en 1962

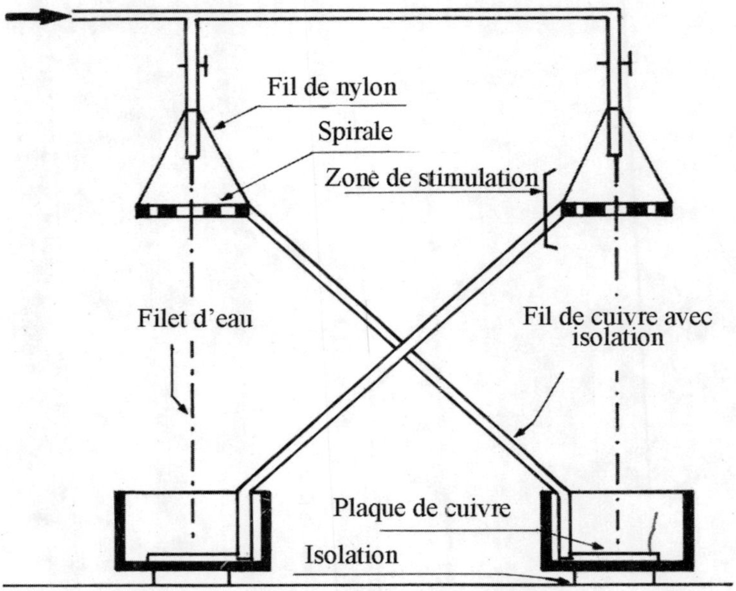

Schéma d'installation

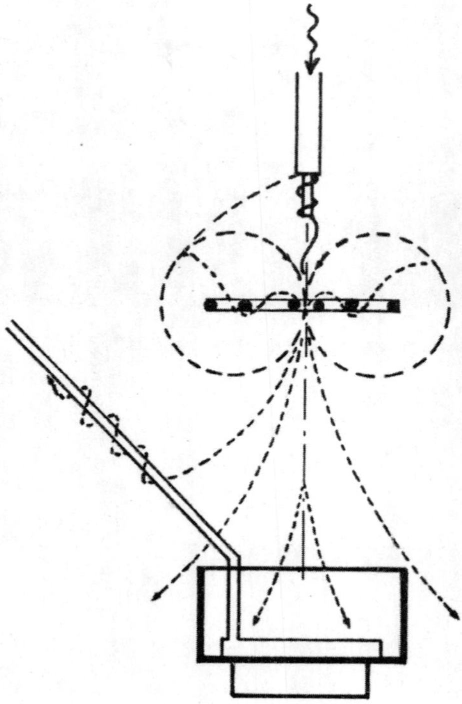

Les trajectoires en spirale des gouttes d'eau

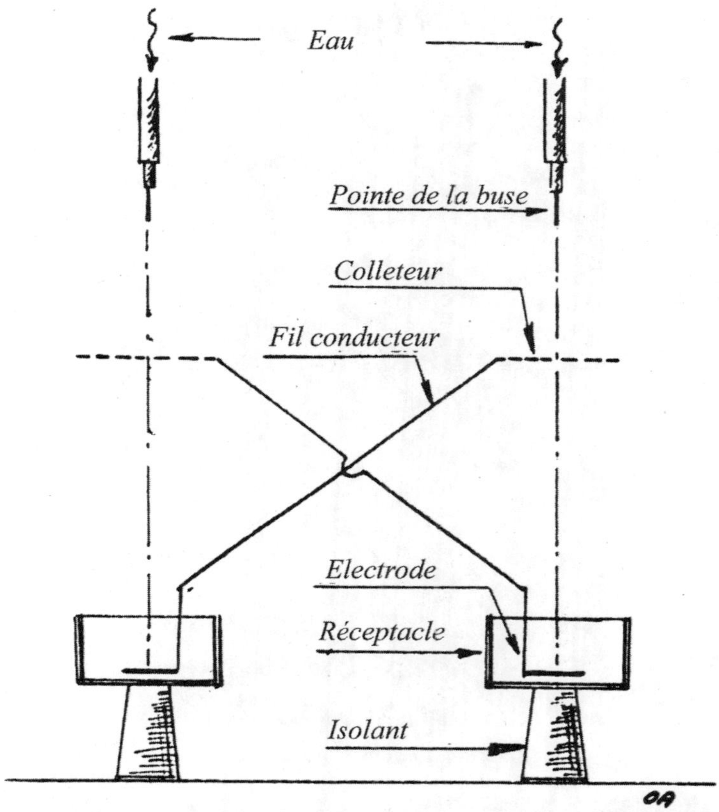

Le phénomène de la lumière dans la spirale

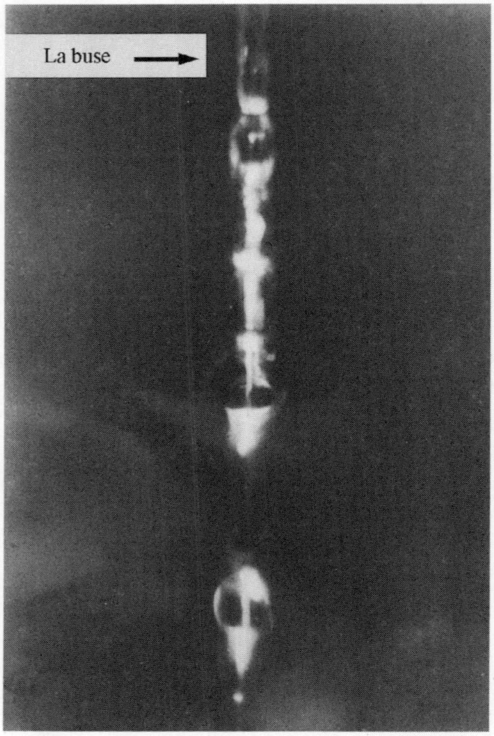

L'effet de la lumière en agrandissement

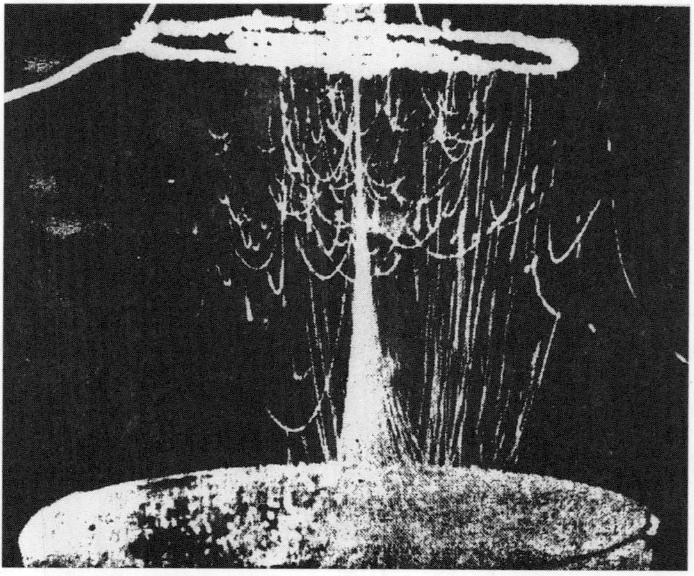

Le motif du mouvement des gouttes d'eau (photos de G. Norling)

6. Un mouvement vers la vie ou vers la mort

Panta rei (tout coule)
- Héraclite -

6.1 Les deux formes de mouvement

Bien que Schauberger fût occupé jusqu'en 1934 à construire ses installations de flottage du bois, il travaillait aussi sur d'autres projets. Qu'il s'agisse des dispositions à prendre pour la régulation et la régénération de l'eau, qui ont été décrites plus haut, ou de la possibilité de créer de l'énergie à partir de l'eau. En étudiant la nature et par ses expériences personnelles, il fut confronté à un contraste de plus en plus grand entre la façon de faire de la nature et les techniques élaborées par les hommes. De plus en plus convaincu que la main de l'homme avait développé des méthodes qui portaient atteinte à la vie et qui empêchaient toute évolution. Il pensait moins à la pollution de l'air et de l'eau qu'il considérait comme un problème secondaire, bien qu'à prendre en considération. Non, c'était un autre problème qui le préoccupait :

Si toute l'évolution technique aboutit à des conséquences si lourdes pour la forêt, l'eau, la terre et tout le monde vivant, l'erreur doit se trouver dans le principe lui-même. Une technique qui engendre des troubles aussi graves dans la nature et qui travaille avec un coefficient d'efficacité aussi médiocre ne se trompe-t-elle pas sur toute la ligne ? Ce fameux coefficient d'efficacité lui posait problème depuis longtemps. A ce sujet il dit :

« Notre technique moderne agit comme un paysan qui plante au printemps sept pommes de terre et en récolte une seule au printemps. »

Toutes les machines à vapeur et moteurs à explosion répartis partout dans le monde ne travaillent qu'avec un coefficient d'efficacité de 50 %. Plus de la moitié de l'alimentation en énergie est détruite, donc inutile. Quelle en est la cause ?

Il formula la réponse ainsi : « nous bougeons mal – notre façon de nous mouvoir est mauvaise. » Car tout ce qu'il avait découvert sur le mouvement de l'eau, du sang et des sucs, avait maintenant une signification universelle. Dans la nature il existe deux formes de mouvement – une forme destructrice et une forme constructive, ordonnatrice, qui agissent ensemble et constamment dans une dynamique parfaitement équilibrée.(à rapprocher avec la dynamique du Yin et Yang)

Il s'agit de savoir quel est le mouvement constructif et quel est le mouvement destructeur.

Schauberger répond :

Le mouvement qui crée, développe, améliore et construit, c'est la courbe cycloïde spatiale, un mouvement en spirale qui va de l'extérieur vers l'intérieur en direction d'un centre dynamique – un mouvement centripète. Nous la trouvons partout dans la nature où il existe des forces vives : dans les tourbillons cosmiques, les mouvements des systèmes planétaires, le mouvement de l'eau naturelle, du sang et des sucs. En revanche la forme destructrice du mouvement est centrifuge. Elle force le milieu cinétique à sortir du centre vers la périphérie. C'est un mouvement « droit ». Les particules du médium sont littéralement expulsées du centre vers la périphérie. Le médium est alors défait, décomposé et désintégré. La nature utilise ce mouvement pour dissoudre des complexes usés (par exemple un organisme mort, note du traducteur) pour recomposer à partir des parties désagrégées de nouvelles formes, de nouvelles intégralités à partir du mouvement concentré. Le mouvement cycloïde en spirale, centripète, correspond à la baisse de température c'est à dire à la contraction et à la concentration. Le mouvement centrifuge est identique mais avec une température qui augmente, chaleur , dilatation, expansion et explosion. Dans la nature on est toujours en présence d'une efficacité alternée entre deux mouvements, mais le mouvement constructeur doit prédominer pour qu'il y ait développement[24].

24 En physique le mouvement centrifuge correspond le principe d'entropie (tous les processus énergétiques vont dans la direction d'un désordre parfait), par contre le mouvement centripète correspond à l'entropie négative, analogue par exemple au potentiel biologique des cellules vivantes, á savoir un potentiel énergétique de l'ordre (voir « What is life » de Erwin Schrödinger – Cambridge, 1951

Le mouvement décomposant, explosif et expansif

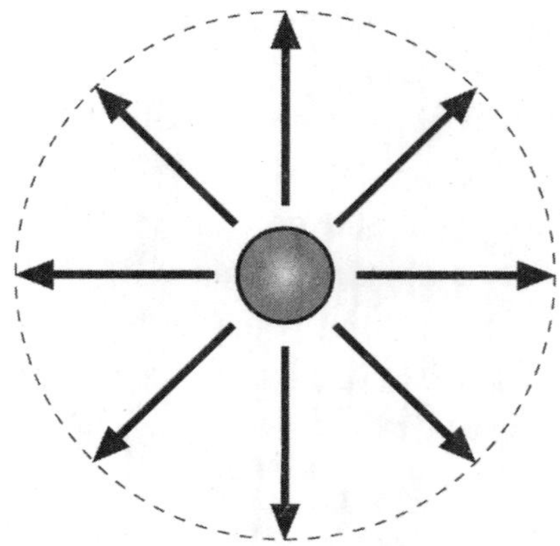

Le « mouvement planétaire » de Viktor Schauberger : » vers lui, en lui et autour de lui »

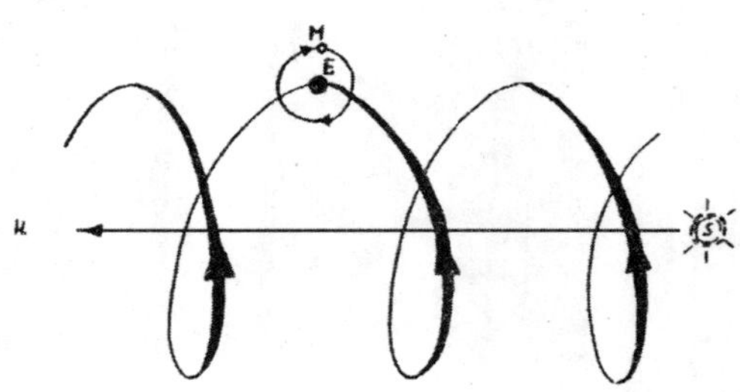

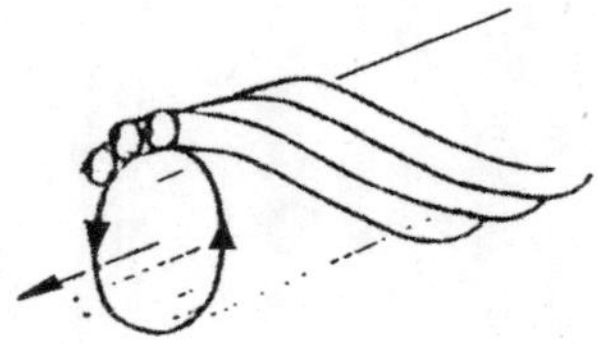

a) Le mouvement du soleil par rapport à la terre et à la lune (sans les autres planètes)

b) Les filets d'écoulement de Schauberger, eux-mêmes entourés par des filets d'écoulement tournants etc...

L'avis de Viktor Schauberger à propos du mouvement planétaire, structurant et centripète. Dans « Mensch und Technik » (L'homme et la technique), 2/1987 (Norbert Harthum, Der Verbundwirbel)

6.2 *Technique de mort ou technique bio*[25]

Les différentes formes dans le mouvement ont-elles quelque chose de commun avec nos techniques modernes ? Absolument dit Schauberger, et c'est le nerf de tout son enseignement : toute notre technique est basée sur le principe du mouvement qui se dissocie et se décompose. Elle travaille surtout avec la chaleur, la combustion, l'explosion et l'expansion. Schauberger veut dire par là que le coefficient d'efficacité contre lequel la technique doit lutter, est une conséquence de la résistance de la nature au principe de destruction cultivé à l'excès par les hommes.

Mouvement dans une goutte d'eau
(« Schöpfung aus dem Wassertropfen », G. Schenk, Karl H.Hensel Verlag Berlin)

Un tourbillon cosmique

Un mouvement en spirale dans l'eau

25 Viktor Schauberger comprenait par « biotechnique » une technique naturelle écologique. Aujourd'hui la biotechnique a un autre sens.

La perte de chaleur, la baisse de son, la résistance à l'air…ne sont que des signaux de la nature aux hommes, pour leur dire qu'ils font fausse route ! Ils ont choisi le mauvais mouvement :

Notre technique est mortifère. Elle génère un énorme gaspillage de charbon et de pétrole, qui se consument dans des machines au rythme fou, au lieu d'accomplir des devoirs plus importants dans l'exploitation de la nature ; en plus de cela cette technique rejette des déchets qui empoisonnent tout notre environnement et le traîne dans la boue.

Ce sont des pensées hardies que Schauberger exprime ici et cela déjà dans les années 30 ! De nos jours sa vista des choses ne nous est pas si étrangère que cela, puisque nous sommes de plein pied dans la crise de l'environnement et presque tous les jours la recherche nous informe des effets néfastes des « déchets » de cette technique. Pourtant la théorie de Schauberger à propos du faux mouvement n'est pas encore reconnue et l'homme, unique individu contre l'entité de l'ordre de la nature, continua à pécher comme avant, en cultivant à l'excès le mouvement destructeur et par conséquent en introduisant le chaos et l'anarchie dans l'univers. Cette idée contribue à considérer les questions d'environnement sous un jour nouveau. Si avec sa thèse Schauberger est dans le vrai, il est superflu de bricoler sur les moyens de dépolluer les gaz d'échappement, de fabriquer du fuel sans souffre et des centrales nucléaires soi disant sécurisées à mort. Toutes ces mesures ne sont pas capables de stopper l'effet destructeur sur toute matière vivante, puisque c'est le principe basé sur l'explosion et la scission nucléaire qui est appliqué. Schauberger veut produire de l'énergie par une autre voie. – le principe de technique écologique. Avec une méthode où on applique le mouvement cycloïde, qui capte une énergie positive, qui se trouve en surabondance dans l'air et dans l'eau. Il a résolu le problème dit-il, en ayant montré le chemin que doit prendre la technique des hommes, s'ils ne veulent pas être perdus à jamais. La technique atomique, la scission de l'atome, présentent l'apogée et en même temps le point final d'une technique mortifère, qui pas à pas conduit l'humanité à sa propre mort. A la fin de sa vie, Schauberger essaya avec insistance d'alerter l'opinion lui demandant de prendre conscience de la catastrophe qui se préparait :

Notre but c'est de faire savoir à l'opinion publique et aux autorités, que la méthode d'Einstein pour l'obtention d'énergie par la scission de l'atome, est une offense à la tendance créatrice de la nature, et qu'il est possible de générer et de développer l'énergie atomique d'une manière inoffensive et au service de la vie, en s'adaptant à la nature par la biotechnique de l'implosion.

Schauberger voulait à tout prix introduire dans ses machines à implosion le « principe d'implosion de la nature ». Depuis qu'il avait critiqué la manière de fonctionner des machines à explosion, il insista sur le fait que les machines à implosion sont uniques en leur genre parce qu'elles n'utilisent pas de carburant spécial.
*S'il s'agit d'un moteur, il faut pour vaincre la résistance **9 fois** plus d'énergie sous forme de carburant, que d'énergie sous forme d'électricité ou de rendement qui en est retirée. C'est d'après ce principe de pillage de la terre, qui a causé la lutte assassine pour les sources d'énergie de la terre que fonctionnent avec un gaspillage énorme les moteurs à explosion – par voie centrifuge.*

*Par contre les moteurs à implosion travaillent par voie centripète et fabriquent eux-mêmes leur carburant par le traitement **diamagnétique** de l'air et de l'eau : ils n'ont pas besoin de charbon, ni de pétrole, ni d'uranium, ni d'énergie atomique par scission de l'atome, car ils sont capables de fabriquer de l'énergie (force nucléaire) en quantité illimitée par voie biologique et pour ainsi dire gratuitement. On n'avait pas vu que les énergies sont aussi bipolaires et qu'il s'agissait seulement de la mobilité de la terre, de l'eau et de l'air qui génère une énergie précise – soit l'énergie bioélectrique de décomposition soit l'énergie de lévitation biomagnétique.*

Les universités et écoles de hautes études n'enseignent que les formes de mouvement qui sont avant tout centrifuges dont la pression et la chaleur augmentent, remarque Schauberger. Elles ignorent leur contraire, à savoir le mouvement centripète qui provoque une baisse de température et de pression en déclenchant ce qu'il appelle la « force d'implosion ».

6.3 Implosion et diamagnétisme

Ces termes de Viktor Schauberger – pierres angulaires de son édifice théorique – sont les plus difficiles à comprendre et à expliquer. Il se plaignait d'ailleurs de ne pouvoir traduire par des termes appartenant à la physique ce qu'il avait compris par intuition. Cet essai de description du diamagnétisme doit être considéré comme très fragmentaire.

La destruction de la biosphère :
La force de propulsion de la vie sur terre, selon Schauberger, est la bipolarité entre la géosphère chargée négativement et l'atmosphère chargée positivement. Entre ces deux sphères chargées se trouve la biosphère, cette couche vitale très mince et très sensible, qui contient tous les éléments vitaux indispensables, comme l'oxygène, le carbone et l'eau. Une terre fertile par exemple en fait partie également. D'un point de vue de la physique, on peut comparer ce phénomène à un condensateur et l'appeler « biocondensateur », une idée de Schauberger.

Un condensateur est un dispositif destiné à accumuler de l'électricité et à la distribuer. Dans sa forme la plus simple, il est composé de deux plaques métalliques avec une couche isolante entre les deux qui est appelée le « diélectrique ».

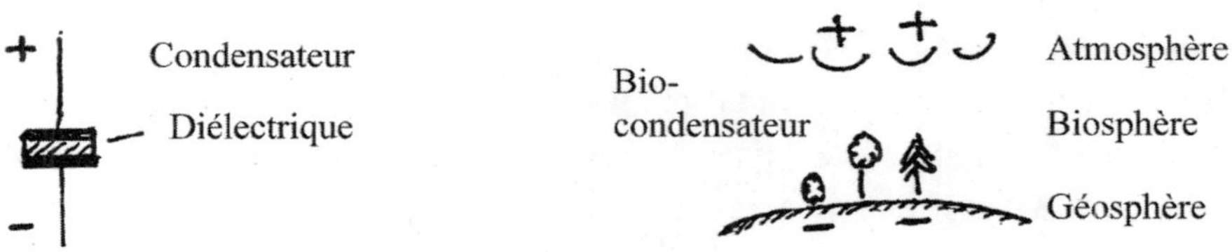

La performance d'un condensateur, c'est à dire la capacité de capter de l'électricité et de l'accumuler, dépend totalement de la qualité du « diélectrique » c'est à dire de son pouvoir isolant. Si nous branchons une ampoule aux pôles d'une batterie chargée, l'ampoule va s'allumer. Mais si nous branchons les deux pôles directement l'un à l'autre, nous obtenons un court circuit et la batterie est morte. Elle n'est plus chargée. Lorsque le « diélectrique » d'un condensateur est défectueux, de sorte que la capacité d'isolation est nulle, le condensateur lui aussi sera hors d'usage. Dans un « biocondensateur » c'est surtout l'eau qui fait office de « diélectrique ». Celle-ci possède en effet une grande capacité d'isolation. L'eau de la terre, des rivières, des lacs, l'eau de condensation de l'atmosphère, ou bien les sucs s'écoulant des végétaux, empêchent un court circuit entre l'atmosphère et la géosphère, de sorte que ses charges peuvent se décharger naturellement pour créer de la vie. Mais si l'eau vient à disparaître, que les forêts vont être déboisées, c'est le désert et toute vie disparaît. Il n'y a que trop d'exemples de par le monde d'aujourd'hui.

Une nouvelle théorie de la matière première
Viktor Schauberger n'était pas satisfait de la théorie scientifique sur la matière première. C'est pourquoi il développa sa propre théorie. Avec sa vision biolo-

gique très marquée, il répartit les matières premières en « matières fertilisantes mâles » et en « matières fertilisées femelles ». Les matières fertilisantes se limitaient à l'oxygène (et peut-être au fluor halogène, le chlore, le brome et d'autres substances contenant de l'oxygène). Les matières fertilisées étaient toutes des liaisons carboniques (souvent appelées carbones allotropes par Schauberger) et toutes les autres matières premières comme les métaux et les minéraux. Toutes ces substances existent sous une forme matérielle ou sous forme énergétique ou volatile. En ce qui concerne l'hydrogène, Schauberger reste dans le flou. Au début il pensait que l'hydrogène n'était qu'un support du carbone et de l'oxygène, mais plus tard, il était d'avis qu'il faisait partie des substances fertilisantes. Il est difficile de le suivre là-dessus.

Ce qui était clair c'était que ce groupe principal des matières premières était bipolaire et qu'elles réagissaient toujours ensemble. Elles formaient des « émulsions », mais qui n'avaient rien à voir avec une émulsion dans le sens où on l'entend d'habitude. Il voulait dire qu'elles signifiaient une « fusion interne » pour former quelque chose de neuf. Les matières premières se comportaient donc comme des organismes vivants, ce qu'elles étaient selon Schauberger.

Ce qui était important dans l'émulsion c'est qu'elle était provoquée par le mouvement cycloïde. Car uniquement de cette façon les substances fertilisées pouvaient prédominer, ce qui était essentiel à un développement dans la nature. Schauberger pensait que la synthèse du carbone et de l'oxygène (émulsion) était la base de tout processus dans la nature. Mais elle pouvait se dérouler de deux manières, à savoir la construction et la désintégration dans la nature. La synthèse constructive a lieu avec une « chute de température positive », c'est à dire un mouvement de température d'environ +4° C et une « courbe cycloïde spatiale ». L'oxygène va devenir passif et les substances carboniques vont être actives et absorber l'oxygène. La synthèse de désintégration négative a lieu avec une « baisse de température négative », donc avec un mouvement de température à partir de +4°C et un mouvement « expansif et explosif ». Là l'oxygène devient actif et brûle le carbone passif. C'était la synthèse que la technique actuelle applique encore totalement. Synonyme d'un effet de désintégration de la nature, elle provoque toujours une décomposition et une marche à reculons constante de l'évolution de la vie.

La circulation de la substance vitale

Schauberger pensait que la substance vitale circulait dans un cycle éternel. La nature ne construit pas toujours à partir d'éléments présents, mais elle utilise aussi comme pierres à bâtir les restes d'organismes morts, mais seulement après une évolution dans le métabolisme de la terre, pratiquement identique au métabolisme de l'homme. Comme cette matière va être transformée en énergie physique, ces « prétendus » restes morts, qui sont surtout des lipides (carbone) seront transformés et améliorés par des modifications moléculaires, lors du mouvement « cycloïde planétaire » de la terre, pour avancer d'un pas dans l'évolution du monde.

Pour illustrer sa thèse, Schauberger cite l'exemple de la formation du charbon minéral, dans laquelle la terre l'a transformé avec ses valeurs « réductrices »- le pétrole et le gaz - restes des temps primitifs, et les a stockées en créant une extraordinaire réserve pour la construction de la vie de tous les temps.

Schauberger pense que les débris des organismes morts passent dans la terre, surtout les lipides (carbone) par une sorte de métabolisme avec l'aide de certains catalyseurs et du « mouvement planétaire », et sont revalorisés par une série de modifications moléculaires (réductions). Ces nouvelles formations qui se créent portent différents noms : « concentrés d'énergie », « substances de qualité », « oligo- éléments bipolaires », « chromosomes sources de vie », « microzymes ». Peu à peu ces formations aboutissent dans l'eau ou dans l'air :

« Ces sources primaires de structuration d'énergie sont des concentrés de substances énergétiques, qui selon leur état, sont appelés atome, oligo-élément ou chromosome et se trouvent par billions en suspension dans l'eau et dans l'air avec des impuretés (les sédiments). Les fossiles réduits, qui représentent des restes vivants physiques épurés à l'excès, attendent l'impulsion du mouvement, pour pouvoir se transformer en forces nucléaires de la 4e dimension spatiale, même sous cette forme. Ce qui est essentiel c'est de savoir si la stimulation sera expulsive ou impulsive. La première est inutile à l'énergie nucléaire de décomposition ***et la dernière à la structure de la lévitation, qui n'est possible qu'avec l'aide de la chute de la température re-créatrice et rafraîchissant le métabolisme.*** *»*

Toute croissance surmonte la gravitation par sa force de lévitation. Et cette force de lévitation décrite ci-dessus par Schauberger était le « **diamagnétisme** », une force structurelle mais aussi une force d'impulsion. La description de Schauberger du développement des fossiles en « concentrés d'énergie » est en même temps une description de « **l'implosion** ». Il est très important d'apprendre à la connaître, parce qu'elle fut la base de sa théorie sur la « biomachine ». De ses écrits « Zurück zur Kultur »(1932 retour à la culture) et

« Unsere sinnlose Arbeit » (1933 notre travail vide de sens) il ressort qu'à l'époque déjà il s'était beaucoup intéressé à ladite « synthèse oxygène-carbone » mais sous un angle nouveau. La biochimie est une chimie du carbone : la vie sur terre est impensable sans le carbone. Schauberger le savait bien, mais là-dessus aussi il avait des idées nouvelles. Il en parlait déjà dans son rapport sur le problème du Danube (1932) :
« Dans l'organisme de la terre, l'eau est le support des groupes carbone-oxygène et en même temps le support de tous les processus organiques qui structurent toute vie dans la nature. »

Mais il découvrit bientôt que cette synthèse et les concentrés d'énergie qui en résultent, cachés dans l'eau et dans l'air, pourraient devenir de nouveaux carburants pour des machines copiant la nature :
« Ces forces primaires, on peut les créer quasiment gratuitement, sous la forme voulue, dans la mesure où on copie scrupuleusement le mouvement de la terre...Ces lipides sont les substances essentielles de la nature, sous toutes ses formes allotropiques. Si on les faisait passer dans les forces de succion et de pression, selon un processus métabolique froid c'est à dire avec une dilution répondant au critères de la nature, on obtiendrait **la force élémentaire de construction et d'impulsion du « diamagnétisme »**.

Une série de problèmes :
Que voulait dire Schauberger par « oligo-élément », « chromosome » etc...qui se trouveraient dans les sédiments ? Par sédiments il entendait sans doute de fines petites particules disséminées dans l'air et dans l'eau, des minéraux par exemple, auxquels il donnait une grande importance dans les processus énergétiques des cours d'eau : En 1943, il appela aussi ces sédiments les « corpuscules moléculaires de re-développement ». D'après lui dans ces molécules, les oligo-éléments, chromosomes etc ... sont « mis en bière ». Toujours en 1943, il les appelle aussi les « substances élémentaires de l'eau », les « atomes biochimiques » et en 1946 « les concentrés énergétiques » solidifiés et déjà au début de 1940, il pensait avoir résolu le problème de la décomposition des « valeurs nucléaires de ces substances de qualité », au moyen de frottements mécaniques, pour redevenir des substances fertilisantes et fertilisées puis les transformer immédiatement en liaisons nouvelles.
« ... des influences de refroidissement et de stimulation par des stimulateurs catalytiques doubles – ou par des rayonnements oligo dynamiques de la synthèse organique...dont le produit possède un caractère métaphysique. »

Ici il ébauche la possibilité de libérer dans une machine, l'énergie de ces valeurs nucléaires par une modification de la « structure de la molécule ». Il est difficile de comprendre qu'on peut faire marcher des machines telles qu'il les a décrites, avec des forces organiques.

La théorie des machines

Comment est-elle née ?

Il écrit :

« Après des décennies passées à faire des expérimentations, j'ai réussi à provoquer la chute de température régénératrice, la modification moléculaire, qui sert à créer des forces réactives, avec lesquelles il est prouvé qu'on peut gagner 9 fois plus d'énergie performante, par rapport aux méthodes utilisées aujourd'hui par la science ; parce que dans ce cas elle utilise les « mycrozymes » se trouvant dans les masses, que le biologiste appelle oligo-éléments bipolaires et le médecin chromosomes, et les change en forces de lévitation : des énergies diamagnétiquement surchargées, et qui dans ce cas ne deviennent efficaces envers des résistances de mouvement inévitables, au maximum à 10%. Ce qui veut dire que la clef de la création d'énergie atomique appelée à se développer, c'est la restructuration moléculaire qu'on peut atteindre avec l'aide de la chute de température régénératrice. »

Il pensait que de cette façon l'énergie calorique pouvait se transformer en énergie cinétique.

« L'équivalent mécanique thermique de 1 kcal. est de 427 mkg (kwh). Si on réussit à changer sans perte 1 kcal / 1seconde en énergie mécanique, on gagnerait 427/75 = 5,7 CV en énergie supplémentaire. »

Examinons de plus près ces affirmations. Derrière la volonté de Viktor Schauberger de créer une fois de plus une nouvelle force vitale – « une qualité de vie » dans la nature, grâce à des machines, son souci majeur concernait la dégradation de la biosphère. La technique actuelle et ses méthodes de travail ne génèrent que des forces qui détruisent la nature. La qualité de la vie et des processus vitaux ne font qu'empirer. Avant toute chose c'est la dégradation de l'eau et des aliments qui sont terribles. Viktor Schauberger pensait comme le grand biologiste Raoul France que le monde occidental « mourra à sa table bien dressée », à cause de son alimentation qui s'appauvrit de jour en jour. Et il pensait que la nature était déjà tellement atteinte qu'elle ne pouvait pas guérir elle-même à courte ou moyenne échéance. Il faudrait l'aider par « la technique de l'implosion ». Mais ses machines n'étaient pas du tout des machines traditionnelles.

« Il n'est pas question d'améliorer la production d'une énergie mécanique – c'est à dire de faire du profit – mais de facto d'être ou de ne pas être. Mes machines...vont dans le sens d'un développement naturel, alors que toutes les machines techniques vont à reculons... »

Ce qui était essentiel et nouveau, résidait dans le fait qu'elles généraient le « diamagnétisme » - forces de lévitation, c'est à dire forces de structuration et d'impulsion. Qu'elles puissent aussi générer de l'énergie ordinaire c'est à dire des « déchets », s'avérait positif dans la mesure où elles pouvaient par exemple remplacer des moteurs à explosion.

Comme nous l'avons déjà observé, il change souvent les termes et les définitions quand il parle de ses théories. On peut le comprendre, parce qu'il essayait toujours de mieux faire comprendre ses idées. Quoiqu'on pense de cette théorie des machines de Schauberger, elle était ambitieuse et il s'avère nécessaire de ne pas l'abandonner dans le futur. Ses expériences, sa manière d'appliquer ses idées, sont évoquées dans le chapitre « L'histoire des machines. »

7. La recherche énergétique de Viktor Schauberger

Il nous semble utile de faire l'historique sur le développement de ses théories sur l'énergie et la fabrication de machines énergétiques.

7.1 La conception de Schauberger sur la question de l'énergie

Comme il est dit plus haut, Schauberger avait une position très critique envers les méthodes conventionnelles de production d'énergie. Elle était basée sur le principe de décomposition ou de destruction, aussi bien en ce qui concernait les effets des déchets, que sur leurs conséquences plus subtiles par rapport à la vie organique. Il s'insurgea surtout contre le fait d'utiliser des carburants fossilisés, comme le charbon et le pétrole, parce qu'il pensait qu'ils étaient nécessaires à la formation de l'eau. Le jour où les réserves de charbon et de pétrole seront complètement vides, l'eau disparaîtra de la terre. Le charbon et le pétrole renferment les précieux oligo-éléments cités plus haut à partir de formes vivantes antérieures. Il voyait l'énergie atomique, la scission de l'atome, pierre à bâtir la vie, comme le fer de lance de la destruction inéluctable de l'humanité.

Schauberger était également très critique en ce qui concernait les centrales électriques. Même si leur effet destructeur n'est pas toujours aussi flagrant, il n'en reste pas moins qu'il existe. Lorsque l'eau passe dans les turbines d'une centrale, ses structures naturelles se brisent, en partie par l'effet catalytique de l'acier dans les turbines et d'autre part à cause du mauvais mouvement qu'on lui imprime de force. Il insistait sur le fait que les paysans de montagne en Autriche, n'irriguaient pas leurs champs avec de l'eau qui était passé par des turbines, parce que l'eau était alors « vide » et sans force. Cette technique mortifère que le technicien de l'énergie avait fait sienne, c'était un pacte avec le diable.

« Dans cette ronde infernale c'est le technicien de l'énergie qui ferme le cercle. Le charbon, le pain de la terre et l'eau – son sang – pour peu qu'il en reste, sont là pour produire de l'énergie. Ce n'est que depuis quelques décennies que l'homme fouille dans ces richesses découvertes par hasard. L'eau amenée par ses centrales devient de plus en plus rare et se dégrade de jour en jour. Les catastrophes sont de plus en plus gigantesques sur la terre, ***parce que l'homme lui a volé les matières carboniques – son pain, son sang – l'eau, son âme – les énergies****. Mais l'homme continue à travailler inexorablement et sa misère est de plus en plus grande. »*

A cette époque déjà, Schauberger pensait qu'il était grand temps de prendre une voie différente.

7.2 Un nouveau carburant par biosynthèse

Le seul détour que Schauberger fit dans sa quête d'un substitut à la technique de l'explosion, c'était de développer une forme transitoire, au moyen d'un carburant qui pouvait être utilisé dans des moteurs à explosion simples, sans provoquer de néfastes gaz d'échappements. Il partit de sa découverte, à savoir que l'eau dans son mouvement cycloïde avait la capacité, sous certaines conditions, de réaliser certaines synthèses. C'est pourquoi il changea le dispositif de son appareil avec lequel il fabriquait son eau curative. Il essaya d'y réaliser la synthèse d'hydrocarbures en vue d'obtenir un combustible adapté. A partir de matières premières de basse teneur, on devait obtenir un produit avec un taux énergétique élevé. Dans certains cas il eut la chance de trouver dans ses appareils des traces de produits voisins du pétrole. Dans ses écrits il parle à plusieurs reprises de son « eau de haute potentialité » qu'il savait à présent fabriquer dans son « repulsator » :
« Si on pulvérise de l'eau dans un cylindre et si on ajoute à cet état de pulvérisation un peu d'oxygène de l'air, il suffit alors d'une légère pression par un piston vers le bas, pour changer l'eau- mère à haute potentialité très rapidement dans un état voisin de l'air. »

Les gaz évacués par cette « eau à haute potentialité » étaient assez semblables à l'air que nous respirons et de plus exempts de poison. Les difficultés que rencontra cette expérience furent cependant grandes et il ne réussit que rarement à obtenir les mêmes résultats, bien que travaillant toujours avec rigueur.

7.3 La turbine-truite

Pour arriver à de nouvelles formes d'énergie, Schauberger se mit en quête de construire une machine qui pouvait produire une énergie utile, directement à partir de l'air et de l'eau. Dans les années 1931-32 il réalisa des expériences avec l'ingénieur Winter pour obtenir de l'électricité directement à partir de l'eau.

Les résultats n'eurent qu'une valeur anecdotique. Aussi il continua ses recherches et étudia le problème du mouvement de la truite et analysant ce que l'eau pouvait bien apporter. Il croyait alors avoir trouvé la solution : la truite prend de l'eau dans sa bouche et la rejette par ses branchies. En déplaçant ces dernières (elles sont munies de rails microscopiques) elle donne à l'eau un « mouvement d'enroulement » (autre terme pour la courbe cycloïde) et par l'influence simultanée de certains oligo-éléments qui se trouvent dans les branchies, l'eau devenait une eau « juvénile » comme disait Schauberger. C'est une eau ayant de nouvelles qualités physiques. Comme elle ressort des branchies et coule le long du corps arrondi du poisson, on obtient grâce à sa composition des réactions fortes avec l'eau ordinaire de la rivière. Autour du corps de la truite se forme une sorte de couche de réactions exerçant une pression contre le courant de la rivière. Grâce au réglage de la pression par ses branchies, la truite peut rester immobile ou remonter le courant à la vitesse de l'éclair. Chez les oiseaux aussi il découvrit un dispositif analogue sur leurs ailes. Comme l'air passe dans les plumes lorsqu'ils remuent leurs ailes, il se crée de forts tourbillons, qui propulsent l'oiseau en avant. Schauberger avait l'habitude de dire que les oiseaux ne volent pas mais « sont volés ». Le poisson ne nage pas, il « est nagé ». Lorsqu'il s'arrêta de travailler chez Steinhard, il ne reprit plus de poste mais se consacra totalement à ses expériences et à ses articles qu'il fit paraître publiquement et dans lesquels il alerta l'opinion quant aux conséquences de l'évolution de la technique. Dans les années 30 on s'intéressa beaucoup à lui. Les installations de flottage, la fabrication d'eau curative et ses attaques acerbes envers la technique éveillèrent de l'intérêt mais aussi de la controverse. Beaucoup de gens pensaient qu'on ferait mieux de le mettre en lieu sûr.

C'est avec les plus grandes difficultés qu'il essaya plus tard de régler le problème, en construisant une machine, dans laquelle le phénomène des truites pouvait être reproduit, et ce problème l'occupa sa vie durant.

8. Les événements pendant la guerre

8.1 Schauberger est interné en hôpital psychiatrique

Pendant la guerre on avait interrompu les expériences de Nuremberg. C'est au moment où son fils Walter fut mobilisé, que Schauberger rentra en Autriche. Après un certain temps, il reçut l'ordre de se présenter à une visite médicale en invoquant sa mise à la retraite prochaine. Il s'avéra cependant que cet examen avait été mis en scène par une association d'ingénieurs et d'architectes.

Ne se doutant de rien, il se présenta à l'endroit indiqué, mais fut envoyé aussitôt dans une autre clinique pour y subir un examen « spécial ». Son étonnement et son désespoir furent immenses, lorsqu'il se trouva enfermé dans un asile d'aliénés. Il comprit que ses adversaires voulaient une fois de plus le neutraliser, mais réalisa aussi que pour en ressortir, son unique chance était de se tenir tranquille, d'être sûr de lui et de ne rien laisser paraître de son caractère colérique. Après une longue attente il fut enfin examiné par un jeune médecin, qui après quelques questions se rendit très vite compte, que son patient était tout à fait normal. Il appela son supérieur hiérarchique, le prof. Fötzl, qui fit reconduire Schauberger de la salle où se trouvaient uniquement des malades mentaux. Après un nouveau test, on était assuré qu'il était tout ce qu'il y a de plus normal. On le conduisit alors chez le professeur Wagner-Jauregg, qui l'examina une dernière fois et qui lui remit une attestation comme quoi il était normal et « supérieurement intelligent ». Lorsque le professeur voulut approfondir cette singulière affaire, il se rendit compte qu'il était impossible d'y voir clair et de savoir qui était à l'origine de l'hospitalisation de Schauberger dans une clinique psychiatrique. Aucune preuve n'a jamais été trouvée.

8.2 L'Histoire des machines

Comme on a écrit beaucoup de stupidités au sujet des machines et des appareils de Viktor Schauberger et qu'on continue à en écrire, il est nécessaire d'en savoir plus, preuves à l'appui :

La situation avant la guerre

Une nouvelle théorie de l'énergie

En 1926 Schauberger inventa un tuyau à tourbillonnement et déposa la même année une demande de brevet pour une turbine à jet (Brevet N° 117749) qui partait de ce tuyau. Déjà à l'époque, il pensait que les machines et les appareils qui copiaient la nature devaient libérer les hommes des travaux rudes et que pour ce faire le mouvement en spirale était essentiel. En joignant deux goulottes de flottage l'une à l'autre, il avait mis au point le tuyau où il y avait le même mouvement que celui qu'il avait découvert dans les cours d'eau.

Il écrit :

« Le tuyau en spirale est le tuyau d'une eau destinée à la vie...la vraie vie, la force vive...Dans le tuyau hélicoïdal, le frottement se décompose, puis se recentre et se met à tourner...rotation spatiale...ma turbine construite de cette manière doit avoir un coefficient d'efficacité de 100%...En tant qu'être supérieur, l'homme a la possibilité de pouvoir tout mettre à sa merci, même la terre. L'air, l'eau, le feu travaillent alors à 100%, l'homme n'a plus qu'à guider la machine. »

Des calculs avaient montré que la vitesse dans le tuyau était de 50,2 m/sec et que les turbines, munies de ce tuyau seraient minuscules.

Cependant on n'entendit plus parler de ces turbines. Avec ces nouvelles idées, une sorte de prise de conscience comme on dirait aujourd'hui, envahit Schauberger. Mais ce n'est qu'au début de 1930 qu'elle s'exprima pleinement.

Pendant ses années passées au service de l'état dans les années 20, lorsque Schauberger construisit la grande installation de flottage de Neuberg, la bureaucratie des Eaux et Forêts lui était hostile, ce qui était compréhensible, mais certains scientifiques étaient pourtant intéressés par ses théories et voulaient travailler avec lui. A part le professeur Forchheimer, c'était des professeurs de l'Ecole des Hautes Etudes de la Culture des Sols à Vienne, entre autres le professeur Hauska, recteur, qui pria le gouvernement de soutenir les travaux de recherches de Schauberger. La façon de travailler de Schauberger à l'époque, offrait une base de collaboration avec les scientifiques. Ses observations concernant une nature intacte étaient le point de départ de sa nouvelle technique hydraulique, mais son travail se référait à des fondements scientifiques, comme par exemple la densité de l'eau, la vitesse, la chute, la rotation de la terre etc.

Lorsqu'il quitta son poste en 1932, il se consacra manifestement à différentes études comme les sciences naturelles, la philosophie, l'histoire et la mythologie. Et tout semble converger vers une conception globale de la vie sur terre, avant tout l'histoire et le but de l'évolution. Déjà au début des années trente, Schauberger avait clairement développer sa théorie de base concernant la vie. C'est « un passage constant de la matière vers l'énergie et à nouveau de l'énergie vers une matière multipliée et améliorée ». Avec le temps il compléta son postulat. Cette transformation éternelle, l'évolution, se construit par paliers et chaque nouvelle étape sur les restes de la précédente. Les débris des organismes morts pénètrent dans la terre et sont recyclés par elle grâce à son mouvement. Ceci vaut avant tout pour les restes lipidiques, à savoir les restes carboniques, en premier lieu les hydrocarbures. Car le carbone est l'élément essentiel de la vie. Avec l'oxygène dans la synthèse carbone-oxygène (où l'hydrogène est également présent) se créent des réactions vitales entre elles qui sont entre autres primordiales pour la qualité de l'évolution.

Objet du brevet :
1. Turbine à jet caractérisée par un curseur en forme de boule placé dans l'axe du jet et le séparant, dont la gaine (7) est munie d'ailettes en forme de vis ou tire-bouchon.

2. Turbine à jet caractérisée par un tuyau à buse (2) muni d'ailettes (5) qui possèdent un pas d'enroulement dans le sens du curseur.

La turbine à jet (Brevet N°114740) 15.1.1930

Cette conviction de Schauberger était aussi la raison de tous ses plans, à savoir construire machines et appareils, qui étaient en somme des « outils biologiques » qui devaient créer de « l'énergie évolutive » en reproduisant la synthèse carbone-oxygène (voir page 130)

La rupture avec la science

Dans une série d'articles de la revue « Die Wasserwirtschaft » 1930-31 p. 45) Viktor Schauberger publia pour la première fois ses idées concernant les rapports énergétiques et ses thèses sur les lois du mouvement de l'eau. La bonne collaboration de Schauberger avec les scientifiques fut soudain interrompue en 1932. Le ministère de l'Agriculture publia cette année là le magnifique ouvrage « Le Danube » en collaboration avec de nombreux scientifiques de renom. L'effondrement fut grand lorsqu'on découvrit que Viktor Schauberger y avait également contribué, en fustigeant le traitement scientifique de l'eau du Danube, avant tout sa régulation. On retira le livre du marché pour éliminer cette verrue.

Les appareils à eau

Au début des années trente, Schauberger construisit alors le fameux appareil qui produisait de l'eau minérale (page 82)

La turbine à air

En 1931 le tuyau hélicoïdal double fut breveté (voir page 86) Ce tuyau a été utilisé plus tard (brevet N°145141 du 15.11.35) dans sa turbine à air. Il pensait que cette turbine pouvait développer une force de 10 000 PS et de ce fait révolutionner la technique aéronautique. Il croyait avoir atteint le but vers lequel il aspirait depuis vingt ans, c'est à dire de remplacer le charbon, le pétrole et la houille blanche. Il travaillait aussi avec acharnement à parfaire cette machine, mais en 1943, il écrivit que la turbine avait développé un « vide absolu » et s'était cassée. C'est alors qu'il abandonna les essais, mais restait persuadé, que cette turbine était un prototype des « bombes volantes » V1 et V2.

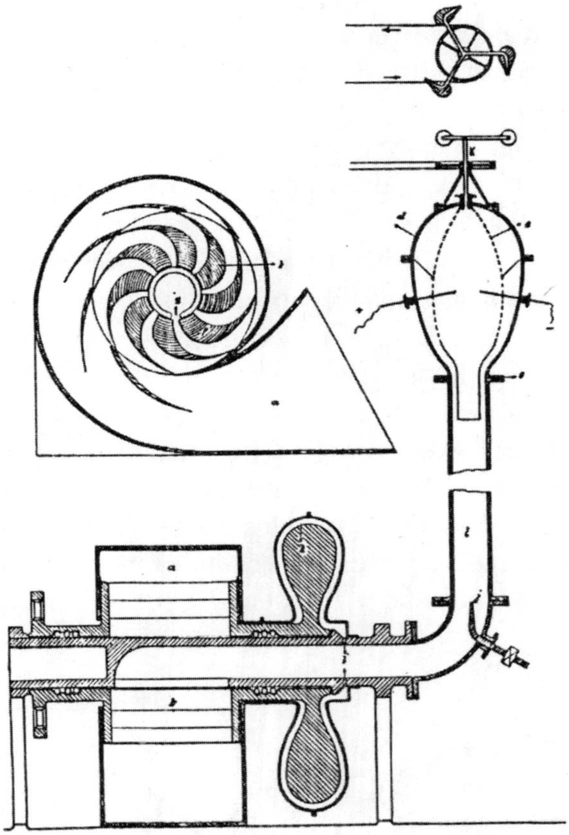

La turbine à air (Brevet N°145141) 15.11.1935

Objet du brevet

1. Une turbine à air caractérisée par le fait que les masses d'air sont tellement brassées dans un tuyau à double torsade, que par suite de l'échauffement dû au frottement et de la chaleur amenée de l'extérieur, elles provoquent des différences de températures entre les masses du bord et celles dans l'axe du tuyau, différences qui vont mener à un processus de rééquilibrage en refroidissant l'air du tuyau pour finir par un vide quasi complet.
2. Une turbine à air selon l'objet 1, caractérisée par le fait que la phase de combustion pure a lieu dans un espace fermé par un filet de sécurité, qui est prolongé vers le bas en forme de tuyau.
3. Une turbine à air selon 1 et 2 caractérisée par le fait que l'impulsion qui en résulte a lieu dans un espace où l'air est très dilué.
4. Une turbine à air selon 1 à 3 caractérisée par le fait que l'arrivée d'air a lieu par à coups à travers une fente de l'arbre.
5. Une turbine à air selon 1 à 3 dont la caractéristique est l'élimination des gaz par un tuyau chauffé, dans lequel la température est plus élevée que celle des gaz de combustion.

De nouvelles machines

Autour de 1936, il travaillait à différents appareils et machines, dont on sait peu de choses. L'une d'entre elles était une machine qui pouvait produire de la chaleur et du froid au moyen de « combustion froide ».

Un autre appareil était destiné à la « transformation atomique ». Il écrivait à l'époque, qu'il voulait rassembler ces 42 brevets en un seul, pour protéger sa découverte de la transformation atomique. C'est cette dernière précisément, qu'il voulait réaliser dans les années 40 dans sa « répulsine » et dans son « Repulsator » pour protéger les énergies constructrices de la nature par ces appareils biologiques. Ces machines fonctionnaient toujours à l'air ou à l'eau.

En 1937 il voulait faire la démonstration d'une machine chauffante réfrigérante, qui était fabriquée par Siemens d'après ses instructions. Mais lorsqu'en l'absence de Schauberger, des employés de l'usine mirent la machine en marche contre sa volonté, elle se mit à fondre à une température de 4000° C. D'autres essais avec ce type de machine montrèrent qu'elle provoquait un rayonnement dangereux et il abandonna le projet. Il l'appela plus tard le « Klimator ».

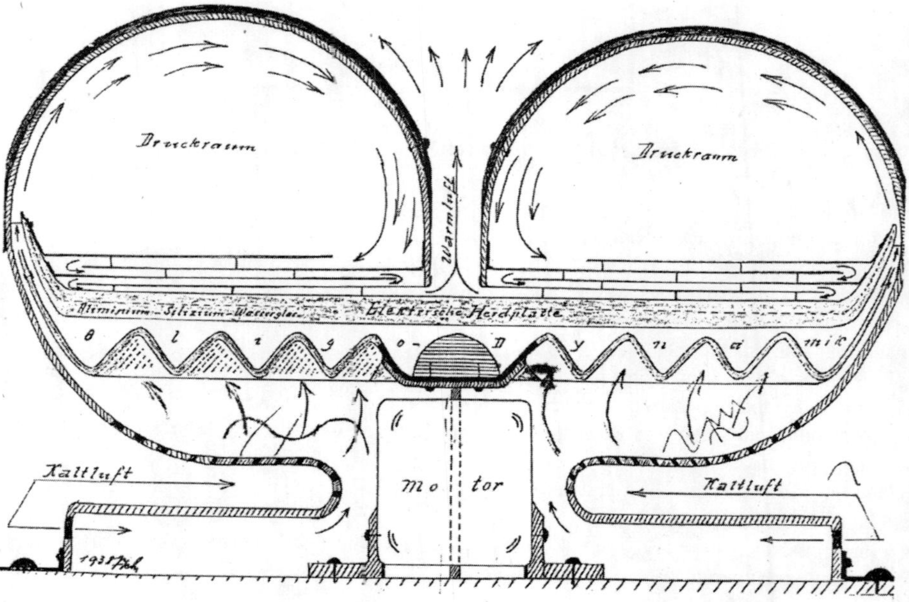

Un appareil chauffant et réfrigérant (prototype du « klimator »)

L'évolution pendant la guerre

En 1939 il annonça qu'il avait découvert un « Repulsator » et de grandes firmes étaient intéressées au projet. Sans doute était-ce le même appareil pour lequel en 1940 Schauberger avait déposé une demande de brevet. « Un dispositif pour des milieux liquides et gazeux … ».

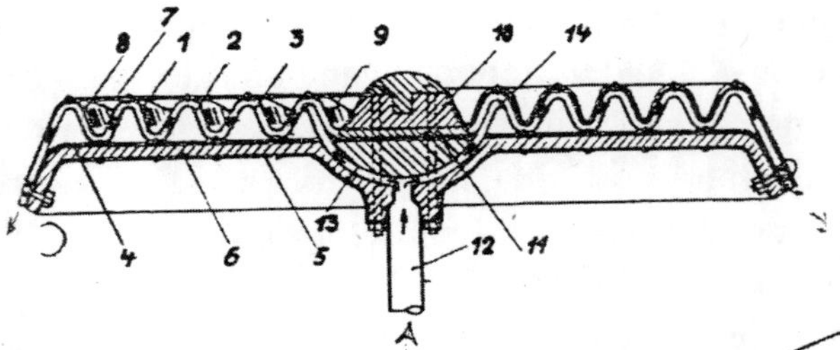

Fig. 1

Fig. 2

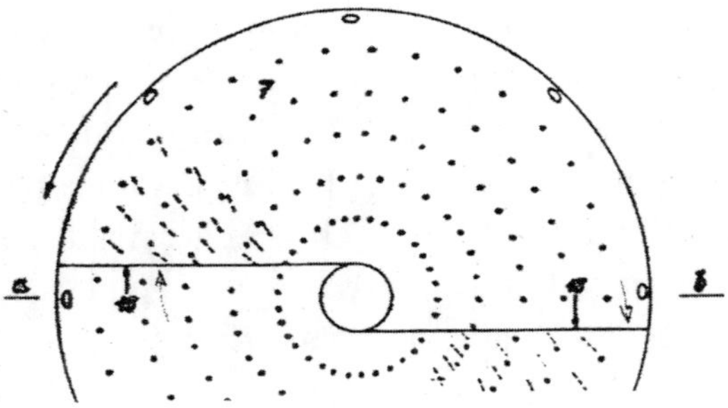

Demande de dépôt du 1.3.1940 : Dispositif de transformation nucléaire de substances liquides, gazeux ou pouvant s'égoutter. La structure est une centrifugeuse à différents étages (1 – 2) Disques en cuivre (3) Espace intermédiaire ondulé (4-5) Plaques de support (6) Plaque isolante (7) Plaques couvrantes perforées (8) Chambres pressurisées(9) Fentes. Par un mouvement rapide le milieu passe par les trous (7) et les fentes dans l'espace intermédiaire (3), qui font fonction d'aspirateur. On obtient une pression maximale, où est générée de l'énergie bio-électrique , qui sépare la molécule du milieu. Il y a libération d'énergie par une nouvelle synthèse.

Le corps principal était une sorte de centrifugeuse, comportant une « membrane double » en cuivre, gravée de rainures concentriques, ondulées. Avec un petit moteur électrique la centrifugeuse devait atteindre une vitesse de 33-500 m/sec. Lorsqu'on introduisit de l'air entre les membranes, les molécules des substances aériennes pouvaient être libérées, pour s'assembler à nouveau dans d'autres combinaisons. Simultanément de l'énergie se libérait, énergie pouvant représenter une « substance de qualité » destinée à la structuration de la nature.

Le prototype de la membrane double c'était l'homologue des cours d'eau intacts de la nature. Schauberger trouva le modèle de son « Repulsator » dans l'eau s'écoulant et tourbillonnant entre deux berges. Il appela les méandres, les « générateurs de courbe » qui accumulent de l'énergie dans l'eau, pour la décharger par la suite dans la terre environnante immédiate.

Peu après en mai 1940 Schauberger accepta un contrat avec la firme Kämpfer à Vienne et Berlin. On commença par construire un « Repulsator » qui devait servir de moteur d'avion ou de sous-marin. De nouveaux modèles de pompes devaient aussi être fabriqués mais bientôt l'OKW (Le haut commandement de la Wehrmacht) s'en mêla en déclarant que cette affaire était « secrète »et Schauberger fut soumis au bon vouloir de l'aide de camp de Göring. Plus tard Kämpfer fut arrêté et la fabrication du « Repulsator » (à cette époque Schauberger appelait encore sa « répulsine » « Repulsator ») fut confiée à la firme Kertel à Vienne. Le manque de matériel était à l'époque important et on essaya de fabriquer la membrane en « vieux cuivre », mais en vain. Après une longue attente on obtint enfin la permission d'acheter du cuivre neuf.

Bientôt surgirent d'autres difficultés. L'office des brevets du reich ne voulait pas reconnaître les brevets de Schauberger. Les SS ainsi que l'inspection de l'armement s'y intéressèrent. Au début tous deux se déclarèrent prêts à soutenir son travail avec du matériel, des locaux et du personnel.

Début 41 le travail chez Kertel était suffisamment avancé et Schauberger

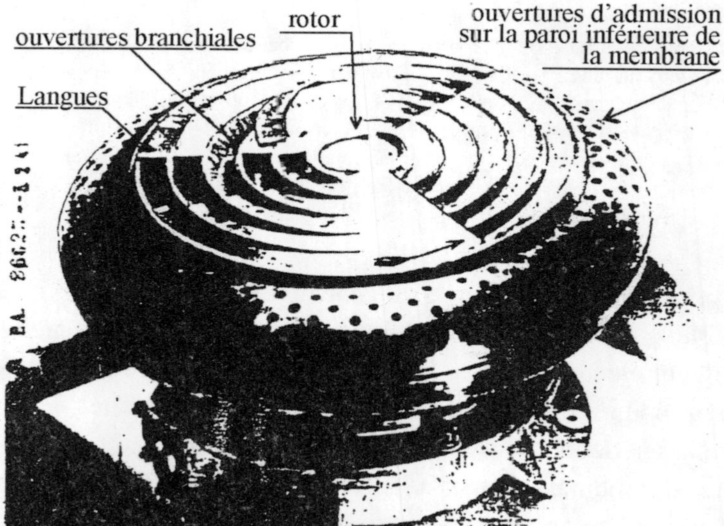

La répulsine

put envoyer une photo de son « repulsator » à l'office des brevets. Bien que la machine ne soit pas complètement terminée, elle montrait la manière dont elle était exécutée. Cette photo est la seule plausible de la machine fabriquée par Kertel. Il existe aussi d'autres photos mais qui ne montrent que des modèles.

Pour montrer où on en était fin janvier 41 avec la fabrication de la « répulsine », Viktor Schauberger envoya cette photo à l'Office des brevets à Berlin.

Il écrit :

« La membrane ondulée (en cuivre fortement argenté) est munie des deux côtés d'éléments en forme de languette qui recouvrent les fentes disposées sur les courbes extérieures. Lorsque le nombre de tours est élevé (20 000 à 30 000/minute) de grandes masses d'air sont alors brassées...On peut voir sur la photo aussi bien les fentes que les languettes. »

Dans la période d'après guerre on a affirmé que ces « modèles de soucoupes volantes » étaient fabriqués chez Kertel. D'après Schauberger il ne s'agissait que de la « répulsine » sur la photo ci-dessus que réalisait Kertel.

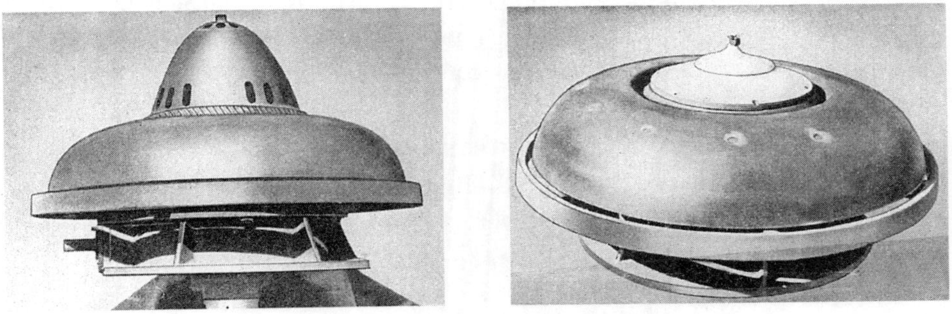

Les prototypes de soucoupes volantes de Schauberger

Au début de juillet Schauberger a été soudain envoyé dans la région des Sudettes. Il avait longtemps craint que l'inspection de l'armement allait empêcher le travail chez Kertel au lieu de l'encourager. Puis on annonça que le travail des usines d'armement de Neudeck (près de Karlsbad) devait se poursuivre. Le directeur de l'époque des usines de Neudeck racontait au début des années 60 qu'il y rencontra Schauberger et qu'il avait eu de nombreux entretiens, mais qu'il n'avait aucune possibilité de poursuivre la fabrication de ces machines. Pour ce faire le « repulsator » aurait dû être transformé et on n'en avait pas le temps. Le travail concernant l'armement était plus urgent.

Schauberger raconta plus tard, que lorsqu'il était de retour à Vienne, on l'avait envoyé d'une usine d'armement à l'autre et que l'OKA (Haut Commandement des Armées) avait réquisitionné le « repulsator » et avait exigé de la gestapo d'arrêter Schauberger, mais que cette dernière s'y refusa. En fin de compte on envoya Schauberger et ses machines chez Messerschmitt à Augsbourg, où celles-ci furent cassées pendant les essais, parce que la membrane était fendue.

Au milieu de l'année 1942 Schauberger retourna à Vienne. Bien qu'en octobre l'OKA lui eût fait part que ces « appareils étaient à nouveau disponibles » ; on lui annonça en même temps que l'inspection de l'armement ne le soutenait plus. La gestapo aussi semblait s'être désintéressée de lui. Cette situation dura jusqu'en mai 1944, lorsque le Gauleiter von Schirach commença à s'intéresser aux recherches de Schauberger, qui demanda à différents ateliers viennois de l'aider, mais aucune entreprise n'avait le temps de travailler pour lui, même pas Kertel.

Finalement Schauberger trouva un petit atelier auquel il pu commander une « nouvelle répulsine » (il avait remplacé le nom de repulsator par répulsine). Mais cette fabrication échoua et à la fin de 1943, il se trouva sans la machine pour laquelle il s'était tant battu. Et au mois de décembre l'Office des brevets lui annonça enfin qu'il rejetait ses brevets.

Le camp de concentration de Mauthausen

Le 20 avril 1944 Schauberger fut mobilisé par la Wehrmacht et par la Waffen SS. Puis peu après l'Office des brevets de Linz fit savoir qu'il devait se présenter au camp de concentration de Mauthausen près de Linz. Là il y avait toutes sortes d'ateliers et une foule d'ingénieurs et d'ouvriers spécialisés. La Gestapo était une garantie pour que Schauberger puisse travailler sans être dérangé et sans que son travail ne soit saboté. Il n'était pas prisonnier, mais astreint au service et devait obéir aux ordres.

A Mauthausen

Il y fut accueilli par le commandant Ziereis de la manière suivante :

« Nous avons étudié vos travaux de recherches et sommes d'avis qu'il y a quelque chose derrière tout cela, vous avez donc le choix entre deux choses, prendre la direction d'un camp de recherches, composé de prisonniers qui sont des techniciens et des physiciens, pour travailler sur des machines pouvant fonctionner avec l'énergie que vous avez découverte, ou bien être pendu. »

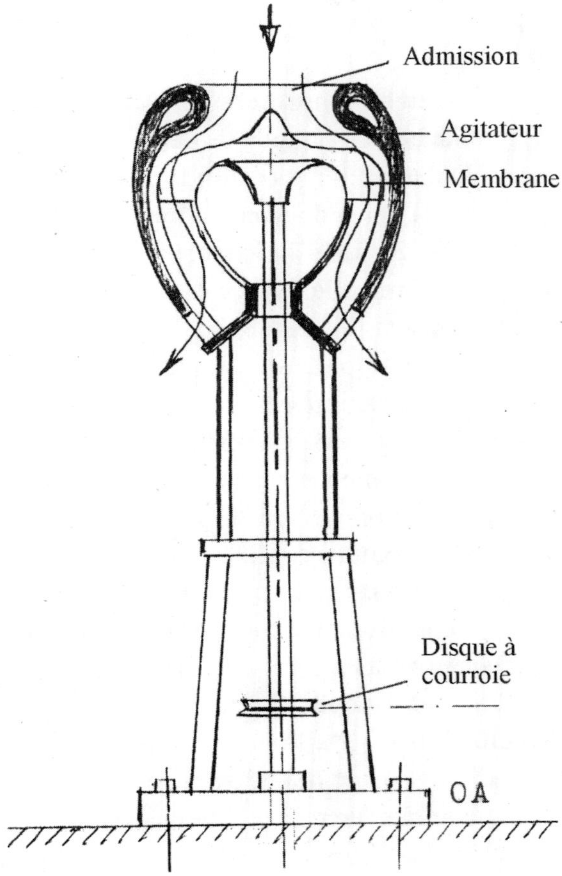

La répulsine (construite à Mauthausen) : esquisse du principe de base

Il est évident que Schauberger choisit la première alternative et c'est ainsi que débuta un travail intensif de recherche.

Parmi les techniciens et spécialistes très compétents, il choisit les collaborateurs suivants :

L'ingénieur Wolfgang von Putlitz, l'ingénieur Ludwig Götz (tous les deux allemands) l'ingénieur Viktor Jezierski (polonais), le mécanicien Stanislas Rezniezek (polonais), et le Dr. Miroslav Jasinski (tchèque). Lui-même avait de temps en temps droit à un congé et pouvait aller à Vienne prendre des dessins et autres documents. Là il eut la visite de l'ingénieur Schröder, commandant l'école d'ingénieur SS de Vienne Rosenhügel, qui était intéressé par ses travaux et qui étudia ses documents. Schauberger se plaignit des mauvaises conditions régnant à Mauthausen, où mêmes les conditions techniques n'étaient pas satisfaisantes. Schröder lui proposa de venir à l'Ecole d'Ingénieurs.

Peu après il fut à nouveau mobilisé, cette fois dans un régiment à Breslau qu'il devait suivre en Italie en tant qu'aide de camp de la compagnie. A peine là-bas on le rappela à Vienne où Schröder lui fit savoir, qu'il serait transféré avec ses collaborateurs à la KTL de Vienne, appelée aussi l'Ecole d'Ingénieurs SS. Ceci se passait le 29.9.1944. Schauberger était à présent considéré comme entrepreneur civil astreint de service et devait prendre le nom de Paul Förster. Le fait d'être présent à l'école des SS était top secret, de sorte qu'il était recherché comme déserteur par l'armée.

Plus tard Putlitz, Götz et Rezniezek furent renvoyés à Mauthausen, tandis qu'on en fit venir le mécanicien Josef Lhodak (tchèque). Jusqu'à la fin de la guerre Jezierski, Jazinski et Lhodak furent ses collaborateurs. Jezierski était un extraordinaire constructeur et une profonde amitié s'établit entre les deux hommes. Les machines qu'ils avaient commencé à développer à Mauthausen, c'étaient un nouveau modèle de la « répulsine » et du « repulsator ». La première étant un moteur d'avion et le second un nouveau modèle de l'appareil pour améliorer l'eau, spécialement conçu pour la biosynthèse (fabrication de carburant).

Au début les conditions à l'Ecole d'Ingénieurs ainsi que les possibilités techniques étaient plutôt bonnes. Mais bientôt l'équipe de surveillance reprocha à Schauberger de laisser trop de liberté à ses collaborateurs. On le conduisit à Mauthausen où le commandant Ziereis le tança vertement. Schauberger répondit cependant qu'un traitement « correct » était nécessaire, afin que ses collaborateurs puissent remplir la mission qui leur avait été confiée. Sinon il ne fallait pas s'attendre à un quelconque succès dans cette affaire. Mais les conditions allèrent de mal en pis.

En octobre déjà Schauberger écrivit dans son journal, que les bombardements et le manque de matériel avaient des conséquences néfastes sur le travail. Il leur fallait travailler avec du vieux matériel, qui était rassemblé dans des « cimetières de chars » et qui était très difficile à souder. Souvent il était impossible de travailler plus de quelques heures. La plupart du temps il étaient obligés de rester assis dans l'abris ou bien de dégager les gravats après les bombardements. Quant aux machines elles étaient de plus en plus détruites.

Leonstein

En hiver la situation s'aggrava et en février 1945 le groupe de Schauberger fut transféré à Leonstein, au sud de Linz, où dans une entreprise de fabrication de faux, on avait décidé d'installer le nouveau lieu de travail. Les machines qu'il lui fallait, ne furent livrées qu'un mois plus tard par les ateliers de Steyr. D'autres difficultés avaient entravé le travail, le manque de véhicules par exemple, et lorsque la fin de la guerre arriva fin mai, les machines, la « répulsine » et le « repulsator » n'étaient pas terminées. Quant au « klimator » il n'en était qu'à ses débuts.

Deux jours avant la fin de la guerre Schauberger et ses acolytes furent arrêtés et devaient être transférés à Mauthausen. Comme Schauberger subodorait une trahison et avait des doutes bien fondés quant à leur sort, à savoir être exécutés, il essaya très excité d'empêcher cela et eut alors une attaque. Sur ordre d'un médecin militaire à Leonstein, il ne fut pas emmené et dut garder le lit. Le lendemain Lhodak et Jazinski arrivèrent avec des certificats de sortie. Le 3e jour Jezierski fut découvert au camp par les Américains et ramené à l'état major de Ratisbonne.

Après la guerre

Schauberger fit ses adieux à ses deux hommes qui lui donnèrent des certificats comme quoi il les avait bien traités. Il leur donna un peu d'argent et le 8 mai 1945 ils purent rentrer chez eux. L'équipe de surveillance s'était enfui et c'est ainsi que Schauberger se retrouva seul au camp avec sa famille, lorsque l'avant garde des troupes américaines arrivèrent. Ils examinèrent tout, les journaux et les appareils puis lui annoncèrent que Jezierski allait bientôt revenir, pour qu'ils puissent ensemble continuer leur travail. C'est ce qui arriva mais pas pour très longtemps car les Américains étaient venus, leur faisant subir des interrogatoires plus poussés et diligentant des enquêtes. Ils emmenèrent Jezierzki accusé à tort pour un vol et Schauberger se retrouva prisonnier pendant 6 mois environ. Il avait cependant presque tout perdu dans la destruction de son appartement de Vienne et ses investigations auprès des pouvoirs publics pour obtenir un nouveau logement furent vains jusqu'à la fin de 1946.

Après de nouveaux interrogatoires Schauberger fut placé en octobre 1945 sous la surveillance de gendarmes autrichiens. Un officier américain lui fit savoir qu'il n'était pas en état d'arrestation mais que cette surveillance devait le protéger. Manifestement on craignait qu'il pût être enlevé par les Russes. Il n'était donc pas en prison mais habitait avec sa famille dans un petit logement. Il pouvait circuler librement dans un périmètre proche et recevoir des visites. Ses appareils devaient rester là et mis en lieu sûr. Mais Schauberger avait déjà envoyé au mois de mai son appareil à eau (repulsator) dans la petite station

Déclaration de trois constructeurs – prisonniers des camps de Mauthausenau sujet de leur traitement par Viktor Schauberger

Comme collaborateur et constructeur, je confirme avoir été dès le premier jour soumis au travail forcé à Mauthausen, Vienne et Leonstein sous les ordres du directeur des travaux d'études Schauberger, qu'il était constamment question de vie et de mort et que je n'ai pu échapper à l'exécution capitale que parce que des codétenus m'avaient caché sous des cadavres dans le crématorium de Mauthausen jusqu'à l'arrivée des Américains. Monsieur Schauberger s'est toujours occupé de nous du mieux qu'il put, malgré de très sévères rappels à l'ordre ; il nous a protégé et sauvé la vie, ce pour quoi je le remercie en mon nom et au nom de tous les autres auxquels Schauberger a adouci le sort dès qu'il lui a été possible.Leonstein, le 14.10.1945

Jericiski Viktor
ehm. Häftling des Konz. L. Mauthausen
Häftl. Nr. 11147

Je confirme au directeur des études M. Viktor Schauberger que pendant toute la période où j'ai travaillé chez lui, n'avoir pas seulement été traité correctement et humainement, mais qu'il y a eu des moments où la direction du camp de Mauthausen l'accusa de materner et de traiter trop humainement les détenus et qu'il reçut à cet égard les blâmes les plus sévères. Schauberger ne se laissa pas impressionner et ne changea pas d'attitude envers nous jusqu'à ce jour, ce en quoi je le remercie.

Grall Franz
Rosenegger Johann
als Zeugen

Josef Lhoták,
Praha II.
Slavecká 11.

Je confirme au directeur des études Monsieur Viktor Schauberger que son attitude à mon égard a été parfaite pendant toute la période où j'ai travaillé pour lui, qu'il a essayé d'alléger autant que possible notre situation difficile de détenu et je lui suis très reconnaissant de son comportement humain.

als zeugen:
Grall Franz
Rosenegger Johann

Jasinsky Miloslav
Luštěnice 124
bei Jung Bunzlau

thermale voisine de Bad Hall où un de ses cousins était pharmacien. Il avait proposé d'utiliser ces appareils à des fins thérapeutiques. Cependant le « repulsator » resta stocké dans une réserve et fut bientôt hors d'usage, à cause de l'amoniaque qui s'écoulait du dispositif de refroidissement.

Jusqu'à l'automne 1946 Schauberger était bloqué à Leonstein et ne pouvait pas travailler concrètement. Mais il écrivait beaucoup, aussi bien aux puissances d'occupation, qu'aux autorités autrichiennes. Il désirait leur soutien pour obtenir un appartement et de nouveaux moyens pour poursuivre ses recherches mais en vain. En mars 1946 il fut libéré mais ne put retourner à Linz que fin décembre 1946, où bien qu'ayant un petit appartement, il n'avait ni atelier ni laboratoire. Dans l'inventaire des affaires rapportées à Linz, se trouvaient entre autres une « répulsine » et un « klimator » en bon état. L'appareil à eau (repulsator) avait déjà été envoyé par ses soins à Bad Hall. Il était donc exact, comme il l'a toujours dit, que les Américains n'avaient réquisitionné aucun appareil.

Ce n'est qu'en 1947 que Schauberger put à nouveau travailler au développement de ses machines. Il s'associa à une entreprise de Salzbourg Rödhammer und Co et s'y installa pour pouvoir travailler dans leurs ateliers et laboratoire. Ils commencèrent par mettre au point un nouvel appareil à eau qu'un certain Dr. Wehrle souhaitait pour sa clinique. En raison d'un manque de matériel, cet appareil ne fut opérationnel qu'à la fin de 1948 mais présentait les mêmes qualités curatives qu'auparavant.

Simultanément Schauberger était en train de mettre au point un nouveau modèle de machine, la dite « bio-turbine » ou turbine de succion hydraulique, qui va l'occuper pendant les années qui suivirent. Une autre machine qu'il appela le « Zentripeton » ou « Schaubergerion » n'a pas dépassé le stade expérimental. D'après lui les Américains lui avaient défendu de travailler sur la « répulsine » et sa « recherche atomique » qui y était directement liée.

En septembre 1948 le Dr. Wehrle lui offrit une corne d'antilope Kudu. Ce cadeau influencera le travail de Schauberger de manière spectaculaire, parce qu'il pensait que cette corne était le modèle par excellence de son tuyau hélicoïdal* et peu après il annonça qu'il avait réalisé le mouvement centripète parfait en copiant cette corne. Ce tuyau composait le corps principal des turbines à succion. En 1951 il sollicita un brevet autrichien pour le tuyau héli-

* Autres dénominations données par Schauberger : courbe à espace hélicoïdal, spirale de succion logarithmique, tuyau en hélice, hélice de succion (le plus souvent utilisé).
Voir aussi l'annexe et ses termes standards.

coïdal, mais ne l'obtint qu'en 1958. A cette époque beaucoup de pays avaient donné leur accord à ce brevet en Europe et hors d'Europe.

De 1948 à 1950 il était occupé à d'importants travaux d'expérimentations agricoles et s'était associé à l'entreprise Rosenberger à Salzbourg, pour fabriquer des instruments en cuivre et appareils à eau en vue de les vendre (la collaboration avec Rödhammer était déjà terminée). En même temps des chaudronniers et des mécaniciens fabriquaient la turbine à succion. Il la décrit ainsi :

« Dans ces bio-turbines l'eau atteint un mouvement proche de la vitesse du son, parce que au-dessous d'un système spécialement étudié se crée un vide qui est si fort, que ces bio-turbines ne nécessitent pas de chute de pression – c'est à dire qu'une fois en route, ce vide organique peut avec une pression d'air normale propulser dans ce système d'aubes, l'eau provenant d'un lac ou de la mer à une incroyable vitesse. Ces bio-turbines sont construites selon les lois de la circulation sanguine. »

Il précise que la turbine, bien que mise en marche par un starter comme pour les moteurs à explosion, la réaction en chaîne prenant vite le dessus, elle marchait « toute seule ».

A présent il se trouvait sur une toute nouvelle voie et aux idées sur la « répulsine » qui dataient de la guerre, succédèrent de nouvelles idées. Sa construction était constamment modifiée, seules le tuyau hélicoïdal était maintenu mais les difficultés persistaient. Il ne voulait se confier ni à un ingénieur ni à une industrie quelconque, parce qu'il ne faisait confiance ni à la science ni à la technique. C'est pourquoi il faisait fabriquer ses modèles par des mécaniciens et des chaudronniers, qui devaient travailler sur ses seules instructions et non pas d'après des calculs et des dessins de techniciens. Beaucoup de modèles furent construits mais ne fonctionnaient pas parfaitement. Schauberger disait qu'il ne pouvait pas régler les machines. Elles s'emballèrent et les tuyaux éclatèrent.

Les relations avec la grande industrie

Entre temps Schauberger avait noué de très bonnes relations avec un éminent industriel, du nom de Swarovski, qui possédait une usine aux environs d'Insbruck. Celui-ci voulait vraiment aider Schauberger et il le soutint par des moyens financiers et techniques. Après son échec de la « centrale domestique » Schauberger était d'accord à effectuer des calculs techniques et à faire construire sa prochaine machine. Il se fit aider par un constructeur aéronautique et lorsque ce dernier eut terminé, la réalisation se fit dans l'usine près d'Insbruck.

Malheureusement cette machine ne fonctionna pas non plus, ce qui conforta Schauberger dans son idée première, à savoir que les ingénieurs et les techniciens étaient inutiles dans cette affaire. Il s'adressa alors à un mécanicien dont il était d'abord assez satisfait. A cette époque il y avait aussi d'autres industriels qui étaient très intéressés par ses inventions, par exemple l'ingénieur Voith, ainsi que le directeur de la filiale allemande Fagerta Stahl AG, grande aciérie suédoise. Il s'appelait Kuse et c'est par lui que Alfred Krupp, Siemens, Brown-Boveri furent mis sur le coup. Voith envoya à Schauberger son spécialiste en flux Theodor Schwenk, pour examiner cette affaire et Schauberger pensait que c'était lui qui le comprenait le mieux. En 1957, la machine était presque terminée mais lorsqu'il voulut la montrer à Schwenk et à Voith, le mécanicien déclara qu'il ne pouvait livrer la machine sans une certaine somme d'argent. Après de longues tergiversations on arriva à un accord. Cependant on n'avait pas monté de dispositif de réglage et Schauberger n'osa pas mettre la machine en route. Malgré cela, il présenta la machine à Voith, à son constructeur en chef Marcinovski et à Schwenk en expliquant son fonctionnement. Ils étaient très intéressés et projetaient de la développer. L'appareil à eau faisait aussi partie de ce projet. Au début Voith voulait monter uniquement la spirale de succion dans ses turbines, afin d'augmenter leur rendement et de minimiser leur effet nocif sur l'eau. les droits de propriétés devaient appartenir à Schauberger et pendant les travaux de mise au point, il percevait un salaire confortable et par la suite un pourcentage de 5% du bénéfice.

A cette époque, au début de 1958, Schauberger se vit offrir des aides financières par différentes personnes intéressées, que ce soit en Amérique, en Russie, en Suisse ou en Allemagne. Avant que l'accord ne fût signé, Voith dut se rendre aux Etats-Unis. Peu après surgirent des Américains inconnus, dont les propositions mirobolantes surpassèrent toutes les autres. Schauberger se détourna de Voith et le drame américain était en marche. Pourquoi Schauberger s'est-il détourné de Voith ? Nous en reparlerons dans le passage sur le voyage aux Etats-Unis. (page 199)

Construction et fonctionnement de la machine productrice d'énergie.

Une chose est claire : décrire la machine en détail est chose impossible dans l'état actuel des choses. Les rares documents à notre disposition ne sont pas toujours satisfaisants. En voici la raison : Viktor Schauberger n'a jamais décrit la machine de manière à pouvoir comprendre la construction et le fonctionnement en détails. Des dessins d'atelier n'ont été exécutés que très rarement et ont pour la plupart disparu.

Presque toutes les machines, appareils et autres instruments qui étaient à moitié terminés ou en pièces détachées au départ de Schauberger pour les Etats-Unis, ont été rassemblés dans les ateliers et les stocks par ses partenaires contractuels, puis envoyés aux Etats-Unis, même les modèles inachevés de Leonstein. Selon le contrat qui fut imposé à Schauberger aux Etat-Unis, tout ce qu'il aurait construit, écrit ou planifié, aurait été la propriété de ses partenaires.

Néanmoins, il faudrait pouvoir décrire ces machines, si ce n'est que pour démontrer que tout ce qui a été relaté dans des revues ou des livres spécialisés et qui continue de l'être, n'est pas conforme à l'idée maîtresse de Schauberger.

Il est important de savoir que Schauberger modifiait de temps en temps sa conception des machines. C'est ainsi comme il est dit plus haut, qu'il laissa tomber l'idée de la « répulsine » après la guerre, laquelle était pourtant le modèle de ladite soucoupe volante avant et pendant la guerre ; il se consacra jusqu'à sa mort aux seules bio-turbine et turbine à succion.

La « répulsine »

En fait c'était la véritable machine à implosion, construite à partir du principe de la double membrane (voir page 139) Lorsque avec une grande vitesse de rotation de l'eau ou de l'air passaient par la membrane, du milieu vers la périphérie, les matières « en suspension » la plupart composées de carbone et d'oxygène, se désagrégeaient, c'est à dire que les molécules étaient départagées en atomes, de « l'énergie anti-gravitation » devait être libérée et de ce fait de nouvelles synthèses étaient possibles. Cette énergie que Schauberger avait appelé « diamagnétisme » était aussi une énergie supplémentaire et de la « atière première » pour une évolution qualitative de la nature. La « répulsine » avait été mise au point d'après le modèle d'un cours d'eau naturel où selon Schauberger de telles analyses et synthèses se répétaient inlassablement ; Elle devait donc non seulement reproduire ce processus mais aussi le renforcer. De sorte que l'énergie de lévitation libérée devenait si forte, qu'elle tirait vers le haut le corps de la machine.

Une répulsine
Cette photo de répulsine est analogue à celle qui n'a pas été terminée à Leonstein et qui a été envoyée aux Etats –Unis.

Les descriptions de fonctionnement sont très difficiles à comprendre chez Schauberger. Schématiquement on pourrait le résumer de la façon suivante : en (A) l'air est aspiré et à partir de la roue à aube (B) il est transformé en un mouvement tourbillonnant. L'air file alors dans l'espace entre les deux membranes (C) à travers les fentes (D).

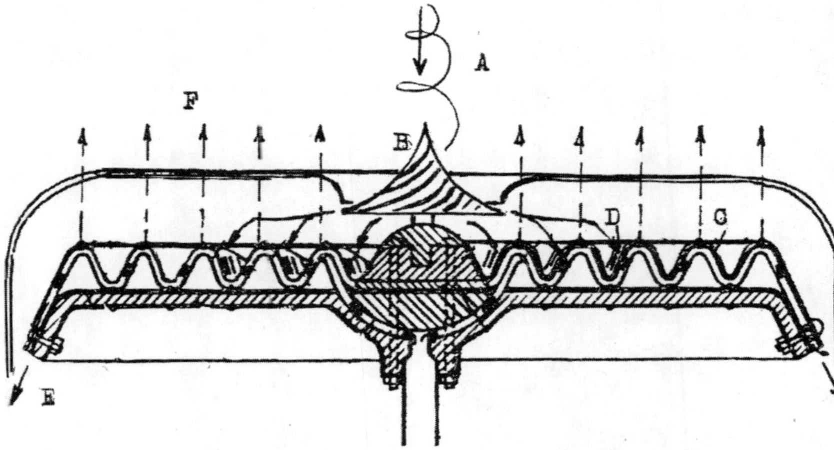

Le fonctionnement de la répulsine

Par la configuration de cet espace, l'air va être tantôt comprimé, tantôt détendu sur sa trajectoire vers la périphérie. De ce fait et par la haute pression par glissement contre les parois, les oligo-éléments (peut-être en atomes ou en ions) sont dissous et une force de lévitation qui passe à travers la membrane supérieure et monte, va se libérer. Cette force de lévitation et la force de succion soulèvent la machine. Les entraîneurs (hydrogène) des oligo-éléments ressortant par (F) réagissent avec l'air environnant et occasionnent un effet de pression « comme si on expulsait un noyau d'une prune entre les doigts » (V.S.) Ce qui contribue aussi à l'ascension de la machine.

Viktor Schauberger écrivit en décembre 1940 :

En tant que corps creux la membrane ou le repulsator doit séparer d'un point de vue atomique l'organisme air en éléments de base : puis grâce à la « synthèse organique » des deux substances de base, que le chimiste appelle carbone et oxygène, on aura une tension plus élevée ainsi qu' une concentration d' entraîneurs détendus (dérivés d'hydrogène) qui réagissent à la force mécanique centrifuge et sont éliminés latéralement. Les produits organiques de synthèse passent à travers les parois à la crête des ondes, de sorte qu'à l'intérieur des deux membranes on obtient « l'état d'indifférence » souhaité grâce à des effets secondaires oligodynamiques ...

La succion qui se crée à l'intérieur de la machine, après l'élimination des produits de scission, correspond à la force qui a été nécessaire à la scission nucléaire. La force de traction est de 223 tonnes parce que les substances de l'air en présence ne peuvent être acheminées aussi vite qu'ils ne sont désintégrés et éliminés au cours de l'ondulation…

Je suis persuadé, que bientôt personne ne construira plus de machines, telles qu'elles sont conçues aujourd'hui. Car ce serait une folie d'utiliser des carburants « ordinaires » comme le charbon, le pétrole etc…si par le détour d'un autre agent propulseur amélioré ou par l'élaboration de matières plus nobles on arrive à obtenir un développement indispensable et comme déchets une énergie gratuite – et ce malgré l'indifférence grandissante.

Schauberger résume là toute sa théorie sur la « rèpulsine » (à cette époque il appelait la membrane et même toute la machine le repulsator). Elle devait produire de la matière par biosynthèse et l'énergie qui en résultait simultanément n'était que « déchet ».

Viktor Schauberger ne parle jamais dans ses lettres ou ses articles, à quelle époque que ce soit d'autres agents propulseurs pour la « rèpulsine », que de matières en suspension dans l'air et dans l'eau. Pas de gel silicique comme on l'a affirmé. La » rèpulsine » était manifestement très difficile à construire et dans quelle mesure elle fonctionnait, la question reste posée.

Le « repulsator » (appareil à eau)

Il était fait d'acier et de fonte et l'intérieur du récipient était émaillé. Les deux agitateurs sans doute en cuivre ou en laiton. La très forte isolation était (peut-être) en fer blanc à double paroi et l'espace entre les deux rempli d'asphalte. La machine était construite d'après le principe mentionné sur l'esquisse. Ce « repulsator » était refroidi par un dispositif réfrigérant à part.

La bio-turbine (turbine à succion)

Peut-être peut-on rapprocher ces turbines à succion de Schauberger de son idée de la « turbine-truite ». Lorsqu'il avait développé son tuyau hélicoïdal d'après la corne d'antilope kudu, il modifia aussi ses turbines de succion et les simplifia.

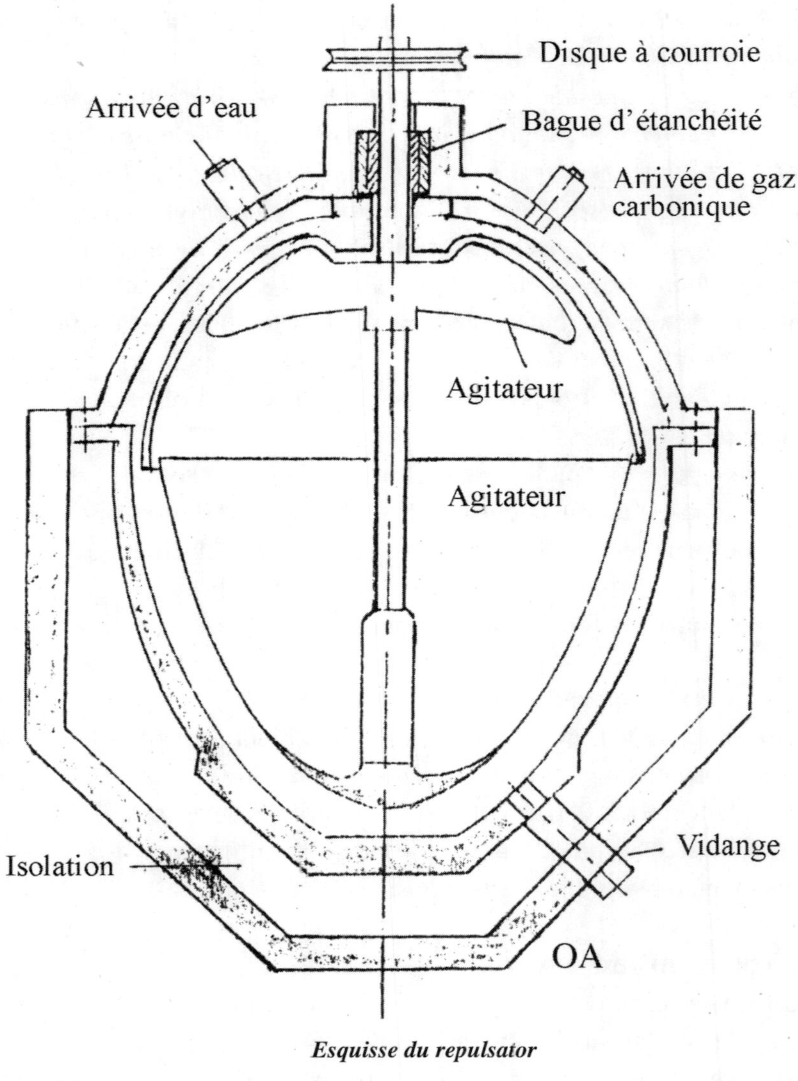

Esquisse du repulsator

En même temps il semble avoir abandonné sa « rèpulsine » et sa membrane comme génératrice d'énergie et parle alors d'une turbine à air, qui allait d'ailleurs devenir la véritable « machine à implosion ». En gros elle devait alors ressembler à la turbine à succion pour l'eau, mais était plus simple à réaliser. Mais il n'y arriva pas ; peut-être parce qu'il avait eu de telles difficultés avec la turbine à eau. Il fit réaliser plusieurs de ces turbines selon différentes exécutions, mais on connaît peu de choses sur elles. Seule la « centrale domestique » est connue, parce qu'elle est décrite et figure dans le livre « Implosion au lieu d'explosion » (1955). La description de l'auteur Brandstätter, qui n'était pas un technicien, a dû lui être donné par Schauberger.

Lorsque je rendis visite à Walter Schauberger en 1975 et fus invité dans son laboratoire, j'étais étonné d'y trouver la « centrale domestique » en partie démontée. Comme la partie supérieure était enlevée, on pouvait très bien observer les pièces à l'intérieur. La simplicité de construction m'avait frappé et je demandai à Walter Schauberger, si la machine avait jamais fonctionné. Il me dit que non : « seul un essai pour la mise en marche, puis elle a explosé » répondit-il. Brandstätter le confirma également dans sa revue « Die Weltspirale » mars 1963 :

« Enfin tout était prêt pour la mise en route de la « centrale domestique ». Au premier essai certains tuyaux extérieurs éclatèrent ».

Viktor Schauberger écrivit à des personnes qui pensaient que la machine était déjà à vendre, que trois tuyaux avait explosé et qu'une machine améliorée, dont la construction était manifestement très différente, était en cours de construction.

Il semble évident que les tuyaux avaient explosé, parce que les buses avaient des orifices trop fins, de sorte que la pression dynamique dans les tuyaux s'est transformée en pression statique très élevée.

La « centrale domestique » était construite de telle façon, qu'un rotor conique bougeait dans un boîtier sous vide. Autour de ce corps s'enroulait un système de tuyaux spécialement conçu par Schauberger (brevet autrichien n° 196680) qui se réduisaient vers le bas. L'eau pouvait couler du haut à travers les tuyaux, de telle sorte que le rotor conique était mis en rotation. Grâce à la forme des tubes et l'enroulement en spirale, l'eau était « vissée » en quelque sorte vers le centre du tube (voir p 158) et jaillissait par les buses de la partie inférieure du tube avec une vitesse inouïe et une énergie très forte.

Les jets d'eau, qui selon Schauberger étaient durs comme de l'acier, touchaient tangentiellement une surface « crénelée », qui était fixée comme un ruban sur la paroi interne du réservoir inférieur et était freinée, ce qui provoquait un contre coup très fort. De ce fait la vitesse augmentait de plus en plus, de sorte qu'elle devait être freinée par un générateur électrique qui y était branché.

Le démarrage et la mise en route de la machine se faisait à l'aide d'un petit moteur (environ ½ CV). En haut se trouvait un entonnoir pour le remplissage de l'eau, ainsi qu'une soupape pour le réglage et en bas sur le corps de la machine il y avait une soupape de sécurité et un robinet de vidange.

Sur la photo avec Schauberger le moteur de mise en marche et le générateur sont mis dans le même élément.

Au démarrage les soupapes étaient ouvertes. Lorsque le nombre de tours (env. 1200-2000/m) était atteint, les soupapes se fermaient et l'eau commençait à circuler par les spirales à succion et le tuyau de retour. Dans le réservoir il y avait alors surpression et au-dessus de la spirale de succion un vide. L'eau était donc poussée de bas en haut et simultanément aspirée vers le haut.

Deux figures représentant un tourbillonnement (dessins de Schauberger)

Lorsqu'on voulait arrêter la turbine, on ouvrait la soupape.

Schauberger écrit :

« Les régulateurs sont là pour régler la quantité d'eau qui va être introduite. De sorte que la pression de succion qui en découle correspond à une colonne d'eau de 500 m environ. Cette réaction énergétique concentrée est provoquée par des profilés de tubes brevetés dans le monde entier. Le liquide qui y passe mécaniquement et physiquement est plus ou moins compressé, selon que le rayon d'action de la force atomique diamagnétique, qui attire et absorbe des dérivés diffus d'oxygène et d'hydrogène, est grand. »

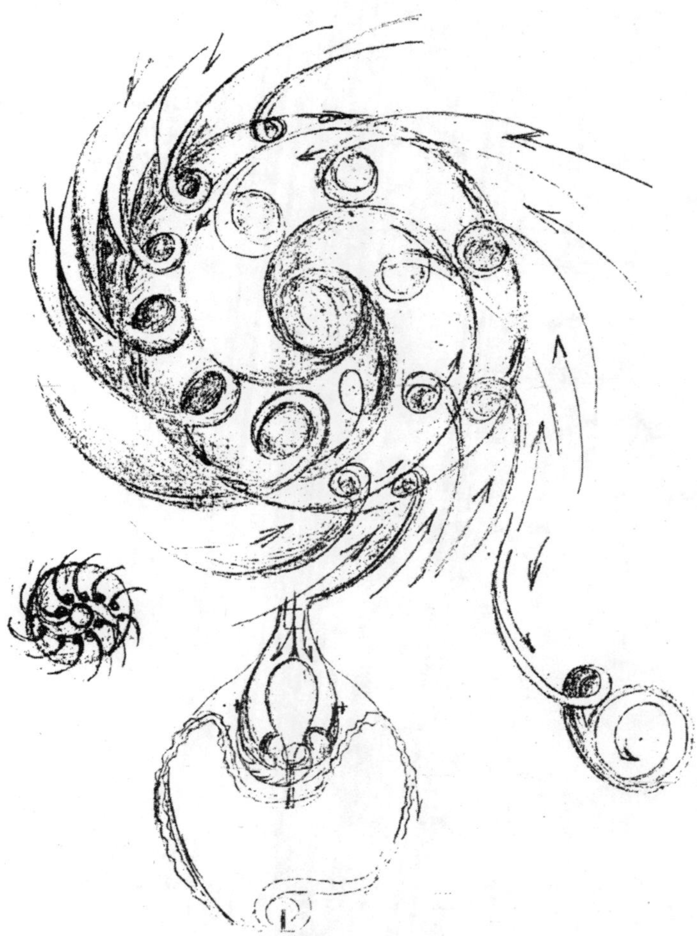

La bio-turbine (dessin de Schauberger)

Viktor Schauberger avec un prototype de sa centrale domestique (1955) (« Implosion au lieu d'explosion »)

Une centrale domestique sans carter (Archives Schauberger de la PKS)

En résumé nous pouvons dire :

Si nous voulons étudier le principe de la turbine à succion, nous n'avons que la « centrale domestique » comme modèle. D'après les descriptions d'autres modèles, il apparaît clairement que le rotor et ses tubes en spirale enroulés de différentes manières, représentent toujours le corps central. Le principe de cette machine était le suivant :

Des milieux comme l'air ou l'eau devaient passer par un tube en spirale d'un certain matériel et avec une section donnée. Le milieu devait donc être concentré par un mouvement en vrille au cours duquel se libérait de l'énergie. Schauberger veut dire par là qu'il compte sur des réactions au niveau atomique, qui sont analogues aux essais actuels sur la fusion nucléaire. Une grande différence subsiste pourtant, à savoir qu'on essaie dans les installations actuelles à comprimer avec force des atomes dans des gaz d'hydrogène par une pression et une température très élevées, pour obtenir de l'helium, par suite de la réunion des atomes d'hydrogène.

Mais Schauberger pensait qu'il avait découvert une autre méthode. Il affirmait que dans la turbine à succion, comme avant dans la « répulsine », se développait la synthèse carbone-oxygène-hydrogène, mais il avait aussi résolu un autre problème avec cette turbine à succion : changer l'énergie calorimétrique en énergie cinétique. En somme transformer la chaleur en mouvement mécanique.

Le « klimator »

La fabrication d'un autre appareil qui pouvait produire de la chaleur ou du froid et qui avait été commencée à l'époque du camp de concentration : le « klimator ». Dans les années 30, Viktor Schauberger avait déjà fait des expériences avec ce genre d'appareil dans son laboratoire de Vienne. Mais en 1945 il a voulu reprendre la chose d'un point de vue différent. Jezierski en avait réalisé l'esquisse mais sa construction n'avait pas pu être terminée avant la fin de la guerre. Peu après la fin de celle-ci, Jezierski revint à Leonstein et espérait comme Schauberger pouvoir à nouveau travailler ensemble (comme il a été dit précédemment ceci n'était pas possible). Mais à présent Schauberger possédait des dessins complets du « klimator » et il mandata une petite entreprise de lui fabriquer la machine. Au début du mois de décembre 1945, l'appareil était prêt à être livré. Surgirent alors de nouvelles difficultés. Schauberger avait besoin de certains produits chimiques, entre autres de la poudre de silice et d'aluminium, pour pouvoir fabriquer une « masse active » qu'il appela aussi le « ciment Schauberger ». Il était très difficile d'obtenir ces produits chimiques et son neveu, le pharmacien de Bad Hall, essaya par tous les moyens de s'en procurer, pendant que lui-même écrivait de nombreuses lettres aux autorités compétentes, aux industries etc...pour faire connaître son « klimator ». Il attira l'attention sur les problèmes de chauffage auquel l'Autriche avait à faire face cet hiver là et affirmait que le « klimator » allait résoudre ces questions facilement et à moindre frais. Mais comme il ne pouvait pas faire la démonstration d'un de ces appareils, ses efforts furent vains. Il finit par renoncer et après 1950 on n'entendit plus parler du « klimator ».

Il est difficile de se représenter la construction et le fonctionnement du « klimator » d'après les seules descriptions de Schauberger. Ci-dessous nous donnons la description parue dans un article datant de la fin 1945 :

Le « klimator » est composé pour l'essentiel de trois parties distinctes : un petit radiateur ordinaire situé dans une sorte de « cellule à noyau » entourée d'une masse, dans laquelle se trouvent comme dans une cellule naturelle (protoplasme) les réserves de substances essentielles ou secondaires sous forme allotrope. Ici toutes les réserves de substances fertilisantes ou fertilisées allotropes, les agents stimulateurs oligo-dynamiques (stimulant la destruction) et les catalyseurs (stimulant la croissance) sont présents ;

Autour de cette copie conforme de la structure du monde fixée à un axe longitudinal, s'enroule le stimulateur. D'autre part le « klimator » génère une sorte d'impulsion grâce à des espèces de calices végétaux imbriqués les uns dans les autres pour que l'eau ou l'air puisse être bio-centrifugé. Par des augmentations progressive de vitesse centripète et centrifuge, qui jusqu'alors n'avaient pas été atteintes, on obtiendra réciproquement une augmentation de pression et de traction au carré. Puis on aura une désintégration de l'air et de l'eau, un broyage complet des plus petites molécules restantes, et par ce fait un processus de synthèse jusqu'alors inconnu. Celui-ci donne naissance à deux sortes d'écoulement en spirale dirigés longitudinalement : un flux ascendant et un flux descendant.

Le « klimator » possède un petit générateur, dont l'ancre est immobile et tourne autour du stator.

Le produit de synthèse, un flux bio-magnétique structurant et dynamique, ne se sera pas expliqué plus en détail, puisque c'est avant tout pour répondre au problème de chauffage naturel que le flux et le reflux nous intéressent. Il s'agit d'une tension, avec laquelle il est possible de chauffer une pièce, du haut vers le bas, comme le feraient les rayons du soleil. Si on diminue l'intensité de la petite résistance chauffante électrique et si on augmente le nombre de tours du stimulateur, on emplit la pièce d'un air frais en expansion, également diffusé, qui s'élève et ressemble à l'air des montagnes. C'est ainsi qu'on arrive à obtenir à peu de frais des températures réactives, qui laissent s'épanouir le climat naturel des vallées. C'est un microclimat d'altitude.

Les catalyseurs

Viktor Schauberger disait toujours que ses machines ne pouvaient ni démarrer ni fonctionner sans certains catalyseurs qui avaient des effets destructurants et des effets de synthèse. Il ne les avait réalisés qu'une seule fois dans son laboratoire avec l'ingénieur Winter dans les années 30 et ce avec les pires difficultés ; puis il les avait cachés dans un meuble de son appartement pendant la guerre pour les protéger des SS (comme il l'a déclaré après la guerre). Lorsque son appartement fut détruit et pillé, il pensa que les catalyseurs étaient perdus à jamais. Mais en 1948 il retrouva ses meubles et annonça qu'il était à nouveau en possession de pièces importantes. Il était donc possible de refabriquer l'appareil, dans lequel on pouvait transformer de l'eau en air et de l'air en eau, à peu de frais et très rapidement...Cette pièce était manifestement le catalyseur de la « rèpulsine ». A-t-il pu utiliser ce catalyseur pour sa turbine à succion ? Il n'existe aucune preuve à cet égard.

(Les catalyseurs : substances qui semblent agir par leur seule présence, sans s'user ou subir une modification durable).

8.3 De l'énergie thermique à l'énergie cinétique

Comme nous avons pu le constater, Viktor Schauberger pensait que l'air et l'eau possédaient une énergie, qu'on pouvait utiliser comme carburant pour des machines et insistait sur la masse d'énergie thermique stockée dans l'énergie solaire.

Que dit la science à ce sujet et est-ce réellement possible ? L'opinion de l'époque sur le développement de la technique moderne se base sur la 2e loi de la thermodynamique. La première loi dit que l'énergie ne peut être ni créée ni détruite mais uniquement transformée de différentes façons par exemple en énergie chimique, mécanique ou électrique. La seconde loi dit que l'énergie tend à aller d'une forme supérieure vers une forme inférieure. Etant donné que ce dernier état a lieu en premier, on peut être sûr que l'énergie de l'univers se transformera tôt ou tard complètement en chaleur, qui du point de vue de la qualité représente la forme inférieure, puisqu'elle ne peut être transformée complètement en une autre forme d'énergie. La chaleur représente donc la dernière marche de l'échelle énergétique.

Les lois de la thermodynamique fonctionnent dans des systèmes complètement isolés, comme par exemple dans un moteur à combustion, mais moins bien dans des systèmes ouverts, comme c'est le cas dans la nature. C'est toutefois exact, que les processus techniques réalisés par la main de l'homme cèdent de grandes quantités de chaleur à la nature : cette énergie thermique ne peut pas être transformée en énergie utile par la technique actuelle.

De l'avis de Schauberger, la chaleur doit être mise en relation avec la destruction de la nature et c'est pourquoi il était contre les techniques thermiques et d'explosion. En les utilisant on génère de la chaleur nocive à partir des déchets. Nous ne sommes pas en mesure de transformer cette chaleur en énergie utile, qui pourrait servir au développement de la nature. Ce fait a d'ailleurs été observé par la science traditionnelle. Les scientifiques ont déjà prévenu que la chaleur moyenne de la terre allait augmenter et qu'on assisterait à un effet de serre, parce que les gaz évacués par les techniques de combustion s'élèvent dans l'atmosphère pour former une zone chimiquement active autour de la terre. C'est avant tout important en ce qui concerne le dioxyde de carbone : en 1980 il en a été évacué rien que 20 milliards de tonnes dans l'atmosphère ! La destruction des forêts naturelles, c'est à dire la ceinture verte de la terre provoque une consommation moindre de dioxyde de carbone par les plantes mais avec une augmentation de sa production. Cette couche formant une barrière tout autour de la terre empêche le rayonnement infrarouge sur son chemin de la surface de la terre vers l'atmosphère. Elle est au contraire réfléchie vers la terre, la température médiane augmente et la situation bien ordonnée de la nature en est influencée. Les différentes températures des plantes et des espèces animales sont en général bien adaptées. Une perturbation peut cependant provoquer la disparition de certaines familles. Une autre conséquence c'est une progression dans la fonte de la masse de glace sur les calottes glacières, ce qui fait monter le niveau de la mer et cause par la suite des inondations dans de grands secteurs.

De ce point de vue les idées de Schauberger sont très intéressantes. Il voudrait transformer le surplus de chaleur en une énergie utile et en même temps faire profiter de l'effet secondaire pour garantir un meilleur équilibre à la nature ainsi qu'une montée des forces évolutives. Les énergies destructrices devraient être rabaissées à un niveau naturel et non pas comme c'est le cas à présent être en surabondance. Mais comment ces machines peuvent-elles atteindre ce but ? Examinons d'abord les caractéristiques de l'énergie thermique : l'énergie thermique est présente dans différents secteurs de la matière de façon différente. Dans un liquide (l'eau) ou dans un gaz (l'air) les molécules peuvent bouger plus facilement que dans un matériau solide. Lorsque ce milieu est réchauffé (par le soleil par ex.) la vitesse de la molécule va être plus élevée, parce que l'énergie cinétique a beaucoup augmenté grâce au réchauffement. Elles commencent à vibrer, vont dans tous les sens, se rencontrent , sont projetées contre les parois des récipients (tuyaux, ballons etc) où elles sont enfermées. Ce processus est appelé le mouvement brownien. Les particules ont un mouvement désordonné et ce mouvement s'accentue en rapport avec la chaleur du liquide ou du gaz.

Le fait de s'entrechoquer et de cogner les parois augmente la pression du milieu qui veut s'étendre. C'est l'expansion. Toute la technique thermique et d'explosion est bâtie sur ce phénomène : la pression agit par exemple sur le liquide et va être de ce fait transformée en mouvement mécanique externe. Mais les pertes sont grandes, car le taux d'énergie des particules en mouvement n'est pas si élevé pour donner une énergie pouvant être utilisée.

Les idées de Schauberger allaient encore plus loin : remplacez le chaos par de l'ordre dans le mouvement des particules, créez un tracé commun entre les énergies cinétiques des particules et laissez filer le liquide ou le gaz dans une telle trajectoire, dans laquelle les molécules ont la possibilité de bouger selon le mouvement en spirale, ce qui correspond à leur manière la plus naturelle ; donnez au cours d'eau, aux canalisations ou aux turbines une forme telle, que ce principe de mouvement ne soit pas entravé mais au contraire soutenu par cette forme. Alors la guerre des particules « chacun contre chacun » cessera. Nous aurons alors un mouvement ordonné dans le milieu, où la teneur en énergie de chaque particule est cohérente avec l'autre ; il en résultera une énergie cinétique meilleure qu'avec la technique conventionnelle. Nous éviterons également l'entropie – le désordre – dans la nature, si nous transformons de cette manière une partie de la chaleur présente dans l'air et dans l'eau en énergie cinétique mécanique. Ce que Schauberger appelle une diminution de « l'énergie destructrice » et une augmentation de l'énergie constructrice, source de vie. C'est un point essentiel dans le « programme Schauberger » pour une évolution nouvelle dans le monde. « La technique de mort » doit être remplacée par une « technique de vie ». Schauberger était persuadé avoir réussi à résoudre ce problème technique par ses constructions de tuyaux spéciaux en spirale et ses turbines. L'expérience de Stuttgart (page 191) ainsi que d'autres plus tardives, montrèrent que ses théories étaient fondées. Il voulait aussi démontrer qu'en aucune façon on avait besoin des hautes températures des techniques thermiques et d'explosion pour obtenir une énergie exploitable à partir de la chaleur. L'énergie thermique qui se trouve dans l'air et dans l'eau serait suffisante.

Dans une lettre qu'il m'avait envoyé il en parle :

« Les turbines actuelles provoquent comme toutes les machines techniques la courbe ascendante de la température qui dégénère. La turbine à succion utilise elle la courbe descendante de la température qui re-génère.

- *Ces machines n'ont pas besoin d'une chute géologique de pression, puisqu'elles ont une dépression nucléaire, qui soulève les masses d'eau sans résistance, et s'approche du point d'anomalie de la naissance physique du sang de la terre = eau.*
- *Les turbines à pression éloignent la température du point d'anomalie = le point zero biologique. Dans ce cas la résistance au mouvement augmente au carré avec la vitesse d'une augmentation de la température par réaction.*
- *Les turbines à succion utilisent la loi d'équivalence de la nature. (L'équivalent mécanique de chaleur d'1 kcal est de 47 kgm de travail). Par la transformation naturelle des calories en travail mécanique, on obtient par kcal et par seconde 427 kgm = 5,7 cv de travail supplémentaire libéré. Dans le cas contraire, ce sont des forces de résistance qui se libèrent »*

Si nous comparons les mesures utilisées par Schauberger aux unités thermiques, nous obtenons : 1 kg (1 litre environ) d'eau chauffée d'un degré contient une quantité de chaleur de 4,2 kjoule = kws. L'énergie thermique de 1 m^3 d'eau sera alors 1000 fois plus grand, c'est à dire sera de 4400 kilowatt/s. Si nous pouvons à l'aide d'une machine à implosion adaptée (la turbine à succion) changer cette énergie thermique en énergie mécanique, nous devrions obtenir 4000kw environ de chaque m^3 d'eau, et ceci avec une baisse de température de 1° C seulement. De même la quantité d'énergie contenue dans un m^3 d'air atmosphérique normalement composé est de 1,3 kw/h par degré Celsius. Considérons cela comme une conclusion théorique même si la technique conventionnelle considère une telle transformation pratiquement impossible. Mais dans la nature on peut observer que les grandes tornades peuvent transformer l'énergie thermique en énergie cinétique très importante. La technique d'implosion nous donne la possibilité de copier ces processus naturels et provoque comme effet secondaire de la production d'énergie un équilibre des rapports de la nature avec la température. C'est ainsi que cette technique peut devenir une nécessité vitale dans les années à venir.

Résumé :
D'après les comptes-rendus de Schauberger, il est difficile d'avoir une approche claire sur la construction et le fonctionnement des machines énergétiques. Il semble d'ailleurs probable que sa « répulsine » ne fonctionna jamais comme il voulait. Les causes en sont claires : un manque de ressources techniques et financières, des conditions extérieures difficiles pendant et après la guerre, empêchèrent une recherche percutante pour créer une base théorique et constructive. Parce que Schauberger se méfiait beaucoup des scientifiques et des techniciens, il était obligé d'avoir recours à des artisans, qui étaient certainement travailleurs, mais n'étaient pas capable de maîtriser de difficiles problèmes techniques. Il leur fallait travailler d'après des esquisses et des directives de Schauberger, parce que lui-même comme il aimait à le dire, ne savait pas réaliser de dessins industriels. Les erreurs et la confusion étaient inévitables.

Rarement Viktor Schauberger avait eu suffisamment d'argent pour ses expériences. Il avait perdu sa fortune au cours de la situation financière trouble d'après guerre et lorsqu'il obtenait dans certains cas une aide financière, elle était souvent accompagnée de difficultés et de déceptions. Il devint alors de plus en plus prudent.

Les gens posent souvent la question : la « soucoupe volante » a-t-elle jamais volé ? Il est difficile de répondre avec certitude. Beaucoup de rumeurs ont circulé sur ces « soucoupes » et Viktor Schauberger a dit lui-même, que sa « répulsine » est monté « de façon inattendue » au plafond et s'est alors cassée. Cela était arrivé chez Kertel (selon un témoin) et une autre fois à Leonstein à la fin de la guerre. Mais peut-être que les deux pouvaient voler quand même sans l'action d'une « force d'implosion ». Par leur construction et la grande vitesse du rotor, elles pouvaient absorber une grande masse d'air et un effet circulaire non équilibré, avait pu se développer, propulsant la machine en l'air.

Mais ces objections ne veulent pas dire que derrière ces constructions il n'y avait que de l'imagination. Au contraire : les idées de Schauberger concernant la « répulsine » étaient sûrement géniales ; mais réaliser ces idées à l'époque, était vraiment impossible comme nous l'avons déjà mentionné. Schauberger renonça plus tard à la « répulsine » et consacra les 10 dernières années de sa vie aux turbines à succion.

Comment l'œuvre de Viktor Schauberger peut-elle être poursuivie ? A cette question nous allons essayer d'apporter une réponse dans le chapitre « Que pouvons- nous faire ? »

8.4 Que pouvons-nous faire ?

Viktor Schauberger a lutté pendant de nombreuses années, presque sans succès, pour pouvoir construire ses bio-machines. Il avait des avis particuliers et des connaissances singulières mais ne pouvait réaliser que partiellement ses idées. A l'heure actuelle, nous avons toutes les ressources possibles, mais nous comprenons et connaissons mal la nature pour maîtriser la destruction de l'environnement qui nous menace. Je voudrais mentionner quelques points exposés en 1990 par l'Institut suédois pour la protection de la nature et de l'environnement concernant les pronostics à longue échéance.

- Les problèmes d'environnement vont devenir de plus en plus difficiles
- Nos connaissances sont insuffisantes
- Aujourd'hui nous n'avons toujours pas rattrapé la destruction de l'environnement.

Dans cette situation du monde, nous ne pouvons plus ignorer les connaissances uniques de Viktor Schauberger ainsi que son programme de sauvetage de la forêt et de l'eau. Il ne faut pas non plus rejeter son idée géniale d'utiliser les bio-machines en tant qu'aide à la restauration de la nature. A mon avis cela n'aurait pas beaucoup de sens de vouloir copier les constructions de Viktor Schauberger. Nous devons avant tout créer des bases solides pour notre travail, en théorie et en pratique. Ses théories doivent être étudiées et analysées très sérieusement, afin de pouvoir les intégrer peu à peu dans des hypothèses de travail. Peut-être devons nous aussi emprunter des voies parallèles. Les nouvelles théories sur la fraction et le chaos par exemple, sont intéressantes dans la mesure où il les avait prévues intuitivement dans son enseignement, en parlant de « l'état chaotique de la nature » et des « mouvements dans le mouvement ».

Où commencer dans la pratique ?

Epiloguer à propos des « machines à implosion volantes » comme une fin en soi n'était pas dans l'esprit de Schauberger. Nous ne le dirons jamais assez : avec ses machines il voulait en premier lieu créer une énergie évolutive pour la nature. Les machines à implosion ayant un mouvement propre et juste devaient propulser dans la nature des champs encore inconnus mais qui agiraient positivement. De telles structures jusque là ignorées, Schauberger les voyait comme une réalité.

Nombreux sont ceux qui aujourd'hui rêvent de sources d'énergie nouvelles, qui doivent nous offrir des quantités d'énergies illimitées, dans l'unique but de leur assurer un « niveau de vie » encore supérieur. Mais la terre est lourdement hypothéquée par les déchets de l'énergie que nous produisons actuellement. La vie sur terre est programmée depuis des millions d'années pour une seule énergie, celle du soleil. Il devrait représenter le repère de notre consommation d'énergie.

Il existe cependant d'autres tâches techniques auxquelles nous devons nous atteler :

Comme nous avons pu le constater, les tuyaux hélicoïdaux (brevet autr. N°196680) que Schauberger utilisait pour ses turbines à succion, n'étaient pas parfaitement au point, ce qui était peut-être impossible avec les moyens techniques de l'époque. Aujourd'hui l'ordinateur offre des possibilités bien supérieures quant au façonnage et à l'analyse du fonctionnement.

Si ce tuyau hélicoïdal est bien conçu et réalisé, il peut devenir un élément essentiel de la recherche future sur l'implosion. On ignore sans doute que le professeur Pöpel était du même avis.

Les trois domaines importants de la recherche, où le tuyau hélicoïdal joue un rôle clef sont :

1. L'analyse scientifique de la théorie de Viktor Schauberger sur la synthèse de l'oxygène et du carbone (sa théorie de base).

Schauberger pensait qu'il y avait peut-être des processus de transformation moléculaire dans ce tuyau.

2. La transformation de l'énergie thermique en énergie mécanique. Comme nous avons pu le constater, Viktor Schauberger abandonna le développement du « repulsator » et de la « répulsine » dans les années 40. Lorsqu'il avait

découvert la spirale spatiale, il considéra la « répulsine » comme dépassée et d'autre part n'arriva pas à résoudre les problèmes d'étanchéité du « repulsator ». Malheureusement il n'a pas réussi non plus à faire fonctionner parfaitement la turbine à succion. Même s'il était très préoccupé par les « réactions moléculaires » (c'est ainsi qu'il s'exprimait), il restait persuadé de son pouvoir de transformer l'énergie thermique en réaction mécanique.

Peut-être pouvons-nous examiner ce problème et essayer d'y voir clair. Comme nous l'avons constaté (p. 161-166) une telle technique de transformation pourrait peut-être résoudre le problème de la nocivité de la charge thermique ou du moins la minimiser. Viktor Schauberger pensait que la turbine à air était plus facile à construire que la turbine à eau.

3. La dépuration de l'eau et le recyclage de l'eau.

Schauberger pensait que dans ce domaine aussi le tuyau hélicoïdal pouvait remplacer la technique. Dans ces dernières années il disait que ses turbines à eau convenaient surtout à la régénération de cours d'eau dégradés. Là nous sommes dans un domaine important de la technique évolutive.

4. L'agriculture

L'agriculture est un autre vaste champ d'action de la recherche, qui est également en rapport avec le concept de la bio-machine de Schauberger.

Le fait que les méthodes agricoles actuelles détruisent l'eau et le sol en produisant des plantes dangereuses pour la santé est aujourd'hui avéré. Schauberger en était persuadé depuis toujours et c'est pourquoi ses expériences concernant l'agriculture doivent se poursuivre. Ses idées concernant de nouveaux outils comme les charrues, les batteuses, les convertisseurs de fumier, générateurs de sols etc...sont essentielles et ne doivent pas tomber dans les oubliettes.

Il existe d'autres domaines techniques où la recherche sur l'implosion pourrait apporter de nouvelles applications, mais les décrire ici nous éloignerait du sujet de ce livre.

9. La biotechnique en agriculture

9.1 La dégradation des sols cultivables par une technique mortifère

Après la deuxième guerre mondiale Schauberger s'est beaucoup penché sur les problèmes agricoles. Comme il a déjà été dit les moyens à sa disposition pour la recherche étaient réduits. Mais dans ce domaine il s'engagea pleinement. La destruction de la forêt et de l'eau par une technique de mort, devait tôt ou tard atteindre l'homme. Principalement parce que l'évolution de l'alimentation était influencée négativement pour mourir de sa belle mort.

« Les agriculteurs travaillent main dans la main avec les forestiers. Le sang de la terre s'amoindrit de jour en jour, le sol a de moins en moins de rendement et l'utilité d'épandre de l'engrais se fait ressentir allègrement. Puis c'est au tour du chimiste qui sème à tout vent ses sels magiques. Le succès est de courte durée, car bientôt les sols qui ont été traités par l'engrais sont touchés par la scarification. Une fois de plus l'homme a bouché allègrement les capillaires du sol, sa dernière source de nourriture. Le paysan reste perplexe devant son champ, qui lui a donné pendant un certain temps de belles récoltes, pendant que la qualité de ses produits a souffert ; les fruits qu'il avait récoltés en moindre quantité certes avaient eux vocation d'être illimités dans le temps. Cherchant instinctivement les substances dans la profondeur du sol, il va y faire pénétrer sa charrue défonceuse et détruire les capillaires. Nous obtenons alors la même situation que dans nos forêts. A l'intérieur tout semble fleurir et pousser. Mais ce ne sont que des floraisons apparentes, qui nourries par une moelle pourrie , vont générer les fruits de la décomposition, c'est à dire le cancer.

Les céréales perdent de leur teneur en amidon, les prairies se couvrent de mousse, les champs sont envahis par l'ivraie. Ce qui augmente c'est le travail et les frais. Finalement le terroir se meurt et avec lui toute la mère patrie. »

Schauberger savait de quoi il parlait. Depuis toujours il avait vécu parmi les paysans sur les pentes des Alpes et dans les vallées de Styrie, de Haute Autriche et à Salzbourg. Il avait pu observer les champs et les moissons, lorsqu'il existait encore la forêt d'altitude et que les cours d'eau étaient encore libres. Mais il avait vu aussi ce qui est advenu après les coupes à blanc et les dégradations de l'eau. Il avait bien étudié les méthodes héritées des paysans et leurs conséquences, les comparant aux méthodes modernes soit disant rationnelles de l'agriculture. Ces dernières n'étaient pas gagnantes.

Pour Schauberger le processus de croissance est une sorte de mécanisme de charge et de décharge. Il considère la plante comme un échangeur de charge, où la tension entre atmosphère et géosphère est d'une importance capitale. Mais s'il doit y avoir tension, parce qu'il s'agit d'un travail utile, il faut établir une isolation entre les deux pôles de tension. Dans le cas contraire le résultat ne sera qu'un court-circuit dangereux et inutile[26].

Schauberger mentionne souvent cette isolation, cette « peau » dont la terre est entourée et il décrit la façon dont elle est structurée, comment elle peut se décomposer et se reconstruire. Une règle de base doit être respectée, à savoir être toujours recouverte que ce soit de végétation ou d'autre chose[27].

La qualité de l'eau est également primordiale dans un processus de croissance. Si la forêt, la patrie de l'eau est détruite et que les cours d'eau sont devenus de sales gouttières, l'eau ne peut plus structurer la tension de la terre qui est essentielle, puisqu'elle est malade elle-même. Au contraire elle provoque une flore pathogène et parasitaire, qui arrive tout juste à végéter dans un environnement dégradé.

9.2 Les vieilles méthodes paysannes étaient écologiques

Schauberger se souvient de vieilles habitudes et de coutumes curieuses que les vieux paysans avaient pour améliorer leurs récoltes. Entre autres ils cassaient en menus morceaux des rameaux de résineux et les dispersaient sur les

26 Dans Implosion N° 9 Walter Schauberger a donné une description détaillée du « biocondensateur », que la geosphère forme avec l'atmosphère se trouvant entre les deux. Cette description apporte un point de vue nouveau et intéressant sur les plantes.

27 Dans l'agriculture biologique, développée en l'occurrence par H. Müller et H.B. Rusch, le fait de recouvrir le champs de culture est un facteur très important. Voir entre autres : Rusch, Naturwissenschaft von morgen, Frankfurt/Main bzw. H. Cibulka, Der fruchtbare Garten (ORBIO ; box 6002, Norrköpping, Schweden).

champs. De cette façon ils apportaient au sol une foule d'oligo-éléments sans le savoir.

Le vieux paysan pur et dur connaissait mieux sa terre que l'agronome moderne.

« Les soit disant culs terreux et en premier lieu les sylviculteurs du Haut Mühlviertel (une région de la forêt bavaroise) avaient il y a 40 ans les meilleures pommes de terre et l'avoine la plus riche. Quand on posait la question à un de ces vieux malins qui connaissait parfaitement bien tout ce qui touche à la terre, de savoir pourquoi, il répondait aussi vite qu'il fallait rester fidèle aux vieilles croyances et ne pas écouter l'académie pour rendre la terre heureuse ».

Schauberger se sentait bien chez ces vieux paysans et vice versa. Dans une dissertation « Naturnahe Landwirtschaft » (une agriculture proche de la nature) dans « Implosion » n°10, il relate avec détails une visite qu'il fit à un vieux paysan, qui dans son entourage était considéré comme un fou, bien qu'aucun autre cultivateur n'eût d'aussi belles récoltes.

« Ce paysan labourait autrement. Il hersait différemment et semait à d'autres moments que les autres paysans, même ses fruits il les traitaient d'une autre façon. Bref il faisait tout autrement. Jamais il n'allait à l'église, ce qui lui était reproché. On ne le voyait jamais à l'auberge où les autres paysans avaient l'habitude de discuter autour d'une bière. Il ne demandait conseil à personne et n'acceptait aucune réplique de la part de ses valets de ferme. Celui qui n'obéissait pas au doigt et à l'œil pouvait plier bagage et s'en aller. Pourtant un changement parmi ses gens était chose rare. Ce n'était qu'avec l'aîné de ses fils qui était élève à l'école d'agriculture et qui voulait tout savoir mieux, qu'il avait constamment de sérieuses divergences.

C'est ainsi qu'une fois de plus je passai devant cette maison à la tombée de la nuit. Je ne sais pourquoi mais je fis soudain demi tour pour aller bavarder un moment avec ce vieux paysan. Dans la cour je tombai sur son fils qui m'était plutôt antipathique et lui demandai où je pouvais trouver son père. « Le vieux est dans la maison arrière » me répondit-il avec mauvaise grâce. « Appelez-le, il finira par vous entendre ». Je pris la direction indiquée, traversai l'aire de la grange et me trouvai devant le vieux paysan. Il était debout devant un tonneau en bois, qui pouvait contenir 3 à 4 seaux de liquide et tout en chantonnant une mélodie bizarre, en remuait le contenu avec une grande cuiller en bois.

Ce n'était pas réellement un chant mais plutôt une vocalise qui montait jusqu'au contre ut puis redescendait très bas. En faisant cela il était penché sur son tonneau comme s'il s'adressait à lui. Lorsqu'il chantait les aigus, il remuait la cuiller vers la gauche et lorsqu'il était dans les graves il en changeait le sens. Je pensai qu'il était fou. Il ne m'avait pas entendu et lorsque je l'eus observé pendant un certain temps, je voulus savoir ce qu'il était en train de touiller. Je m'approchai et jetai un œil dans le tonneau, dans lequel je ne vis que de l'eau claire. Enfin il remarqua ma présence, fit un léger signe de la tête pour me saluer et continua à remuer sans se laisser troubler.

Je regardai à tour de rôle le paysan et le contenu du tonneau. De temps à autre il y jetait des grumeaux d'argile puis recommençait à tourner alternativement vers la gauche et vers la droite. Il chantait de plus en plus fort et ce n'était pas bien beau à entendre. Je me disais que rien n'était éternel, d'ailleurs il finit par sortir la grosse cuiller en bois du tonneau et dit : « voilà, maintenant ça peut fermenter. » J'acquiesçai comme si je trouvais cela tout à fait normal. Je fis le même signe de la tête lorsqu'il me demanda si j'avais soif et avais envie d'une bolée de cidre. Après avoir essuyé ses mains à son tablier, le vieux entra avec moi dans la maison. Je le précédai dans la salle pendant qu'il me cherchait du cidre frais à la cave comme c'est la coutume. A votre bonne santé, me dit-il, en me présentant la cruche en faïence à petites fleurs bleues.

Alors vous me tenez aussi pour fou, comme les autres ? demanda le paysan. Je répondis « vous devez savoir ce que vous faites. » Au cours de la conversation, j'appris peu à peu le but de l'opération. De l'argile dans de l'eau froide et de l'acide carbonique expiré qui va faire une liaison avec l'eau donnent une tension neutre (ex : les cataplasmes d'argile contenant de l'aluminium).

Cette eau dont la tension est neutralisée va être déversée après le hersage sur le champ fraîchement semé. La herse n'a pas de dents en fer mais en bois. Ce processus nous fait d'ailleurs penser à la bénédiction des champs. L'eau s'évapore et il ne reste plus que de minuscules cristaux, supports chargés négativement. De tous les côtés ils attirent des rayons et en même temps ils irradient eux aussi de toutes parts[28].

Entre géosphère et atmosphère, il se forme une sorte de filet à mailles extrêmement fines, sorte de peau aux reflets violets et cela dans les deux sens. Le vieux paysan appelait ce filet « l'hymen ». Cette pellicule qui se forme spontanément permet une diffusion excellente (inspiration - expiration), de sorte

28 Ce que Schauberger entend par tension et charge neutres n'est pas clair. Peut-être pensait-il que cette couche qui se trouve entre la biosphère négative et l'atmosphère positive, acquiert la polarité qui lui convient selon les circonstances.

que les sols même en saison sèche restent humides et frais. De ce fait la zone de germination à la limite de la géosphère et de l'atmosphère est toujours à +4° C. A cette température les substances fertilisantes gardent leur tonicité, les substances fertilisées par contre leur passivité relative[29]*. L'excédent de rendement grâce à ce traitement simple par voie « cutanée » est d'environ 30 % par rapport à des sols où on ne le pratique pas. Les anciens connaissaient déjà cette pratique.*

Une autre vieille coutume consistait à labourer perpendiculairement au soleil[30]. Mais Schauberger pensait que les agriculteurs modernes se moquaient de telles pratiques. Pour eux le temps c'est de l'argent. Ils labourent en un temps record le maximum de terres. Cependant le vieux paysan proche de la nature pensait différemment ; pour lui le temps et la voie choisie contribuaient à l'évolution et dans la plus grande discrétion il restait fidèle aux vieilles traditions.

« L'installation particulière des vieux greniers à céréales et le binage selon une direction donnée avaient comme tout ce que pratiquaient les paysans proches de la nature, un sens plus profond et une signification. »

Schauberger avait remarqué, que beaucoup de choses que les vieux paysans disaient, étaient fondées. Ainsi les prés où on avait laissé paître les vaches et dont l'herbe avait été fauchée à la faux, devenaient des prairies grasses dont la flore était très riche – surtout en simples – en comparaison avec des prés fauchés mécaniquement. Il semblait que le fauchage à la faux dont les lames avaient été battues et non aiguisées de manière classique, s'avérait bénéfique. En Estonie aussi les vieux paysans utilisaient cette façon d'aiguiser. Schauberger pense que si ce battage se fait sur un support en bois noble et non en métal, les tensions mécaniques qui se libèrent sous forme d'énergie vont se déposer sur la faux. Cette énergie pourrait alors pendant le fauchage, pénétrer jusqu'aux racines et y développer des forces vives. Il était important de ne pas laisser traîner une telle faux au soleil, parce qu'elle se déchargeait. L'action positive sur les plantes provoquée par les vaches qui broutent ou par la faux qui coupe, repose sur le fait que les végétaux sont en quelque sorte coupés par une morsure qui referme la plaie sur les chaumes restant. Une machine par contre déchire les plantes de sorte que la plaie reste longtemps béante et leur

29 Schauberger entend par « substances fertilisantes » en général toutes les liaisons de carbone et d'hydrogène, alors que les « substances fertilisées » représentent les liaisons d'oxygène.

30 Par « labour sous le soleil » on entend que la terre retournée ne devait pas être irradiée horizontalement, parce qu'elle serait alors chauffée et déchargée.

énergie s'échappe inutilement dans l'atmosphère. Nous retrouvons la même idée chez Schauberger, quand il dit à ses bûcherons qu'il vaut mieux pour la forêt abattre un arbre à la hache qu'à la scie, puisque celle-ci laisse une plaie ouverte et une déchirure sur la souche.

9.3 Du matériel agricole en fer ou en cuivre

Dans les années 30 Schauberger fut invité par le roi Boris de Bulgarie, afin d'analyser les causes d'une baisse soudaine de la production agricole. Pendant son voyage à travers le pays, il constata que les moissons des terres habitées par les Turcs, étaient d'un niveau plus élevé que celles d'autres parties du pays. Il s'avéra que dans ce secteur on labourait encore avec de vieilles charrues en bois, tandis que les autres secteurs avaient été envahis de charrues modernes en fer, importées d'Allemagne dans le cadre de la modernisation de l'agriculture bulgare. On avait également introduit les premières charrues à vapeur. Schauberger en tira des conclusions logiques, à savoir que la baisse de production des moissons devait reposer sur l'utilisation des charrues en fer. Plus tard il développa une théorie complète sur la nocivité des outils agricoles en fer. Son expérience sur le jet d'eau lui offrit de nouvelles perspectives à cet égard[31].

Ces expériences montrèrent que si on ajoutait la plus infime quantité de rouille aucun phénomène de tension n'était plus perceptible. L'eau restait vide et déchargée ; il en déduisit les mêmes conclusions que pour les charrues en fer et se représentait ces blocages de la manière suivante : lorsque la charrue est passée dans la terre, celle-ci se déchire et la glèbe va se recouvrir d'une fine pellicule de particules en fer rouillant très rapidement. Il avait observé autrefois, que les terrains ferreux étaient secs et bien avant il avait remarqué que les turbines à jet déchargeaient l'eau. Lorsqu'arrivèrent la charrue à vapeur et plus tard le tracteur, la situation s'aggrava, étant donné que l'entraînement était proportionnel à la vitesse, avec laquelle la charrue était tirée à travers la terre. Walter Schauberger pense lui que les causes de tarissement

31 voir page 109

de l'eau concernant les champs labourés de cette manière, est un phénomène purement physique : lors du passage rapide de la charrue en fer, les lignes énergétiques du champ magnétique de la terre seraient coupées, de sorte que des courants électriques apparaîtraient comme dans l'ancre d'un générateur lors de sa rotation dans le champ magnétique. De cette façon on obtiendrait une électrolyse dans le sol décomposant l'eau en oxygène et en hydrogène. Associé à la chaleur due au frottement du fer dans la terre, cela dégraderait aussi la vie microscopique dans la terre[32].

L'autre conclusion que Schauberger tira de ses observations, c'était de ne pas employer de matériel qui contenait du fer en ce qui concerne les outils agricoles. Il proposait le cuivre. Il avait constaté que la terre qui contenait du cuivre restait humide et il commença à faire des essais avec des charrues et autres outils en cuivre. Au début il recouvrit simplement l'aube de la charrue d'une plaque de cuivre. L'expérience fut réalisée sous le contrôle d'un spécialiste. Comme d'habitude on départagea le terrain en parcelles, où les unes furent traitées par un outillage conventionnel et les autres par le matériel en cuivre. Une augmentation nette de la production , 17 – 35% a pu être constatée sur le grand domaine de Farmleiten-Heuberg près de Kitzbühel, à 1000 m d'altitude ; l'expérience montra que la moisson de pommes de terre était 12,5 fois plus importante que ce qui avait été semé. On a toujours pu noter un accroissement de la quantité et de la qualité céréalière ; les produits de boulangerie furent améliorés, les pommes de terre ne furent plus attaquées par les doryphores et le besoin en azote diminua. Dans les années 51-52 l'institut de recherche agronomique de Linz réalisa un essai de contrôle avec une charrue « cuivrée ». L'expérience concernait des cultures de blé, d'avoine, de choux et d'oignons. Certaines parcelles furent labourées avec une charrue en fer, d'autres avec en plus un ajout de sulfate de cuivre et un troisième groupe avec la charrue aux éléments de cuivre. Dans certains essais le sulfate de cuivre avait été remplacé par de la poudre de cuivre. Là aussi une amélioration des récoltes a pu être constatée[33].

La rumeur concernant ce succès se propagea comme une traînée de poudre et les paysans autour de Salzbourg, chez qui les essais avaient pour la plupart eu lieu, appelaient cette charrue la « charrue en or ». On commença à en fabriquer un certain nombre, mais bientôt ceux qui voulaient stopper cette concurrence se manifestèrent.

32 Ces phénomènes n'ont lieu qu'en présence de fer. Avec une charrue en matériel diamagnétique – bois, cuivre, etc. – le champ magnétique de la terre n'est pas perturbé.

33 Voir le rapport d'activité de l'Unité Expérimentale 1949 – 1952, page 109 – 112

En 1948 Viktor Schauberger avait signé un contrat avec une firme de Salzbourg pour la fabrication d'une certaine quantité de charrues. Mais un jour il eut la visite d'un haut fonctionnaire du gouvernement du Land de Salzbourg qui arriva dans une élégante limousine et la conversation s'engagea ainsi : le député du Landtag : « il existe une rumeur disant que l'administration municipale de Salzbourg a réalisé des expériences probantes avec vos charrues et je trouve cela très intéressant ; mais je vais vous poser une question entre quatre yeux. Quelle sera ma commission si je vous soutiens ? » Schauberger : « Je ne vois pas ce que vous voulez dire. Vous êtes bien député du Landtag et n'avez rien à voir avec cela. J'ai payé mes frais concernant les essais et tout est en ordre. » Le député : « Je vais être plus clair. Voilà, j'ai signé un accord avec les usines de production d'azote et si je peux convaincre les cultivateurs d'utiliser plus d'azote, on me versera une commission sur chaque sac vendu. Mais si les paysans se mettent à employer votre charrue, le besoin d'azote va considérablement diminuer et je devrais alors toucher une commission sur vos charrues comme indemnisation. Nous pouvons nous entendre comme de vieux amis et conclure une bonne affaire qui nous conviendra à tous les deux. » Schauberger : « Je vais vous dire une seule chose : vous êtes un gros porc, ce que j'aurais dû comprendre tout de suite en vous voyant arriver en voiture de luxe en tant que serviteur du peuple. »

Après cet interlude un dédit inattendu de la part de l'entreprise qui fabriquait ces charrues arriva chez Schauberger. Les responsables de l'économie commencèrent tout comme les paysans à déconseiller l'utilisation de la charrue cuivrée, qui provoquerait une surproduction engendrant des prix agricoles encore plus mauvais.

C'est ainsi que la fabrication et l'utilisation furent arrêtées. En 1950 pourtant Schauberger, en collaboration avec l'ingénieur Rosenberg, obtint le brevet concernant la méthode pour recouvrir de cuivre les éléments actifs d'outils agricoles[34]. (Brevet n°166644)

34 Plus tard Schauberger a fait breveter un bio-alliage concernant des outils agricoles et de jardin ; il les fabriquait et les proposait à la vente par l'intermédiaire de « Biotechnische Geräte GmbH » in Neviges D-5604. Ces outils ont été testés avec succès (voir Implosion N 14)

9.4 La charrue en spirale

Schauberger se demandait si les charrues conventionnelles travaillaient bien biologiquement parlant. Là aussi sa conception était claire : il fallait que la terre fût remuée par un mouvement centripète, pour cela il développa la charrue hélicoïdale qui cependant ne dépassa pas le stade initial. Ce principe relevait du travail de la taupe et sa façon de remuer la terre. Grâce à la forme du soc et des disques cette charrue, à l'encontre des charrues ordinaires, devait facilement remuer la terre, de sorte qu'on pouvait travailler sans frottement ni pression qui étaient des générateurs de chaleur. La charrue en spirale n'était pas prévue pour un labour profond, mais pour un binage superficiel de la terre. Comme nous avons pu le constater, Schauberger était un adversaire du labour profond et en cela était sur la même ligne que la plupart des adeptes de l'agriculture biologique et écologique, qui considère le travail profond de la terre comme une perturbation de l'activité essentielle des micro-organismes, puisque la disposition naturelle des couches de terre arables est bousculée[35].

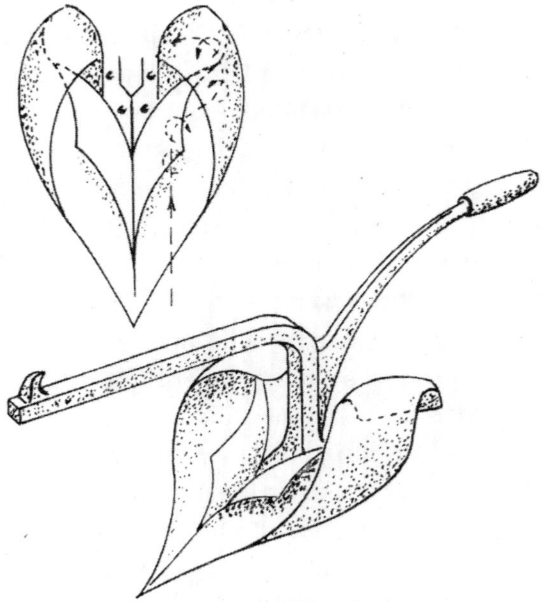

La charrue en spirale
La charrue en spirale devait imiter le travail de la taupe. Les flèches en pointillés indiquent le mouvement de la terre par la charrue.

35 Voire note 27

9.5 Le « repulsator » et le compost noble

Comme il a été dit plus haut, le processus de croissance d'après Schauberger est avant tout une question d'énergie. Il considère la plante comme un mécanisme de compensation entre l'énergie de la géosphère et de l'atmosphère. Pour lui la plante est la matérialisation issue de la rencontre de ces énergies à la surface du sol au-dessus de la couche isolante. De là toutes ces mesures en faveur de la croissance, en premier lieu augmenter l'énergie de la terre puis stimuler la formation et le maintien de la pellicule isolante. C'est pourquoi il rejeta tous les facteurs qui retirent au sol son énergie et dégradent la couche isolante. Il était bien entendu un ennemi juré de la scorie Thomas ; on savait par les hauts fourneaux qu'elle se décharge complètement à cause de l'action du feu et qu'elle essaye donc de compenser son déficit en énergie en attirant de l'énergie à elle dès qu'elle pénètre dans la terre pour retourner à son cycle initial. La solution serait de créer un rayonnement geosphérique (énergie de la terre) en apportant à la terre du fumier, du compost, des micro-substances nutritives et des catalyseurs, de maintenir le sol toujours couvert et protégé des rayons directs du soleil et d'éviter les outils en fer. En outre il est indispensable que la structure biologique de tout l'environnement soit préservée, pour que l'eau et la forêt puissent s'épanouir selon les lois de la nature, puisque l'énergie du sol en dépend.

Pourtant, remarque Schauberger, il n'est pas impossible de contribuer à la croissance de l'énergie du sol par les machines, mais il faut que ce soit des machines « biologiques ». On pourrait rappeler à cet égard le « repulsator » destiné à la production d'une eau spécialement chargée. Cette eau à haute énergie pourrait alors être répandue sur le champ cultivable par une température maximale de +7°C. Une autre possibilité serait de faire pénétrer un produit composé de substances carboniques afin de le charger. Le rayonnement biologique obtenu irradierait horizontalement la terre créant une tension du sol. A l'aide de ces remèdes, Schauberger pensait qu'il était possible, à brève échéance, de faire prospérer des terres désolées. Il ne faisait pas confiance à la capacité des scientifiques d'aujourd'hui pour résoudre le problème de la baisse de fertilité de la terre – une situation dont la science est en partie coresponsable.

« Il est accablant de constater combien la science actuelle est encore loin d'une culture des sols proche de la nature. Elle fait exactement le contraire de

ce que la nature, qui n'a pas encore été violée par la main de l'homme, nous enseigne. Il n'est donc pas étonnant que sur la terre, au lieu d'une surabondance de produits alimentaires indispensables, on ne trouve que misère dont on tire profit.

*La science d'aujourd'hui ne pense qu'au premier degré. On pourrait dire « **une octave au-dessous** ». Elle n'a pas encore assez exploré le secteur de l'énergie et elle a une vision trop matérielle des choses. C'est pourquoi elle tient la plus grande part de responsabilité dans les conditions où nous vivons aujourd'hui. Sans doute cette évolution fut-elle nécessaire, parce que comment des hommes qu'on a menés en bateau, pourraient-ils reconnaître la réalité des choses.*

Mais à présent il est grand temps de montrer par des exemples pratiques la réalité d'une culture des sols qui est proche de la nature, avant que l'humanité tout entière ne soit complètement abrutie. »

Dans ses écrits Schauberger donne de nombreux conseils pratiques en ce qui concerne l'agriculture « proche de la nature ». Ainsi il décrit une sorte de « repulsator » que chacun peut bricoler lui-même : on prend un récipient en bois, en argile (non cuit) ou en verre, de préférence en forme d'œuf (des clous ou autres éléments en acier sur un récipient en bois sont à prohiber, mais peuvent être remplacés par d'autres en cuivre). Le récipient doit avoir une hauteur de 2m environ et sera enterré dans un endroit ombragé, de telle manière que l'ouverture soit placée à la surface, la pointe vers le bas. On le remplit d'une eau de bonne qualité puis on y ajoute quelques poignée de copeaux de bois (ou autre matière organique, de l'os, des plumes, des fientes de poules ou du fumier de vaches) et de quelques morceaux de cuivre ou d'étain qui doivent être martelés sur une plaque en bois de chêne. A l'aide d'une cuiller en bois recouverte de cuivre ou d'argent (attention : pas de clous en fer !) on tourne pendant un moment vers la gauche, de l'extérieur vers l'intérieur, de sorte qu'il va se former un tourbillon ; puis on recommence le même mouvement vers la droite. Pour finir on recouvre le récipient avec un couvercle en bois bien étanche (sans clous en fer !) qui aura un trou de quelques cm de diamètre et le tout avec un chiffon en lin. Ce récipient reste ainsi pendant 2 à 3 semaines conférant à la terre environnante une énergie horizontale. Après cette période cette eau sera utilisée pour amender la terre en apportant aux plantes une énergie importante. On peut aussi remplir le récipient d'eau croupie, les ingrédients et le traitement restant les mêmes. Mais dans ce cas le récipient doit avoir la pointe vers le haut et il faut laisser reposer le tout pendant 6 semaines avant d'être utilisé comme complément d'arrosage[36].

La forme ovoïde sur laquelle Schauberger insiste beaucoup et considère comme la forme parfaite, a une fonction spéciale dans ce cas comme dans d'autres. Dans un récipient de cette forme le contenu liquide commence de lui-même à circuler dans un mouvement cycloïde hélicoïdal, que le seul changement de température fait démarrer et peut maintenir.

Schauberger a entre autres donné une recette pour faire du « compost noble » qui d'après lui serait très énergétique :

« Sous un arbre aux racines profondes, à la large couronne – de préférence un fruitier – on creuse à l'ombre de la frondaison une fosse en demi cercle, de telle façon que les racines ne soient pas blessées. On protège le tronc avec du papier, de l'écorce, etc ... pour l'empêcher d'être en contact direct avec le compost ; après la décomposition apparaissant suite à l'incidence de la lumière qui est inévitable, se forme un trou d'aération dans cette enveloppe de protection.

On prépare alors une couche de 40-50 cm de haut faite d'herbe fraîchement coupée avec si possible beaucoup de déchets divers et variés (par ex. pelures de pommes de terre ou de fruits fraîches ou séchées à l'air etc...) en y ajoutant des pédoncules de fruits et on hache le tout. A ce mélange d'herbes bien mixées, on va ajouter des éléments oligo-dynamiques et catalyseurs, à savoir de la poudre de cuivre et de zinc, qu'on obtient en limant de vieux restes de cuivre ou de zinc en quantité minimale ce qui suffit. Ainsi le sol sera nourri d'oligo-éléments stimulateurs. Puis on y ajoute un peu de sel et très peu de sucre de canne et on tasse le tout avec une couche de terre, pour que ce soit bien étanche et que l'eau de pluie ne puisse pas y pénétrer. Ce tas de compost est alors abandonné à lui-même jusqu'à ce que d'autres déchets viennent s'y ajouter, qui de nouveau vont être mélangés à de l'herbe fraîche et autres déchets de végétaux qui donneront une nouvelle couche. Par-dessus (à 20 cm env.) on remet une couche de terre mélangée à du gravier, étranger si possible et à grain fin, provenant du lit d'un torrent. Et ainsi de suite, les couches se superposent dès que le tas s'est un peu affaissé. Plus haut sera le tas, plus petit sera le rayon, de sorte qu'à la fin on obtiendra un tas de compost ovoïde (un protoplasme) qui aura une forme naturelle. Le trou en haut sera légèrement

36 Des expériences probantes au sujet du « repulsator » sont mentionnées dans Implosion N° 42. Voir aussi le chapitre « Essais avec le repulsator » page 231

bouché par des feuilles mortes, le tout aplati avec le dos d'une pelle, pour que la pluie tombant de l'arbre n'effleure que la surface et provoque une tension en surface qui est essentielle.

Schauberger décrit alors ce qui se passe dans le tas de compost :

Il attire à lui la vie des micro-organismes qui croissent en été en surabondance. Puis les vers de terre meurent et à la fin de l'hiver ils sont dissous et transformés en huiles essentielles. Avec une température de +4° le tas fleurit pendant 1 à 2 semaines (en cas de mise en route l'été d'avant) : la terre de compost est à présent complète, chargée de substances qualitatives et de compression d'énergies issues de formes antérieures. On peut à présent l'épandre, de préférence avec une pelle en cuivre, en bronze, voire en fer blanc qui ne rouille pas. Une mince couche d'un demi cm suffit et elle va être immédiatement enfouie à l'aide d'outils qui ne doivent pas être en fer. A présent la terre est prête à recevoir la semence.

« Aucun parasite n'évolue sur cette terre, à peine y voit-on de rares mauvaises herbes...les 30% de récolte en plus et sa qualité largement améliorée...qui perdure aussi longtemps que le compost sera utilisé. »

Comme nous y avons déjà fait allusion, Schauberger condamne toute fertilisation artificielle, spécialement l'engrais chimique, qui a été mis au contact avec le feu ou la chaleur sous quelle forme que ce soit. Celui-ci devient plus ou moins unipolaire et de ce fait attire les substances souches horizontales de la terre. Il donne en quelque sorte une récolte plus productive, mais la terre se dégrade parce que sa vie propre est bousculée.

Des produits issus d'une telle terre provoque une dégénérescence et un recul des forces corporelles et psychiques des personnes qui en consomment.

« Un peuple libre ne peut vivre que sur une terre libre. Un peuple qui viole la terre – sa mère- n'a pas le droit de posséder une patrie...L'homme est ce qu'il mange et reste un animal aussi longtemps qu'il ne s'élève pas en structurant les substances que la nature lui offre. Le cercle se referme sur lui : de l'eau pourrie ne peut pas donner une nourriture saine. De l'eau pourrie et des aliments empoisonnés ne peuvent pas donner un sang qui est sain. Que les fonctions psychiques ne puissent se développer relève peut-être du détail, mais que la qualité des facteurs de reproduction en souffre, les générations futures en subiront les conséquences.

L'agriculture d'aujourd'hui traite la terre – notre mère à tous – pire qu'une putain. Chaque année il la dépouille et l'empoisonne avec des engrais artificiels ; et en plus il s'étonne qu'elle exige de plus en plus de travail de sa part et lui donne de moins en moins en retour. Le vieux paysan se comportait avec sa terre en prêtre et en médecin. Le cultivateur moderne en revanche est politiquement déchiré, intérieurement et extérieurement ; il spécule avec les subventions de l'état. Il croit pouvoir défier la nature avec des mesures drastiques. Le médecin d'aujourd'hui se trouve de plus en plus démuni devant la progression des cancers. Il n'arrive pas à éveiller les forces corporelles qui diminuent à cause d'une alimentation qui a subi des engrais chimiques. Dans les glandes apparaissent des redressements qui vont logiquement conduire à des dégénérescences. Le paysan moderne sur son champ ne gagne rien à se presser avec ses machines, il n'aura qu'un accroissement de travail avec une perte d'énergie qui aura une influence sur sa terre. »

Toute cette décadence de l'agriculture et par voie de conséquence de notre alimentation – notre base essentielle – ne peut être corrigée selon Schauberger, qu'en nous conformant à nouveau aux lois de la nature, en copiant ses méthodes et en sachant que la productivité ne dépend pas des engrais chimiques et des moyens techniques, mais de l'équilibre des énergies de la terre et de l'eau qu'il faut retrouver.

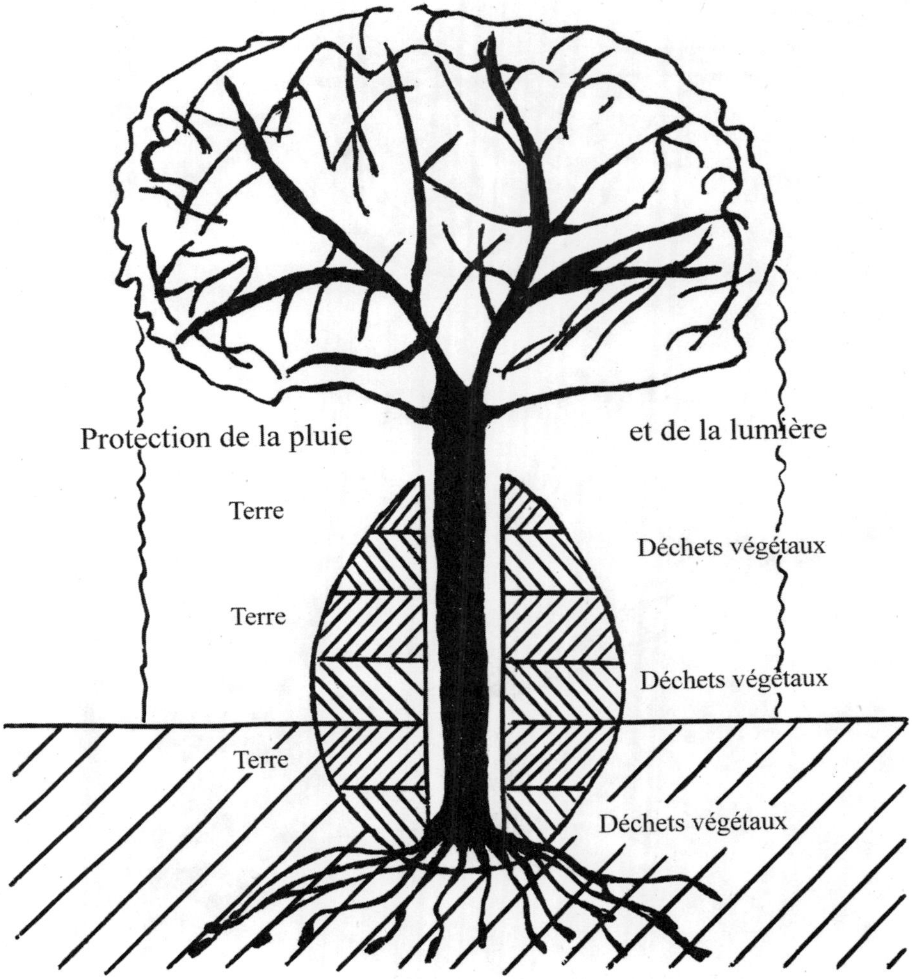

« Le sanatorium des vers de terre » - « Le compost noble » (Implosion N° 21)

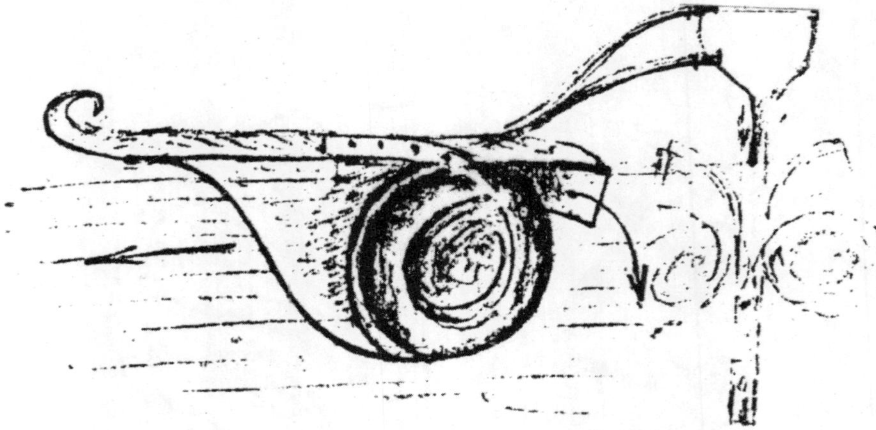

Une « bio-charrue d'enroulement » (dessin de Viktor Schauberger)

Une sorte de cultivateur (dessin de Viktor Schauberger 1958)

Viktor Schauberger à la fin des années 40

10. Schauberger critique la science et la société

10.1 Une technique mortifère et une civilisation fallacieuse

Schauberger dut constater avec amertume que ses efforts qui consistaient à alerter les autorités et à leur faire comprendre qu'une catastrophe était inévitable en les responsabilisant, étaient vains.Lors de ses expériences il n'avait pas réussi à convaincre les techniciens et les scientifiques d'abandonner la « technique de mort ». Son unique espoir était qu'un jour les peuples du monde se réveillent et imposent un changement. Pendant toutes ces années il avait développé une philosophie à cet égard, dont certains passages sont mentionnés dans ce chapitre.

« A notre époque l'appel de la nature se fait de plus en plus pressant.

Cette aspiration à la nature qui est forte, calme et saine, est un phénomène de notre temps, le contre poids à une civilisation anorganique, que nous appelons par erreur la culture. Cette civilisation est une œuvre de l'homme sûr de lui, sans égard envers la réalité de la nature, qui a créé un monde insensé, sans fondement, qui le menace de destruction, alors qu'il devrait en être le maître, parce qu'il a perturbé une forme d'unité qui gouvernait la nature, par ses agissements et son travail.

Si aujourd'hui nous sommes décontenancés et perdus devant nos réalisations et reconnaissons de plus en plus, que notre travail et nos soucis, ne servent qu'à notre destruction, si la moindre lueur d'espoir ne se profile pas à l'horizon et si nous sommes entraînés vers un avenir des plus sombres, on peut comprendre que de plus en plus de gens, écoeurés de ces faits et gestes insensés, se tournent vers d'autres voies qui vont les ramener vers la nature – notre mère universelle.

L'homme est un être créé par la nature selon ses lois et voilà pourquoi il dépend d'elle. Son œuvre , la pseudo culture qu'il a produite, est devenue au fil du temps une absurdité sans queue ni tête, qui grâce à la force incroyable des moyens techniques, est devenue un monstre si gigantesque, qu'il se met à ressembler aux forces de la nature et qu'il en perturbe déjà les grands méca-

nismes. L'homme qui dans la vie de la nature ne représente qu'une étincelle, un micro organisme, stimulé par des succès passagers et illusoires, a développé une activité qui commence à détruire la vie en commun et semble tuer la production qualitative de notre macro organisme qu'est la terre.

La force qui nous pousse à cela, c'est notre raison et la technique sans âme créée par elle, tout comme notre civilisation technique absurde et anarchique ; ensemble elles sont la cause des perturbations du cycle de l'eau sur terre. Si tout est créé par cette civilisation anorganique dans un épanouissement qui va à sa perte, ce naufrage n'est pas une crise passagère, mais l'effondrement évident d'un gratte ciel civilisé mais sans fondations, dans lequel ce qui représentait la culture véritable est emporté avec lui. »

10.2 Vers une catastrophe biologique et spirituelle s'il n'y a pas de développement durable

L'espoir de Schauberger c'est la jeunesse. Dans son désespoir il croit cependant entrevoir des signes et pense que la jeunesse finira par refuser cette évolution anti-écologique :

Cela prouve un bon sens évident lorsque notre jeunesse s'oppose fortement à tous les signes destructeurs qui apparaissent partout et qu'elle refuse de suivre comme des abrutis la grand route qui nous a menés dans une impasse culturelle et économique.

Mais la rébellion n'est pas tout. Un succès dans la pratique grâce aux efforts de notre jeunesse, ne sera effectif que lorsque les causes et les erreurs seront connues, celles faites par nous et les générations précédentes et qui, c'est un fait avéré, ont précipité le monde dans le malheur.

Trouver l'origine du mal ne représente qu'un tout petit pas en avant. Parce qu'à la correction systématique commise s'opposera l'armée des soi disant spécialistes, qui jusqu'alors ont défendu la direction prise et qui doivent la poursuivre, puisqu'ils en vivent et veulent être assistés jusqu'à la fin de leurs jours.

Cet obstacle pourrait être facilement levé pour que les fautes commises se laissent localiser dans une certaine branche de l'économie.

Après une analyse approfondie et une recherche des erreurs vieilles de plusieurs siècles parfois, on constate une ramification et une propagation effrayante de cette maladie, survenue par suite de mauvais conseils et de méthodes de travail fausses, ajoutées à des erreurs techniques et économiques, de sorte qu'aucune branche de l'économie ne reste épargnée et qu'aucun spécialiste, où qu'il travaille, ne peut nier sa responsabilité, même inconsciemment.

Comme dans ces conditions il est clair que chaque spécialiste se voit menacé dans son existence, il serait tout à fait inutile d'attendre un quelconque soutien de ces milieux ; il faut donc compter sur une opposition massive mais nécessaire, qui contribuera à clarifier la situation.

A présent le temps est venu où tout homme doit réfléchir au monde dans lequel il s'est laissé glisser. Il suffit que chacun commence à prendre conscience du problème de l'eau :
Que les personnes qui ne connaissent pas le bonheur de boire directement à la source une merveilleuse eau rafraîchissante réfléchissent d'où vient l'eau, comment elle est acheminée et par quels ajouts artificiels elle est rendue potable.

Mais que les personnes qui sont forcées jour après jour de ne boire que de l'eau stérilisée, se posent enfin la question de savoir, comment l'eau se comporte dans l'organisme, après qu'on lui a pris par la force une certaine capacité de créer la vie, en lui ajoutant des produits chimiques. De l'eau stérilisée et physiquement dénaturée provoque non seulement une dégradation du corps, mais aussi la destruction des activités psychiques, en plus d'une dégénérescence des hommes et autres espèces vivantes.

Beaucoup de gens se consolent en se disant que « ce n'est pas si dangereux », et que la science et la technique finiront par maîtriser les difficultés. Une telle conception prouve cependant que ce dépérissement ne date pas d'hier.
La raison pour laquelle les gens confondent leur déchéance culturelle et économique avec une crise passagère…est à mettre au compte de la décadence spirituelle de l'humanité, qui suit fatalement toute déchéance corporelle. Les hommes civilisés, qui malgré leur culture hautement technique, ont atteint un niveau éthique si bas, qu'ils sont incapables de reconnaître que cette déchéance physique et morale n'est autre qu'une décadence culturelle progressive.

Pour cette raison ce sera un devoir sacré pour certains qui ont su reconnaître la portée des erreurs commises, que de s'engager sans relâche et en lais-

sant de côté leur profit personnel, à corriger les fautes passées…Le meilleur moyen c'est d'alerter l'opinion sur les mauvais choix. Riche ou pauvre, grand ou petit, tous doivent douter et faire jouer la méfiance, qui en s'amplifiant va finalement faire mûrir le rejet profond par les masses, qui une fois réveillé ne doit plus se relâcher pour devenir la sentence du peuple et par là même de Dieu…

… que tous ceux qui sont obligés de gagner leur pain dans les grandes villes, pensent sérieusement à ce qui adviendra si après le pain, de plus en plus rare, cher et mauvais, l'eau aussi venait à disparaître.

Même si c'est une tâche ingrate de rendre attentive l'opinion publique de dangers futurs qu'elle ne voit pas ou ne veut pas voir, même si cela semble une peine inutile de lui faire entrevoir la fatalité qui plane sur elle, il faut pour le moins essayer…

Schauberger sent venir la catastrophe, un chaos total, dans lequel l'évolution technique et sociale actuelle s'effondre. Mais il entrevoit aussi une ère nouvelle, où les hommes auront appris à comprendre, ce qu'ils vivent en collaborant avec la nature.

…viendra le temps où les hommes penseront au passé et se diront : « il était une fois des idiots, qui croyaient vraiment pouvoir construire une civilisation en imposant une technique aux influences destructrices ».

Ce chemin emprunté par les générations futures, Schauberger le voit clairement devant lui :

L'homme du futur maîtrisera pleinement la matière et la substance qualitative qui en jaillit ; il sera le serviteur mais aussi le maître de la nature. Des moissons généreuses le combleront et il jouira d'une liberté de mouvement absolue sur terre, sur l'eau et dans les airs….

Ainsi cessera tout naturellement la lutte pour la vie, la lutte des classes, la lutte pour l'existence et avant toute chose les luttes pour les matières premières qui dégénèrent en guerre. La médecine aussi vivra des changements fondamentaux. Ce que Paracelse pensait se réalisera : on découvrira une substance spécifique, qui étouffera dans l'œuf toute maladie. Les hommes ne connaîtront pas la maladie et seront heureux. Celui qui contribuera au développement des matières sur leur trajectoire évolutive ne manquera jamais d'espace.

Tout est venu de l'eau. De ce fait l'eau est la matière première universelle de toutes les civilisations et la base de tout développement physique et psychique. La démystification du secret de l'eau signifie dans le vrai sens du terme la fin du monopole, la fin de toute domination et le début d'un socialisme grâce à la naissance de l'individualisme dans sa forme la plus parfaite.

Dans le processus de « l'oxydation froide » l'énergie des machines sera quasiment gratuite et de fait précieuse. Les aliments, les matières premières, les carburants existeront en abondance…

Ces semences de substances qualitatives – des concentrations d'ions provenant de la géosphère – sont de fait les atomes constructeurs de poussée verticale. Elles peuvent être obtenues mécaniquement à peu de frais en n'importe quelle quantité et de toute qualité, à partir de substances bactériophages aux valeurs limites (matériaux de charriage et matières en suspension) dans l'air et dans l'eau, grâce au mouvement cycloïde spatial à peu de frais ; cela se passera comme chez la truite, qui grâce à ses branchies et à la forme de son corps, arrive à rester immobile dans une eau pourtant jaillissante, à condition de faire couler de l'eau de source fraîche avec une certaine tension géosphérique à travers ses branchies.

Pour devenir le maître de la création, c'est à dire son premier serviteur ainsi que le guide d'un processus évolutif grandiose, la voie est libre. Peut-être sera-t-il donné à l'homme de notre siècle, sur la voie étroite qui monte avec le danger permanent de la chute dans l'abîme, la chance unique d'approcher le divin. Celui qui maîtrisera le processus de l'évolution constructive aura le soutien du Créateur. Celui qui maîtrisera et appliquera le processus évolutif destructeur, sera l'outil et le serviteur du diable. Il s'adonnera à une œuvre de destruction.

11. Les dernières années

11.1 Expériences à l'Ecole des Hautes Etudes Techniques de Stuttgart

En 1952 le ministère de l'exploitation hydraulique demanda au professeur Franz Pöpel de l'Ecole des Hautes Etudes d'analyser expérimentalement la théorie sur l'eau de Viktor Schauberger. Lorsque Walter et Viktor Schauberger se rendirent à Stuttgart pour participer aux expériences, le professeur Pöpel n'était pas d'accord de les réaliser. Il insista devant le conseiller ministériel Kumpf prétendant que les théories de Schauberger étaient en contradiction avec les lois de la mécanique classique, qui sont les mêmes que pour l'eau courante. Il ne pensait pas que les expériences prévues pouvaient apporter des résultats techniquement exploitables. Le conseiller Kumpf était de l'avis du professeur Pöpel mais désirait que ces expériences aient lieu, pour en finir une fois pour toutes avec les vues fantaisistes de Schauberger.

L'expérience eut donc lieu et on commença par examiner les images animées de l'eau. Schauberger demanda à Pöpel s'il n'avait jamais réfléchi à ce que faisait l'eau lorsqu'elle quittait la baignoire. On voit bien qu'elle forme un tourbillon en forme d'entonnoir lorsqu'elle s'écoule, mais après cela, que fait-elle ? Le regard de Pöpel s'illumina soudain et le protocole expérimental suivant fut mis sur pied : (expertise du Prof. Pöpel) :

1. Peut-on imprimer à l'eau qui coule dans un tuyau « un mouvement d'enroulement multiple » ?
2. Le matériel du tuyau joue-t-il un rôle primordial dans cette sorte de mouvement ?
3. La forme du tuyau est-elle essentielle ?
4. Obtient-on des changements de structures moléculaires dans l'eau au cours d'un « cycle enrouleur » ?
5. Peut-on utiliser ce mouvement d'enroulement pour protéger le tuyau d'éventuels dépôts ?

Le dispositif concernant ces expériences comportait un récipient qui avait la forme d'un demi œuf. Dans le fond on avait fixé un tuyau en verre long de plusieurs mètres et dans ce réceptacle ovoïde on avait mis un flexible dont le profilé était hélicoïdal, de sorte qu'il imprimait un fort tourbillon à l'eau qui coulait à l'intérieur. Si on colorait l'eau, on pouvait voir que ce tourbillon continuait à tourner dans tout le tuyau en verre. On pouvait aussi observer, que la couleur s'intensifiait dans la direction de l'axe du flux. Le professeur Pöpel était immédiatement intéressé et fit suspendre de nombreux petits triangles, afin de former avec la ficelle un long prisme dans un coin. On remarqua alors que ce prisme se tournait en direction de la spirale.

Puis on a voulu examiner comment des substances hydrophobes se comportaient dans ce tourbillon. Pour ce faire on versa une certaine quantité de sable et beaucoup de copeaux de bois dans le récipient.

A la grande stupéfaction de Pöpel et de ses assistants, ces ingrédients ne furent pas projetés vers les parois du tuyau en verre, mais au contraire vrillés dans l'axe du mouvement hélicoïdal et compressés pour former une sorte de d'œuf. On les recueillait alors à la sortie ; s'il arrivait qu'on brisât un de ces œufs, on pouvait constater qu'il n'y avait aucune humidité à l'intérieur.

A l'aide d'un dispositif de réglage, on pouvait régler le flux d'eau et en le positionnant d'une certaine façon, se formait alors une sorte d'onde immobile à l'intérieur du tuyau, où ces formations ovoïdes étaient enfilées comme des perles sur un fil. Cette enfilade de perles pouvait être bougée selon la régulation du flux[37].

On observa qu'il se produisait un triple mouvement dans le tuyau : le mouvement hélicoïdal, la « spirale dans la spirale » et un mouvement qui avançait en faisant un va et vient horizontal. En outre on pouvait remarquer des phénomènes lumineux.

Lorsque l'expérience fut terminée, Pöpel n'avait plus d'opinion négative, au contraire il désirait la poursuivre avec enthousiasme. Il disait qu'il avait compris qu'il devait y avoir encore d'autres choses qui se passent, lorsqu'on utilise un tuyau hélicoïdal. Cependant il était étonné par le tuyau utilisé par Schauberger. Il avait la forme d'une corne d'antilope kudu. Au début il trouvait que c'était curieux d'utiliser cette forme bizarre, mais céda tout de même.

37 L'expérience a été renouvelée par des chercheurs suédois avec le même résultat. Voir page 226

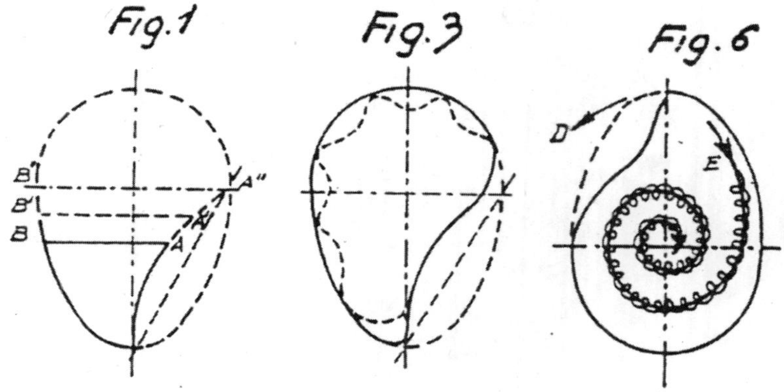

Coupes transversales

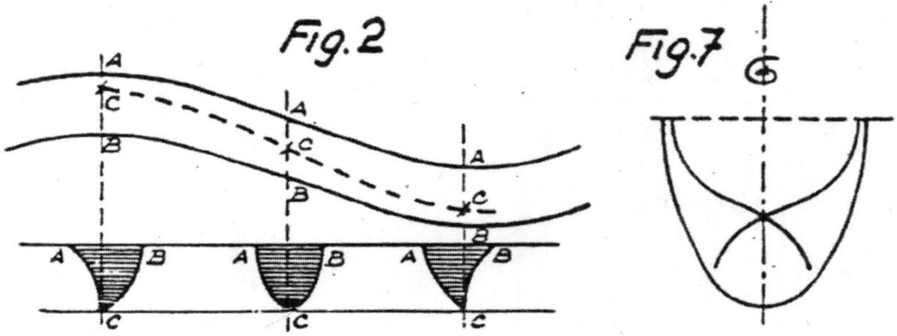

Canaux

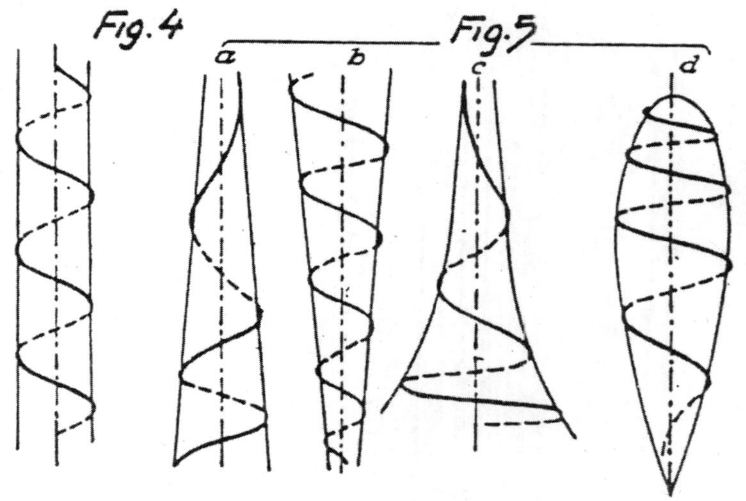

Différents types d'enroulement

Le tuyau hélicoïdal double – Brevet français N°1.057.576

Ce tuyau à double hélice était entre autres destiné à être utilisé dans la turbine-truite. En général il avait la forme de la figure 1. En 4 et 5 on peut voir comment on obtient différents types de systèmes de tuyaux hélicoïdaux en les enroulant sur des éléments cylindriques ou coniques.

Les Fig. 2 et 7 montrent les modifications constantes de la coupe au cours d'un flux naturel qui représentait visiblement le modèle du tuyau.

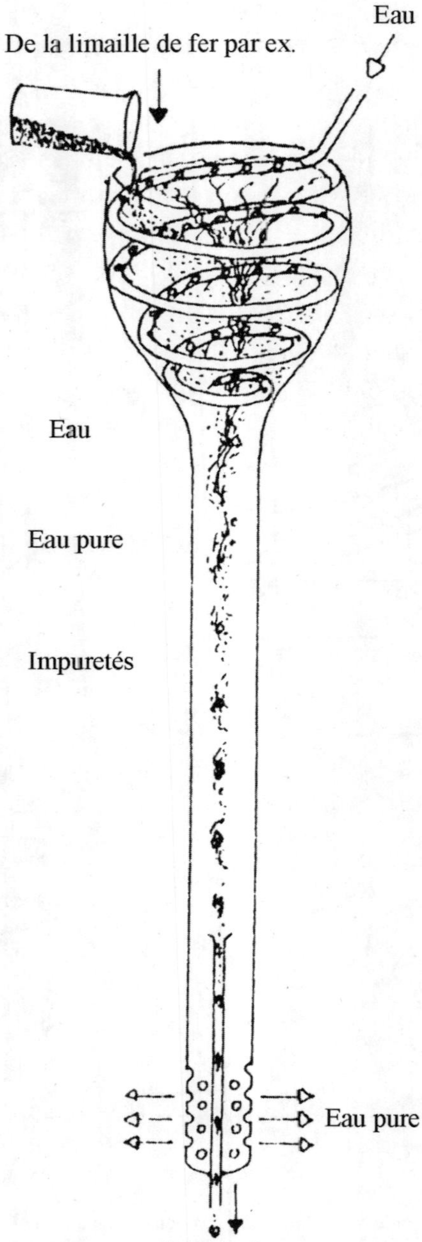

Une structure montée pour l'expérience de Stuttgart. D'après une description de W. Schauberger pour un cours en 1961

On procéda ensuite à des essais d'écoulement avec un tuyau test droit en verre, un tuyau droit en cuivre et enfin avec un tuyau particulier en spirale (qui correspond assez bien à la courbe cycloïde spatiale de Schauberger).

Le résultat surprit Pöpel et ses assistants. Le tuyau en verre qui avait des parois lisses, opposait une résistance plus forte envers l'eau que le tuyau en cuivre, comme si le matériel avait vraiment une influence sur la résistance au frottement. Mais c'est le tuyau en spirale qui révéla la plus grande surprise. Avec un passage à une vitesse relativement élevée, la résistance descendait pratiquement à zéro, devenait presque négative (l'interpolation de la courbe était alors nécessaire). Avec une augmentation de la masse du flux, se formaient dans ce tuyau des points de résonnance correspondants à des quantités précises d'eau où le frottement était minimal ; alors qu'avec un tuyau droit la résistance augmentait jusqu'au point où la résistance se dressait comme un mur et était plus importante que l'énergie nécessaire à maintenir le flux.

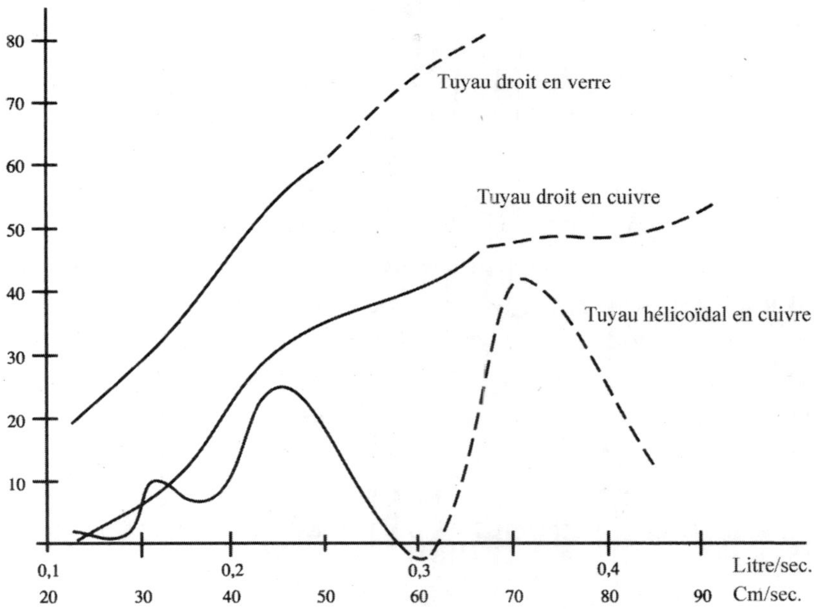

Diagramme simplifié de l'expérience de Stuttgart. Les lignes pleines indiquent les mesures, celles en pointillé les valeurs calculées.

Ce tuyau en cuivre a été copiée sur la corne d'une antilope et utilisée lors de l'expérience de Stuttgart.

D'après le protocole il apparaît que le tuyau en verre présentait des résistances de frottement supérieurs au tuyau en cuivre. Mais en même temps on pouvait grâce à des mesures précises constater également une tendance à la formation de vagues dans les tuyaux droits. L'eau aspirait à couler en vagues et en méandres, bien qu'allant obligatoirement dans un mur, qui n'était pas au même « rythme » que son mouvement à elle. Dans le tuyau à spirale, l'eau pouvait bouger plus librement à son rythme et la résistance était minimale. Le professeur Pöpel pensait à propos du tuyau en spirale : « on dirait que dans ce tuyau des turbulences se détachent des parois et s'élancent librement à travers lui. »

Les théories de Schauberger concernant le mouvement de l'eau étaient enfin approuvées ; pour ce qui était d'une analogie avec les phénomènes de la nature, on en était encore assez loin.

L'obtention de l'agrément du brevet dura presque sept ans. La raison en était que l'office autrichien des brevets ne voulait pas accepter les revendications de Schauberger. Il affirmait que des transformations moléculaires avaient lieu dans les tuyaux et qu'elles étaient confirmées par les essais du professeur Pöpel (page 191). Mais plusieurs offices de brevets à l'étranger avaient déjà accordé ce brevet au début des années 50 entre autres l'office français, qui d'après Schauberger avait le mieux reproduit son texte et avait les meilleurs dessins. Construire ce tuyau n'était pas simple. Au début c'est un chaudronnier qui avait martelé une plaque de cuivre sur une corne d'antilope, mais plus tard on réussit à le façonner par une technique améliorée. La forme idéale du tuyau en spirale n'a manifestement jamais été atteinte, parce que ni calcul ni construction technique ne sont venus appuyer sa réalisation. La mauvaise configuration du tuyau contribua sans doute aux difficultés que connut la turbine à succion.

11.2 Rêve et réalité

En 1956 l'occultiste autrichien Leopold Brandstätter écrivit un livre dont le titre était : « Implosion au lieu d'explosion » et qui connut un grand succès d'édition. Avec son livre l'auteur voulait faire connaître le nom de Schauberger dans de nombreux milieux et créer un mouvement d'opposition au danger nucléaire. Le livre devait démontrer qu'il existait une alternative à « l'énergie nucléaire pacifique ». Brandstätter qui était doté des meilleures intentions du monde, partit d'une conception trop spéculative, ce qui déteignit sur le livre. Il avait interviewé de nombreuses fois Viktor Schauberger mais en avait retravaillé le texte selon ses conceptions à lui et en dépassant le sens de ses découvertes. Le résultat fut un mélange de faits réels et de faits imaginaires, de sorte que le lecteur pouvait donner libre cours à son imagination. La langue teintée d'occultisme et les descriptions fantaisistes de la force d'implosion repoussèrent les lecteurs à l'esprit rationnel et critique. D'autres moins critiques trouvaient le contenu du livre vraisemblable et pensèrent qu'une fantastique révolution technique était en marche.

L'intérêt pour la recherche sur l'implosion de Schauberger éveilla un grand intérêt surtout en Allemagne. Quelques revues aux conceptions virtuelles et critiques s'emparèrent du sujet et un programme d'envergure et d'urgence quant à une fondation Schauberger au plan international sembla se dessiner.

Plusieurs auteurs prétendirent que Schauberger avait déjà terminé de mettre au point ses machines à implosion pour une production de masse. Dès lors que les fonds étaient réunis la fabrication pouvait commencer. Toutes les centrales électriques et nucléaires du monde pouvaient aller à la casse et un nouvel âge d'or se profilait à l'horizon. Il faudrait alors exiger de tous les gouvernements du monde des garanties, afin de ne pas détourner la force d'implosion à des fins militaires.

Schauberger était lui-même bienveillant à l'égard de ces articles, mais il exprima son indignation quant aux interviews détournés de Brandstätter. Il était d'accord de porter un message à toute l'humanité, mais en même temps il évitait de s'engager dans un programme. Il refusa résolument que cette Ligue Mondiale prévue portât son nom, mais intervint pour la création d'un centre international de recherche en Autriche, qui devait étudier intensivement l'implosion. Il avait eu des expériences malheureuses dans sa vie qui l'obligèrent à vivre en retrait. Souvent des personnes étaient venues pour le protéger, mais en fait ils le trahirent. Il avait également peur des puissances auxquelles il ne faisait pas confiance, peur du monopole de l'énergie et de l'armement ; il craignait qu'elles s'emparent de ses découvertes, grâce à des tractations en coulisses.

En outre sa santé en avait pris un coup. Les efforts et les déceptions pendant la guerre, les difficultés liées à ses découvertes, ainsi qu'une situation financière pesante, l'avaient éprouvé physiquement. Il souffrait d'asthme et son cœur en était affaibli. Bien entendu il poursuivait ses travaux, mais dans un contexte très difficile. La machine à implosion lui avait coûté beaucoup d'argent, de travail et de soucis. A côté de cela il était très préoccupé par l'évolution du monde, puisqu'il voyait que celui-ci se précipitait vers une catastrophe. C'était l'énergie nucléaire qui l'inquiétait le plus, il la considérait comme le plus grand des dangers. Pour lui c'était un besoin incontournable que de résoudre aussi vite que possible le problème de l'énergie dans le monde, selon des principes biotechniques, afin de sauver le monde d'un chaos inévitable. Mais comment en allait-il trouver les moyens ?

11.3 Des agents américains entrent en scène - La mort de Viktor Schauberger

Voilà quelle était la situation lorsqu'en 1957/58 deux Américains vinrent rendre visite à Viktor Schauberger. Cette rencontre avait été organisée par un journal qui était très impliqué dans la Ligue Mondiale. Cet hiver là Schauberger ne se sentait pas bien du tout et disait parfois qu'il ne lui restait que peu de temps à vivre. Il était de plus en plus inquiet et perplexe ; il faisait désespérément des expériences pour résoudre les problèmes qui empêchaient la turbine à succion de fonctionner normalement. Son vieil ami et collaborateur Alois Kodaly, directeur de la bio-ingénierie en Allemagne raconte à propos de la situation de l'époque :

L'année passée j'ai rendu visite à Viktor Schauberger à Bad Ischl au cours d'une tournée de conférences à travers le sud de l'Allemagne et en Autriche. Il était en compagnie de deux Américains, Gerchsheimer et Dodd. L'un d'entre eux s'exprimait parfaitement en allemand avec un accent bavarois. Je n'ai eu le temps de parler à Schauberger entre quatre yeux que pendant quelques minutes. Mr. Gerchsheimer déclara sous le couvert du plus grand secret que les deux Schauberger (Viktor et son fils) se rendraient sous peu aux Etats-Unis. « L'affaire Schauberger » devait en tout état de cause devenir une affaire américaine disait-on. Tous les préliminaires techniques étaient prêts à concrétiser au mieux les connaissances de Schauberger. Les fonds étaient réunis, à disposition et illimités. Tout d'abord il fallait travailler vite, le séjour de Schauberger se limitant à trois mois. A cet égard Schauberger parla d'une « aide au démarrage » qu'il acceptait de concéder.

On pouvait lire dans un journal allemand :

Schauberger et son fils s'étaient envolés pour le Texas. Ce qui avait été trouvé en matière de documents, maquettes, appareils et autre matériel avaient été envoyés aux Etats-Unis. Les conditions climatiques sont les moins bonnes en juin, juillet, août et septembre au Texas. On espèrait que Viktor Schauberger supporterait ce choc climatique, à savoir des températures entre 36 et 41° C. Schauberger et son fils furent conduits près de la Red River, dans la solitude de la steppe texane. De fait la communication avec le monde extérieur était coupée. Le courrier était censuré. A la question « Quand commence-t-on avec les essais ? » on répondait « A présent nous avons le temps ». Mais on exigea que tout fût consigné par écrit. Les rapports et esquisses furent remis à un expert en technique nucléaire pour contrôle. En septembre celui-ci arriva de l'état de New-York pour une conférence de trois jours au Texas. Le résultat fut positif et il concluait ainsi : « La voie qu'a montrée Mr. Schauberger dans ses explications et ses constructions, est la voie de la future bio technique. Ce que propose Schauberger, ce qu'il dit et affirme est juste. Nous nous donnons quatre ans pour que la chose soit mûre. »

Entre temps les trois mois s'étaient écoulés. Viktor Schauberger insistait pour rentrer en Europe. Du côté des Américains on lui disait : « En raison des résultats satisfaisants de notre expert, vous devez rester ici avec votre fils. Une affaire aussi extraordinaire demande sacrifice (! !). Dans les prochaines années vous aurez tous les deux votre place dans une des régions désertiques de l'Arizona ». Les deux Schauberger protestèrent et refusèrent ce plan. Pour finir on donna à Viktor Schauberger la permission de rentrer s'il signait un papier en anglais (celui-ci ignorait totalement l'anglais). On lui octroya trente minutes et après une véhémente discussion avec les deux Schauberger, un des Américains présents traduisit grossièrement ce contrat de plusieurs pages. Viktor Schauberger n'avait pas d'autre choix ; il était obligé de signer la situation devenant trop menaçante. Son fils, l'ingénieur Walter Schauberger devait signer un contrat de travail mais il refusa, prétextant que comme visiteur des Etats-Unis il enfreignait la loi en vigueur.

Le contrat obligeait Viktor Schauberger à un silence total de sa part sur ses travaux et ses connaissances passés et futurs. En outre il lui fallait transmettre toutes ses connaissances au chef du « groupe » un certain Mr. D. Quant à son fils on lui fit comprendre que s'il parlait, des intermédiaires en Europe (Munich) se chargeraient de lui faire garder le silence.

De gauche à droite :
Gerchsheimer,
Viktor Schauberger,
Walter Schauberger,
Prof. Ude, Dodd

Avant le départ pour les Etats-Unis

Viktor Schauberger à sa montée dans l'avion

D'après ce « contrat texan » le boss Mr. R.D. avait le « droit » de vendre totalement ou en partie « l'affaire Schauberger » à d'autres groupes.

Viktor et Walter Schauberger rentrèrent en Autriche d'une seule traite sans se reposer où que ce soit. Le vol durait 19 heures. Psychiquement Schauberger n'arrivait pas à surmonter le fait qu'on lui avait tout pris, qu'il était vidé et qu'il lui fallait à présent végéter, parce que son cerveau, sa raison, son intelligence et toutes ses pensées « appartenaient » d'après ce contrat texan au « boss Mr. R. D. »

(« Freisoziale Presse » 20.11.1959)

Cinq jours après son retour, le 25 septembre 1958, Viktor Schauberger mourut à Linz à l'âge de 73 ans. Désespéré il n'arrêtait pas de répéter :
« Ils m'ont tout pris, je ne m'appartiens plus ».

Viktor Schauberger à la fin des années 50

Pourquoi Viktor Schauberger se décida-t-il à partir aux Etats-Unis ?

Au cours des années précédentes Viktor Schauberger avait été invité plusieurs fois dans différents pays, entre autres en Angleterre et en Suisse. Il refusait toujours parce qu'il pensait que s'il quittait l'Autriche, il perdait sa « mémoire héritée », c'est à dire sa capacité de se souvenir des expériences de ses ancêtres. Au début des négociations avec les Américains, il refusa de se rendre aux Etats-Unis. C'était son fils Walter qui devait s'y installer à un moment donné. Viktor Schauberger voulait rester en Autriche et de là diriger les travaux américains. Puis il changea d'avis, ce qui paraît d'autant plus étrange, qu'il était cardiaque depuis des années. Il devait avoir de très bonnes raisons qui le firent prendre cette décision.

D'après ce que j'ai pu trouver dans mes recherches, les motifs en étaient les suivants:

1. Il savait qu'il ne vivrait plus longtemps et il lui paraissait très important avant de mourir de pouvoir mettre en pratique sa théorie sur les turbines à succion. Les promesses américaines, à savoir de mettre à sa disposition tous les moyens financiers et pratiques aux Etats-Unis dépassaient toutes les autres reçues jusqu'alors. Sa condition première, en l'occurrence de mettre à la disposition du monde entier ses inventions dans un but d'utilité publique, avait été garantie.

2. Depuis longtemps il avait demandé, qu'on explique aux gens les dangers de la technique de mort et la fausse conception des sciences et de la technique. Avant de mettre ses machines à disposition, la technique anti-écologique et la science fallacieuse devaient être interdites par la loi. Cela aussi le groupe américain l'avait promis, indiquant qu'ils étaient soutenus par toute une série de revues et d'éditeurs désintéressés qui les épaulaient et qui étaient prêts à publier ce travail d'information et d'explication.

3. Viktor Schauberger était depuis longtemps inquiet au sujet des explosions dans sa turbine à succion. Il pensait que celles-ci étaient provoquées par des « réactions nucléaires » dans l'eau qui coulait dans les tuyaux à spirales, ainsi que par l'augmentation subite de la vitesse dans la turbine – qu'il n'avait pas pu régler jusqu'alors – En 1957, un ingénieur Erich Boerner était venu le voir des Etats-Unis et avait essayé de le convaincre de collaborer avec une grande entreprise aéronautique où Boerner était constructeur en chef. Mais comme nous l'avons déjà dit, Schauberger ne voulait pas quitter l'Autriche. D'ailleurs il était en pourparlers avec Voith et consorts pour une éventuelle collaboration. Mais comme entre temps Boerner travaillait sur les essais nu-

cléaires à la station de Brookhaven près de New-York , Schauberger espérait que Boerner pourrait peut-être résoudre ses problèmes de « réactions nucléaires ». Dans une lettre un jour avant son départ vers les Etats-Unis il écrit : « Après avoir obtenu ce brevet (le tuyau en spirale – note de l'auteur) qui a été déposé en 1951 et agréé en 1958, sont apparues des réactions nucléaires en chaîne, qui ne peuvent être réglées par des moyens que l'on connaît, de sorte que cet appareil n'est toujours pas opérationnel…Je m'envole demain pour les Etats-Unis invité par des Américains intéressés, afin qu'un organisme de recherche compétent puisse étudier les possibilités de réglage pour arriver enfin à une conclusion … »

Après son arrivée aux Etats-Unis Viktor Schauberger essaya plusieurs fois d'entrer en contact avec Boerner, mais en vain. Peu avant son départ ils purent enfin se rencontrer, mais il était trop tard.

12. Rétrospective

12.1 Réflexions de Viktor Schauberger sur lui-même et sur sa mission

Viktor Schauberger au destin si particulier et si bouleversant n'était plus. Sa vie durant il avait lutté pour l'eau, pour la forêt et la terre, pour l'unité et pour l'ordre dans la nature, mais il n'en eut que très rarement de la reconnaissance. On l'a attaqué, poursuivi, on lui a cherché noise, on l'a interné. A la fin, malade et ruiné, il saisit une dernière chance de réaliser ses rêves et de pouvoir donner aux hommes une technique nouvelle qui favorise la vie. Il fut happé par des circonstances qui ressemblaient à un cauchemar et qui eurent raison de lui. Il n'a même pas eu le droit de mourir en paix ; ce pour quoi il avait lutté et travaillé était en vain et il en fut désespéré. Tout lui fut pris par des escrocs de l'économie, qui lui avaient tendu un piège en lui faisant miroiter de fausses réalités.

Mais comment se voyait-il lui-même avant cet épisode tragique ? Que pensait-il de l'œuvre de sa vie ? Comment était-il possible qu'il puisse exercer une critique aussi destructrice envers la science et la technique avec autant d'assurance ? Comment a-t-il pu affirmer qu'il avait fait des découvertes scientifiques que tous les centres de recherche du monde auraient laissé échapper ? Lui qui avait passé le plus clair de son temps, loin des écoles supérieures et des chaires universitaires.

Ne faisons pas l'erreur de penser que diplôme et savoir sont d'égale valeur. Il est certain que Schauberger avait peu de diplômes sur lesquels il pouvait s'appuyer. Ce qui ne veut pas dire qu'il n'était pas un homme cultivé. Ses écrits comme ses amis ont prouvé qu'il possédait un vaste savoir. Sa culture englobait l'histoire, la littérature et la philosophie ; Goethe était son vieux maître auquel il se référait souvent. Vu d'un point de vue technique, ses écrits font état de ses connaissances en chimie, physique et hydrologie. En outre il faut considérer son expérience pratique qui était considérable : il avait été un étudiant studieux à l'université de la nature. Il y étudia sa vie durant et en plus de son talent certain il avait l'avantage d'avoir des rapports intimes avec la nature.

Mais peut-être existe-t-il encore une autre explication à son attitude autoritaire : lorsqu'un jour il était en train de transformer de l'eau de canalisation en eau de source fraîche, il eut la visite de quelques intellectuels juifs hauts placés, qui lui demandèrent de qui il détenait son savoir faire ; dans les temps anciens ces mécanismes appartenaient au savoir du peuple juif mais il s'était perdu il y a fort longtemps. Schauberger répondit que personne ne lui avait appris ; qu'il possédait un don qui était « la mémoire héritée ». Lorsqu'ils lui demandèrent ce qu'il entendait par là, il leur dit que tout était corpusculaire, même les ondes énergétiques et la lumière. La matière aussi est de l'énergie, mais figée. C'est pareil pour le sang, qui est un flux matérialisé, dans lequel vivent des supports d'énergie de générations passées qui y ont été véhiculés. Ce flux n'est pas interrompu par la mort d'un être humain, mais transmis à ses descendants. Lorsque ces substances énergétiques ne sont pas détruites (comme c'est le cas d'une technique mortifère par ex.) les pensées et les intuitions vivant dans la conscience de l'homme depuis des millénaires, ne peuvent être perdues à jamais. Chez ceux qui possèdent cette « mémoire héritée », il serait donc possible de retirer de leur sang ce savoir accumulé.
Cet homme là n'est pas obligé de spéculer, parce qu'il connaît la différence entre le savoir récent et le savoir passé, il sera alors capable de choisir entre science et savoir.

Schauberger était lui même persuadé qu'il possédait ce don. Il « savait » sans être obligé de rassembler des preuves, parce qu'il voyait immédiatement les événements de la nature, comme aucun autre ne les voyait.

Les difficultés qu'il avait se trouvaient sur un autre plan, à savoir de mettre en pratique ce qu'il avait observé autour de lui. Le manque de moyens l'empêchait toujours de réaliser ce qu'il avait perçu et qu'il n'avait jamais mis en doute. Il « savait » et nanti de cette autorité, il condamnait la science, la technique et la politique. Il y avait quelque chose en lui qui rappelait l'ancien testament. Ce n'est pas lui qui s'était choisi, il avait été choisi – pour divulguer cet enseignement révolutionnaire. On s'était beaucoup excité à propos de sa façon péremptoire de s'exprimer, de sa parole de juge. Mais là on n'avait pas compris qu'il ne parlait pas en son nom propre ! Il était une sorte de prophète Isaïe qui prononce sa sentence sur une technique mortifère et condamne celui qui dégrade la vie sur terre.

Il savait qu'il était dans le vrai, mais en même temps il hésita longtemps avant de communiquer son savoir. Il craignait constamment que les découvertes qu'il faisait, allaient être détournées par des personnes étrangères à la

nature. C'est pourquoi il parlait dans une langue énigmatique, faisant des allusions et ne livrant que des explications partielles. Il fallait étudier ses écrits pendants des années pour apprendre peu à peu à suivre sa trace et à décoder son message...Il était conscient des difficultés qu'il avait éveillées, mais il n'y avait pas d'autre issu. Dans une lettre au professeur Ude, prêtre catholique et réformateur en sciences sociales, il écrivait les lignes suivantes après lui avoir demandé de mettre la jeunesse en garde de ce qui l'attendait :
« ...ou bien croyez-vous que j'oserais entrer en scène, si je n'avais pas les preuves irréfutables en main ? Il est évident que je ne jetterai pas aux pourceaux les connaissances qui m'ont été confiées par la providence. Car les capitalistes ne sont pas des idéalistes. Mais tous se sont trompés : les capitalistes, les socialistes et même les communistes. Les scientifiques aussi remontent mal l'horloge de la création divine. »

On assiste là à une véritable tragédie. Il ne pouvait supporter plus longtemps d'occulter ses connaissances, parce que la destruction de la base même de la vie prenait une dimension si alarmante, qu'il était contraint à faire ce qu'il avait toujours craint – de devoir jeter ses perles aux pourceaux.

12.2 Sa conception de la nature et son respect de l'environnement

Il est très vraisemblable que les idées de Viktor Schauberger et la recherche qui en a été inspirée, ont apporté une impulsion féconde à la protection de l'environnement par une pensée à maints égards radicalement différente. Sa critique des conceptions techniques conventionnelles des sciences naturelles est exprimée par le fait qu'on pense au premier degré, « une octave en dessous » comme il dit. Il veut dire par là que c'est l'aspect quantitatif, matérialiste et mécanique qui domine, alors qu'on laisse trop peu de place à l'aspect qualitatif. Quand on pense à ce que la dernière décennie a révélé au sujet de la destruction de l'environnement et combien l'écologie a déjà progressé, l'accusation de Schauberger était parfaitement légitime. Des critères de rentabilité et d'efficacité continuent à prédominer dans les problèmes liés à la nature, de sorte que les mesures de protection de l'environnement qui commencent à poindre à l'horizon, sont encore trop inspirées par des idées qui n'atteignent pas le niveau convenant à la nature.

Pour un programme plus réaliste de sauvetage et d'entretien de notre environnement, Viktor Schauberger a donné des directives assez claires. Travailler à partir de leur fondement c'est un devoir urgent pour la recherche à tous les plans ; c'est sûrement le premier des devoirs qui incombe à la recherche. Mais les politiques comme les scientifiques doivent changer leur façon de penser. La nature ne doit plus être la base de la prospérité matérielle ; elle est en premier lieu le socle de notre vie et si elle est détruite par un pillage intensif et des agressions anti-écologiques, la conséquence sera une baisse toujours plus importante de la qualité de la vie pour terminer dans un chaos biologique. Et cette catastrophe biologique générale, où l'eau, l'air et la nourriture ne peuvent plus continuer à agir en facteurs vitaux originels, sera suivie par un chaos économique, social et politique.

Ce n'est qu'en maintenant les facteurs vitaux que nous pouvons garantir une base sûre à un progrès constant. C'est le mérite de Viktor Schauberger qui l'un des premiers au monde a su reconnaître le lien entre une nature saine, le bien être des hommes et leur prospérité. Une idée sur laquelle il n'a cessé d'insister.

12.3 Jugements portés sur Viktor Schauberger

Les personnes qui connaissaient Viktor Schauberger et que j'avais rencontrées, étaient unanimes :

Il était un homme honnête et honorable, simple, chaleureux ayant beaucoup d'humour. Mais lorsqu'il rencontrait le mensonge ou la perfidie, il ne faisait pas de quartiers, indépendamment du milieu social auquel il appartenait.

C'était parmi les paysans, les bûcherons et les chasseurs qu'il se sentait le plus à l'aise, c'est à dire au contact d'une vie simple et dure dans la forêt et aux champs. Cependant il n'était jamais hésitant, quel que soit le niveau de l'assemblée à laquelle il assistait et en imposait par sa forte personnalité et sa valeur humaine. Deux de ses amis et collaborateurs en témoignent. Le premier est le philosophe existentialiste suisse, le professeur Werner Zimmermann :

J'ai fait la connaissance de Viktor Schauberger à Vienne, lorsqu'il assistait à une de mes conférences. Il me fit part de son activité, me montra les appareils qu'il construisait et me fit boire de son eau qu'il améliorait. En septembre 1935, son premier rapport au sujet de la régulation du Rhin parut dans ma revue « Tau », suivi par beaucoup d'autres, jusqu'à ce que ma revue fût défendue par le gouvernement d'Hitler…

Pour moi ce fut un grand cadeau d'avoir pu connaître ce chercheur d'exception. Il était une sorte de personnage originel, proche de la nature, les yeux pétillants, le nez aquilin et déterminé, avec de la prestance et une barbe fleurie. Que ses observations et ses jugements étaient pertinents ! Comme il savait rire de bon cœur ! Les idées nouvelles jaillissaient chez lui comme l'eau d'une source. Pour ses amis il était un fidèle camarade ; il donnait à tous force, calme et confiance, à la manière des montagnes où il vivait. Souverain et intrépide, il était au service de la vérité et suivait ce qu'il pensait être son devoir. En juillet 1936 il m'écrivait : « Celui qui vit 100 ans en avance sur son temps, n'est pas surpris par le présent. »

Cent ans ! Qu'arrivera-t-il jusqu'en l'an 2000 ! Une évolution dans le mauvais sens progresse de jour en jour. Mais il y a aussi des forces qui se réveillent et se font ressentir même jusqu'au gouvernement, et elles agissent dans le sens d'un renouveau. Qu'elles contribuent à réaliser bientôt ce que Schauberger en visionnaire avait prévu et ce pour quoi il a lutté toute sa vie.

(30.10.1972. Werner Zimmermann)

Un autre ami et collaborateur de Victor Schauberger, Oswald Hitschfeld, agriculteur et enseignant à l'institut d'agriculture biologique pour le sud de l'Allemagne, écrivait :

On dit que c'est souvent la première impression que nous fait une personne qui est la bonne. Lorsque j'avais lu dans les années trente ce que disait Viktor Schauberger sur la nécessité de laisser l'eau suivre son mouvement naturel, j'ai pu le rencontrer personnellement en été 1942. Il m'avait été donné d'assister à une conférence où il devait discuter avec des scientifiques de la vieille école. Encore aujourd'hui après plus de trente ans, je me rappelle d'une chose bien précise : il était incroyablement sûr de lui et profondément convaincu de la justesse de son enseignement. Tous les arguments objectés, sur lesquels il devait débattre, il les réfutait de manière souveraine et avec véracité, de sorte que tous les participants en étaient profondément touchés. On avait le sentiment qu'on était en face d'un homme génial, qui parlait avec pudeur et que les éléments de la nature et les structures de toute vie s'étaient dévoilés à son seul regard, ne demandant qu'à être replacés dans l'ordre initial …

Mes nombreux entretiens avec Viktor Schauberger et notre importante correspondance, concernaient avant tout les mesures écologiques adéquates à prendre, sur l'eau ,dans l'agriculture et l'exploitation forestière. Dans mes aspirations à concrétiser ces objectifs, j'avais rencontré beaucoup de gens mais jamais je n'avais ressenti chez quelqu'un une telle acuité à cerner les problèmes ; et plus je le voyais, plus j'avais une confiance absolue en lui

Puisse ce témoignage contribuer à faire apprécier à sa juste valeur l'œuvre d'un homme dont l'heure ne tardera pas à venir.

25. 5. 1973 – O. Hitschfeld

13. Quelle évolution après la mort de Viktor Schauberger

L'œuvre de Viktor Schauberger ne disparut pas avec lui. Les idées qu'il avait propulsées à travers le monde ont poursuivi leur chemin après sa mort et ont incité d'autres chercheurs à continuer là où il avait été obligé de s'arrêter. Dans ce chapitre il sera question de données complémentaires concernant le développement de la recherche technique sur l'implosion après la mort de son fondateur.

13.1 Généralités

Peu après la mort de Schauberger, une collaboration entre ceux qui appartenaient à son cercle le plus proche vit le jour. L'académie de biotechnique fut fondée par Walter Schauberger en Autriche. En Allemagne de l'ouest se forma une association pour le développement de la biotechnique, suivie bientôt par d'autres en Autriche, Suisse, Suède, Finlande et Danemark. Différents cycles de cours furent organisés sous l'égide de l'Académie dès le début des années 60 et en 1961 la revue « Implosion » paraissait sous la direction d'Alois Kokaly.

A la fin des années 60, Walter Schauberger créa à Bad Ischl en Autriche l'école PKS (Pythagore-Kepler Schule) comme centre de recherches qui, par la voie de la technique, devaient copier la nature. Certains élèves de cette école formèrent le « Groupe des Nouveaux » sous la direction du professeur Dr. ing. Norbert Harthun. Ce groupe publie depuis 1979 la revue « Mensch u.Technik – naturgemäss » (L'homme et la technique – selon la nature) qui s'appelait de 1969-79 « Kosmische Evolution ».

En Suède à la fin des années 50 se forma un groupe de recherche, qui peu à peu devint l'actuelle Fondation pour la Technique Ecologique (IET) avec sa revue « Implonik-Information ».

L'école Pythagoras-Kepler à Bad Ischl

Walter Schauberger (26.7.1914 – 5.2.1994)

14. Walter Schauberger poursuit l'œuvre de son père

Walter Schauberger (à droite avec son fils Jörg Schauberger) et l'auteur lors de leur première rencontre en 1959

Walter Schauberger (qui mourut en 1994) a emprunté pendant plus de trois décennies un autre chemin que son père. Il avait à cœur d'approfondir les découvertes et les théories de la physique classique pour pouvoir confirmer celles de son père. Ce faisant il s'était plusieurs fois rendu compte que les thèses de Schauberger avaient été validées et appuyées par des physiciens célèbres, bien que leurs découvertes eussent été interprétées différemment au fil du temps ; jusqu'à aujourd'hui Walter Schauberger et son équipe de chercheurs travaillaient sur des exemples réels en physique et les comparaient avec la nature. On essayait de corriger les fausses interprétations des réalités de la nature ou bien de créer de nouveaux termes ou exemples plus conformes à elle. Ces chercheurs se sont attachés à prouver ce que Viktor Schauberger avait compris intuitivement, à savoir que d'un point de vue scientifique notre vision du monde est fausse.

Partant du fait que la nature développe une dynamique « centripète » et suit une forme de mouvement qui va constamment vers un but « transcendantal » la science et son outil, en l'occurrence la technique actuelle, s'est positionnée clairement en contradiction avec l'évolution de la nature, par son interprétation, par ses exemples, ses constructions et ses théories.

Ces nouvelles recherches veulent prouver qu'il faut exiger un changement radical de notre vision conventionnelle du monde. La vision physique et technique continue à être dominée par les mathématiques de Newton et la géométrie d' Euclide, en plus de l'idéologie matérialiste. Cependant remarque Walter Schauberger on a procédé à une révision de cette conception de la réalité. Il suffit de penser à Gauss, Lobatschefskij, Riemann, Einstein, Planck et beaucoup d'autres, qui ont ébranlé le piédestal de cette image statique du monde. Le professeur Pleskot de l'université de Vienne s'est exprimé sur les travaux de Walter Schauberger et de son équipe de chercheurs de la manière suivante :

Walter Schauberger lors de son premier cours à Neviges en 1961

« En ce qui concerne ce programme de recherche, il s'agit d'une conception pas du tout conventionnelle pour renouveler la base théorique du développement technique, dans le but d'une « humanisation de la technique », c'est à dire l'initiation d'un développement technique qui est conforme à une évolution harmonieuse de l'humanité, au lieu d'agir contre elle comme c'est le cas actuellement.

Alors que la technique actuelle s'est développée sur la base de la géomé-

trie d'Euclide et de la conception d'Aristote et de Newton, on enseigne à la PKS de Walter Schauberger le fait que le principe d'Euclide, bien que représentant le domaine transcendantal, en réalité n'existe pas.

A la suite des théories de Pythagore, Kepler, Gauss, Planck, Hasenöhrl, Einstein, Schauberger reconnaissait dans la loi du son la synthèse des deux principes comme loi originelle de l'univers.

Par cette loi première la relation entre les différentes notions dialectiques comme – fini - infini, continu - discontinu, ou temps - éternité, prend tout son sens.

Son désir consiste à réviser complètement la pensée d'Aristote, d'Euclide et de Newton, par les conceptions des Pythagoriciens développées depuis Kepler pendant quatre siècles ; il veut les appliquer également au niveau de la technique, de l'économie et de la politique, y créant de nouvelles conditions pour une évolution conforme à la nature et digne de l'homme.

Il s'agit donc d'un dessein grandiose et résolument moderne. Un soutien généreux à tous égards me semble justifié et opportun ».

Ce qui est intéressant dans ce contexte c'est le fait que (en acceptant la loi du son comme loi originelle de l'univers) la structure hélicoïdale de l'univers en est issue. Si cette théorie sur la loi du son est exacte, cela voudrait dire que la conception de Viktor Schauberger du « mouvement cycloïde spatial » comme mouvement propre à la vie est confirmé.

Deux découvertes de physiciens connus semblent étayer les théories de Viktor et Walter Schauberger :

Le premier est Ludwig Boltzmann (1804 – 1906) qui a surtout travaillé sur la technique de la vapeur, dont il voulait corriger le mauvais coefficient d'efficacité. Pour atteindre la pression et les hautes températures que cette technique exigeait, Boltzmann pensa que les molécules de vapeur ou de gaz devraient se déplacer en ligne droite si le coefficient d'efficacité devait être bon. Mais en même temps il fit la découverte décevante, qu'il était presque impossible de réaliser ce mouvement rectiligne, même pas dans le cas de gaz biatomiques comme l'hydrogène par exemple. On peut comparer un gaz biatomique à une haltère. Dès qu'on lui donne une impulsion rectiligne, il a tendance à vouloir tourner et sa propre rotation va « dévorer » une grande partie de l'énergie reçue, tandis que l'énergie rendue utilisable va être la vapeur d'eau, où un mouvement rectiligne était encore plus difficile à réaliser. Boltzmann était très déçu par cette découverte et pensait que la chaleur et la technique thermique étaient le meilleur socle pour notre technique. Si nous ne pouvons pas obtenir de bon coefficient d'efficacité là où nous voulons obtenir de l'énergie thermique, cela voudrait dire que la nature a sans doute un vice de construction. Le mauvais coefficient d'efficacité est accompagné par de telles pertes de carburants, que nous allons bientôt être à la fin des réserves d'énergie dans le monde.

Aujourd'hui la situation montre bien que Boltzmann avait raison. Mais sa découverte renforce aussi la thèse de Schauberger, à savoir que la nature essaye d'empêcher un mouvement droit. Ses particules préfèrent avoir un mouvement planétaire, au lieu d'être forcées de suivre un mouvement rectiligne, comme le voudrait notre technique. Si les techniciens persistent à laisser ce faux mouvement, ils seront responsables du pillage des réserves de pétrole et de charbon sur terre.

Le second chercheur qui inconsciemment confirma par ses expériences la théorie du mouvement en spirale de Schauberger, était le professeur Felix Ehrenhaft de Vienne (1879 – 1952). Celui-ci mit au point des expériences (également réalisées par d'autres chercheurs) où il s'agissait d'étudier les mouvements des petites particules solides dans un champ magnétique et/ou dans des faisceaux de rayons lumineux. On enferma des matériaux finement pulvérisés comme de l'argent , du cuivre, du chrome, du carbone etc… de même que des petites gouttes de liquide dans un ballon dont on avait évacué l'air. Ce ballon était secoué jusqu'à ce que les particules commencent à bouger. Mais si ce ballon subissait les rayons d'un faisceau lumineux, les particules suivaient des trajectoires spéciales tout en tournant sur elle-même. Ehrenhaft raconte :
« Ce qui est tout nouveau et déconcertant, c'est que les particules dans le champ ne bougent pas de façon rectiligne, mais suivent des trajectoires hélicoïdales, aux formes, tailles et orbites extrêmement régulières….même des gouttes d'hélianthine….tournent selon des trajectoires hélicoïdales. »

Des résultats analogues ont été trouvés lorsque des particules se trouvaient sous l'effet d'un champ magnétique. Des flux de gaz ou des charges ponctuelles de particules restaient sans explication, parce que la trajectoire hélicoïdale semblait indépendante de cet effet.

Autre phénomène intéressant : la force centripète obtenue avait sur les particules une action 130 fois plus forte que la pesanteur. Ehrenhaft commente :
« Il est invraisemblable que tous ces phénomènes de mouvement de la lumière, que ce soit avec ou sans l'effet d'un champ magnétique puissent être

expliqués selon nos hypothèses actuelles. Nous allons peut-être devoir nous tourner vers autre chose »[38]

Walter Schauberger a interprété cette expérience de la manière suivante : *« Chaque particule d'énergie qui bouge, provoque un champ – un espace magnétique, qui est dépendant du mouvement ; plus ce champ est dense, plus il influe sur son environnement, de sorte que des particules dont la masse est plus grande que les particules provoquées par le champ, seront attirées dans ce champ. Ces particules d'argent, de nickel ou de carbone, devaient par rapport aux photons ressembler à d'énormes rochers. Pourtant ils ont été entraînés dans le tourbillon des photons. Nous devons donc apprendre à faire bouger les milieux qui sont à notre disposition, de la même manière que le font les électrons et les photons…et nous pourrons alors avec une intervention énergétique relativement faible « transporter des montagnes ».*

Bref les expériences de Ehrenhaft expliquent que l'élément de base de la nature a un mouvement hélicoïdal et que, comme le prétendait Viktor Schauberger, la technique devait la copier.

14.1 De nouveaux résultats issus de la recherche

Après la mort de Viktor Schauberger la recherche sur l'implosion s'est surtout attachée dans son application pratique, à développer de nouvelles méthodes et des appareils pour la protection de l'environnement.

14.2 Les travaux d'application de Walter Schauberger

Walter Schauberger ne se consacra pas seulement à un important travail de recherche théorique, mais il a aussi développé une série d'appareils brevetés,

38 Acta Physica Austriaca, Tome 4, 1950 et tome 5, 1951

qui servent surtout au traitement de l'eau et de l'air. Ces appareils sont décrits et représentés ci-dessous. (brevet autr. N° 265991)

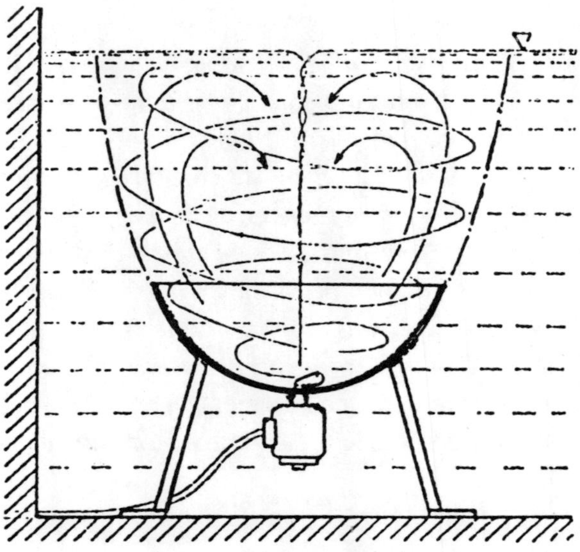

(En collaboration avec Walter Schauberger des chercheurs suédois ont construit un modèle de laboratoire de cet appareil. En réalisant des expériences systématiques de 1968 – 1969 avec des eaux usées très impures, ils constatèrent une action bactériophage très importante ; détails page 226)

Appareil à mélanger de l'oxygène

Cette figure représente un dispositif destiné à mélanger de l'oxygène dans de l'eau. On a fixé un agitateur d'une certaine forme dans un cuve adéquate ; celle-ci peut être placée dans une station d'épuration par exemple. L'agitateur provoque un tourbillon en forme de trompette ressemblant aux tourbillons naturels d'un cours d'eau insufflant de l'air dans l'eau.

Cet ajout d'oxygène provoque un processus d'oxydation important qui va détruire des impuretés.

Sur la figure du bas, nous apercevons un dispositif destiné au contrôle des émissions concernant des voitures ou des installations de chauffage. Dans d'autres variantes il peut être utilisé à des fins différentes, lorsqu'il s'agit de provoquer certaines réactions, des synthèses par exemple. On peut voir sur le dessin que le réacteur a une forme spéciale ; il est fait d'un matériel précis dont l'action catalytique est essentielle. Destiné à déposer par exemple du dioxyde de souffre à partir de fumée, les gaz de combustion doivent entrer tangentiellement dans la cuve par l'entrée A, avec une certaine pression ; ils forment un fort tourbillon autour de la paroi interne avec une pointe vers le bas pour être mélangés à un réactif (dans ce cas avec de l'eau) qui sera aspiré

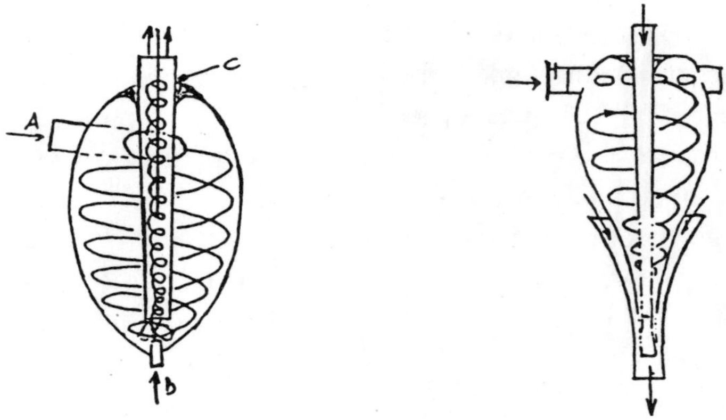

Dessins : 2 dispositifs de contrôle des émissions

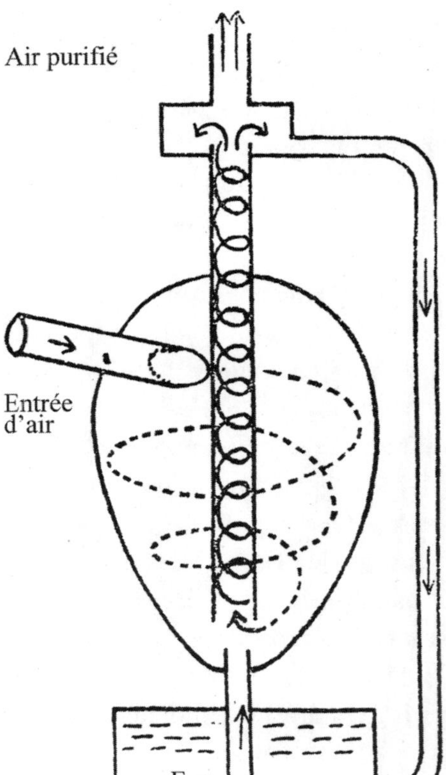

Appareil purificateur d'air (brevet autr. N°272278)

De l'air impur est insufflé tangentiellement et se dépose dans la pointe du bas. Par l'aspiration du tourbillon, l'eau monte dans le tuyau central et va être mélangé intensivement avec l'air impur. Dans le récipient collecteur l'eau et l'air se séparent. L'eau a recueilli toutes les impuretés et s'écoule dans son réceptacle, où la saleté se dépose. L'air propre s'échappe par le haut etc…

par le tuyau B. Le dioxyde de souffre réagit alors avec l'eau pour donner de l'acide sulfurique et sulfureux. Cette solution suit une spirale sur la paroi interne dans le prolongement du tuyau C vers le haut, pour pouvoir être rassemblé enfin à la sortie. Les gaz de combustion libérés par le souffre sont expulsés par le même tuyau selon un axe horizontal.

A droite nous pouvons voir une variante de l'appareil qui peut être utilisé comme accélérateur d'ions destiné à des fusions de physique nucléaire, en essayant par exemple de créer de l'énergie atomique d'une manière moins risquée que dans les centrales nucléaires classiques.

Walter Schauberger a fait aussi d'autres découvertes très importantes qui seront un jour essentielles pour la régénération de la nature.

Publications : outre de nombreux articles dans des quotidiens et des revues, il a apporté des preuves scientifiques dans des publications de la PKS, concernant aussi bien les raisons fallacieuses de la technique d'aujourd'hui, que pour jeter les bases d'une technique nouvelle proche de la nature. Par ses vastes connaissances dans beaucoup de domaines et un don pédagogique certain, il pouvait aussi rendre accessibles des problèmes ardus.

Ci-dessous quelques unes de ses publications les plus importantes :

Kardinalfehler der Technik (Fautes capitales de la technique) (Salz.Volksblatt, 20.6.1961)

Das ptolemäische Jahrhundert (Le siècle de Ptolémée) (Implosion N°2, 1962)

Demontage der Natur – Abstieg des Lebens (Démontage de la nature – Adieu à la vie) (Implosion N°4, 1962)

Vor dem totalen biologischen Bankrott (Devant la banqueroute totale) (Implosion N°17, 1967)

Nicht-euklidische Raumformen u. Ordnungsbewegung (Formes spatiales non-euclidiennes et mouvement ordonné) (Implosion N°28, 1967)

Energie – Materie – Evolution (Energie, matière, évolution) PKS 1968

Humanisierung der Technik – Das Schaubergerprogramm (Vers une humanisation de la technique – le programme Schauberger) PKS III, 1972

Energieplan der Natur (plan énergétique de la nature) PKS 1974

15. La recherche sur l'implosion en Allemagne

15.1. Association pour le développement de la biotechnique

Depuis les années 60 des groupes de chercheurs ainsi que des chercheurs indépendants travaillent sur l'implosion en Allemagne. Le premier groupe était « L'association pour le développement de la biotechnique » créé en 1963 à Neviges sous la direction d'Alois Kokaly, qui publia également entre 1961-89 la revue « Implosion » (cette revue est éditée depuis 1995 par Kurt Lorek Windschlägerstr. 58 D- 77652 Offenburg). A Neviges eurent également lieu les premiers cours sur la biotechnique. Kokaly était un ami et un collaborateur de Viktor Schauberger. Par son travail d'information et ses idées il a beaucoup contribué à divulguer les idées de Schauberger.

Appareil à améliorer l'eau
(fabriqué par l'association pour le développement de la bio-technique)

A l'époque à Neviges, l'activité portait sur de nombreux programmes de recherche. On travaillait surtout à la mise au point d'appareils destinés à fabriquer de l'eau curative, ainsi que sur des outils de jardinage en métaux riches en oligo-éléments.

15.2. Le groupe des « nouveaux »

Le Groupe des Nouveaux (association officiellement reconnue)

www.GruppeDerNeuen.de

En 1967 le terme « pollution » était un mot inconnu dont peu de personnes avaient connaissance , encore moins celui de « protection de l'environnement » D'ailleurs on ignorait pratiquement tout en matière de technique douce et proche de la nature. Stimulé par un séminaire sur la biotechnique, dirigé par Walter Schauberger à l'époque complètement isolé, et qui avait eu lieu dans le bassin de la Ruhr (pollué), l'ingénieur Norbet Harthun se consacra à l'étude de « technologies en accord avec la nature. Avec d'autres spécialistes attachés au futur il fonda deux ans plus tard à Aix la Chapelle le « Groupe des Nouveaux », qui pendant 26 ans publia des faits, des analyses, des bases nouvelles pour comprendre la nature, et cela dans leur propre revue scientifique (crée en 1969 sous le nom « Bild der kosmische Evolution » (aspect de l'évolution cosmique) à partir de 1972 « Kosmische Evolution » (évolution cosmique) et à partir de 1980 « Mensch und Technik - naturgemäss » (L'homme et la technique en harmonie avec la nature). Cette revue parut jusqu'en 1994. Elle contenait de nombreux articles de sources spécialisées et de la plume d'auteurs engagés. A l'époque il n'existait aucune revue comparable en allemand, qui faisait des choix , analysait , interprétait et invitait à la réflexion. Sa qualité majeure était sa parfaite indépendance vis-à-vis des autorités, entreprises ou autres institutions. A présent nous la trouvons sur internet. Tous les titres des articles scientifiques se trouvent sur le site et sont disponibles. Certaines dissertations sont déjà en format Pdf. En outre on y trouve de nombreux exposés de membres de l'association, soit du pays soit de l'étranger. Aujourd'hui où une nature et un environnement sain sont les conditions d'une qualité de vie qui n'est plus remise en question, les travaux de ces différents groupes de pionniers ont provoqué un changement dans les comportements, qui à l'époque n'était pas concevable. Le « Groupe des Nouveaux » continue bénévolement à se consacrer au développement de technologies en accord avec la nature.

15.3. Une application médicale du principe de Schauberger

Le professeur Wilhelm Balthers (1893 – 1973), médecin et orthodontiste a contribué à faire avancer la médecine dentaire en Allemagne dans les années après la guerre. Il fut à l'origine de différentes impulsions dans de nouvelles techniques de soins. Entre autres il était d'avis que le traitement conventionnel en cas de mauvaise position des dents était trop mécanique. Il observa des troubles au niveau de la substance dentaire et de la construction harmonieuse des dents et ne les considéra pas comme un phénomène local, mais comme le signe d'un système perturbé, qui a une action commune dans tout le corps, le syndrome de l'orthostase par exemple. La cause de ce phénomène complexe, il la replace dans la petite enfance ; elle serait due également à des troubles du rythme de la vie et du métabolisme, à une mauvaise circulation des humeurs corporelles, où diagnostic et thérapie conventionnels sont en général inefficaces. Seule une impulsion cinétique rétablissant dans le corps les énergies qui donnent et maintiennent une forme donnée, peut se révéler efficace. A la recherche de méthodes pouvant créer cette impulsion cinétique, il rencontra les idées de Viktor Schauberger. Balthers trouva ce qu'il cherchait dans l'enseignement du mouvement cycloïde spatial et dans celui de la régulation des rivières.

Prof. Wilhelm Balthers

« On ne peut jamais canaliser un fleuve en changeant simplement sa berge, sans influer sur son milieu (l'eau) naturel. » Pour lui les « berges » correspondent à la mâchoire mal formée, palais et dents. « L'eau » correspondait au sang, à la lymphe et à la salive, qui circulent constamment autour de ces éléments. D'ailleurs la formation de ces organes repose sur l'efficacité de ces liquides. Si ceux-ci se sont mal formés, selon Schauberger, il y aurait eu un disfonctionnement dans le rapport composition – mouvement de ces liquides. Mais une forme déjà fixée pourrait-elle redevenir ductile ? Pouvait-elle être reformée par le mouvement seul ? Les entretiens avec Schauberger aboutirent finalement à la mise au point du « bionator », un arceau adapté à l'individu, qui était porté derrière la dentition et qui pouvait facilement être placé et enlevé. Derrière cet arceau la langue travaillait comme une pompe, qui faisait circuler la salive entre la rangée de dents et l'arceau. Son efficacité ajoutée à des mesures diététiques précises était très prometteuse. Après un certain temps, pouvant aller de quelques mois à un an à peine plus, les mauvaises positions du secteur maxillo-dentaire étaient corrigées harmonieusement (voir ci-contre) même chez des adultes.

Pendant quelques années de tels traitements ont été menés avec succès dans la clinique de Balthers à Waldbröl près de Bonn. A la mort de Balthers, la clinique a été reprise par son collaborateur le Dr. Pranschke.

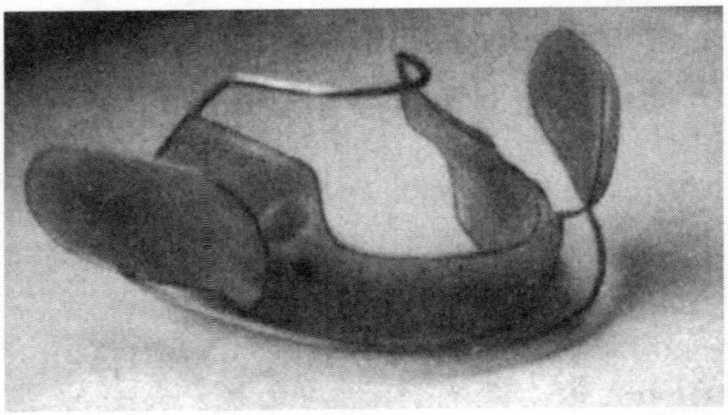

« Un bionator ». Il est introduit derrière la rangée de dents et peut être retirée facilement (au cours du repas par ex.) mais doit être porté le plus souvent possible.

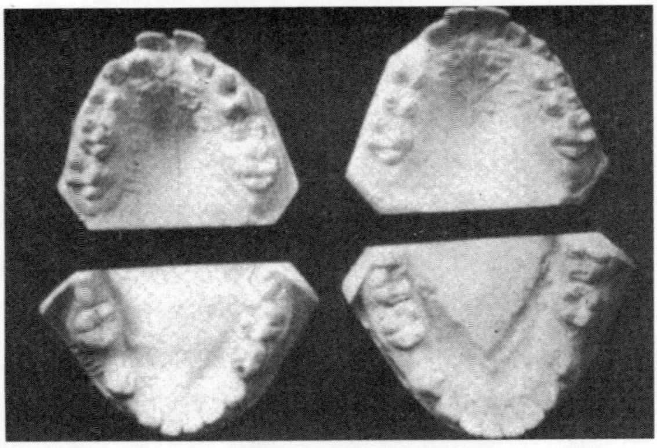

Un exemple montrant comment les dents et le palais ont eu une forme plus harmonieuse grâce au bionator avant et après le traitement.

La méthode du professeur Balthers est un exemple de l'application du principe de Schauberger et de ses effets intéressants dans différents domaines de la vie.

15.4. Le générateur de tourbillons « Martin »

L'ingénieur allemand W. Martin avait développé en collaboration avec Walter Schauberger un petit appareil, qu'on pouvait tout simplement adapter sur un robinet ou un flexible de douche. Il était composé d'un entonnoir en forme d'œuf ; dans la partie supérieure se trouvait le tuyau d'arrivée fixé tangentiellement et qui grâce à la forme de l'entonnoir conférait à l'eau un fort mouvement de turbulence dès qu'elle ressortait. Comme un tourbillon parfait semblait modifier l'état de l'eau donc sa qualité, il n'était pas étonnant que différents tests montrent une meilleure qualité de l'eau qui passait par cet appareil. On pouvait noter une amélioration du Ph quoique légère et de l'analyse de la cristallisation, la photographie Kilian donnant les mêmes émissions que l'eau de source. Des analyses avec des « images ascendantes » donnèrent des résultats positifs. On fit également des essais qui stimulaient la croissance, en laissant gonfler des semences dans une eau préalablement traitée ou bien selon le cas en arrosant les végétaux en pleine croissance et les résultats étaient positifs.

Le fabricant pour l'Allemagne :
Ets. Jutta Fischer
D – 29683 Fallingsbostel

Le mélangeur Martin

16. La recherche sur l'implosion en Scandinavie

16.1 Suède

Comme nous l'avons mentionné précédemment un groupe de chercheurs s'était déjà formé dans les années 50, pour travailler sur l'Implosion. Notre but était la recherche fondamentale. Nous avons commencé par faire des expériences approfondies avec l'aqua-phorèse, qui avait été relatées dans des publications en Allemagne[39]. Puis suivirent des essais avec des outils de jardin et du matériel agricole en cuivre, ainsi que des mesures sur des arbres concernant température et tension. Grâce à l'impulsion de Walter Schauberger, nous passâmes dans les années 60 à la recherche sur les turbulences.

1. Expériences sur les eaux usées

Quelle est l'incidence d'un mouvement tourbillonnant sur le taux de bactéries dans les eaux usées ? Nous voulions examiner ce problème par rapport à la pénétration conventionnelle d'air dans l'eau. Pour ce faire nous avons construit un petit dispositif à tourbillons, qui était une copie du mélangeur d'oxygène de Walter Schauberger (voir p 218) et nous l'avons placé dans un récipient d'eau (30 l). Un connecteur aimanté l'entraînait de l'extérieur. Comme élément de comparaison, nous nous servions d'un récipient de même taille, dans lequel on insufflait de l'air provenant d'un aspirateur dans l'eau, au moyen d'un tuyau perforé. Les eaux usées étaient recueillies à une station d'épuration de Stockholm et versées dans les deux récipients. Un échantillon de chaque expérience avait été envoyé simultanément au laboratoire de la commission sanitaire de la ville de Stockholm. L'expérience durait 8 jours et fut renouvelée plusieurs fois. Pour chaque série un nouvel échantillon était envoyé au laboratoire où on l'analysait immédiatement. Comme toutes les expériences donnaient en gros un résultat identique, il suffit de se référer à un essai type.

39 Kullberg S, Wasserströmungen etc. adenda 6 (Mémoire : viscosité négative)

	Bactéries par cm³
Eau usée brute	*640 000*
Eau à insufflation d'air	*95 000*
Eau à turbulences	*5 000*

Il faut ajouter que la mauvaise odeur des eaux usées brutes avait disparu après un quart d'heure de traitement dans le « récipient à turbulences », mais ne disparaissait jamais dans le « récipient à air ». Le traitement par le tourbillonnement était de 25 fois plus bactériophage que le traitement conventionnel.

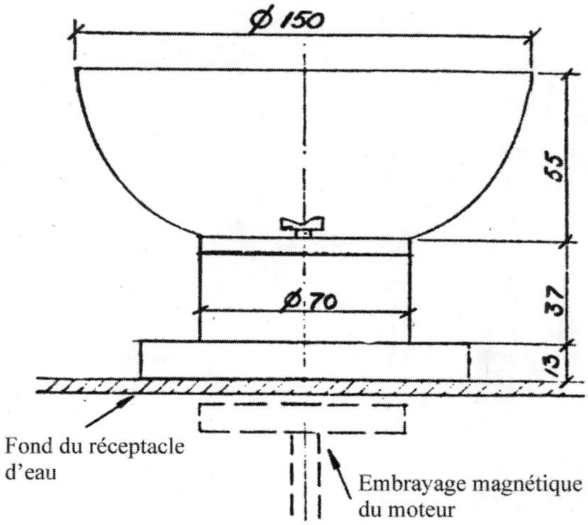

Figure A : le générateur de tourbillons

Figure B : Le dispositif expérimental

Figure C : L'arrivée en tourbillons de l'eau usée

2. Essais avec l'appareil de Biosynthèse **

Avec cet appareil de biosynthèse, on réalisa différentes expériences. C'est ainsi qu'on s'est rendu compte, que du gaz carbonique (Co_2) introduit dans l'eau tourbillonnante était tellement fixé dans l'eau, qu'il ne se dégageait qu'après des semaines, même si l'eau se trouvait dans un ballon ouvert.

Au cours d'une autre expérience on prit de l'eau ordinaire dans la station hydraulique d'une commune pour en remplir la « répulsine ». L'eau ne comprenait que trois sels minéraux : 7,5 mg de soude, 14,4 mg de calcium et 3,8 mg de magnésium.

* Cet appareil avait été incorrectement appelé « répulsine »

Dans le verre d'eau minérale à droite : les bulles de gaz carbonique montent et après un moment l'acide carbonique a disparu. Dans le verre d'eau de gauche provenant de la répulsine : le gaz carbonique est tellement inclus dans l'eau qu'on aperçoit des petites bulles. Même après une semaine, posé non recouvert à l'air ambiant, l'acide carbonique est toujours présent.

Les expériences ont été réalisées en partie avec une cage de paraffine et en partie sans ; après l'avoir rempli d'eau, le réservoir de la « répulsine » était fermé hermétiquement et cette dernière fut mise en route. Après 10 minutes on soutira l'eau, la mit en bouteille et elle fut envoyée au laboratoire d'analyse spectrale Baier de Stuttgart pour y être analysée.

Les mesures sont indiquées sur le tableau ci-dessous :

Substances	*I valeur initiale*	*II traitement sans isolation*	*III traitement avec isolation*
Sodium	*7,5 mg*	*47,5 mg*	*7,2 mg*
Calcium	*14,4 mg*	*13,8 mg*	*13,0 mg*
Magnésium	*3,8 mg*	*5,5 mg*	*3,7 mg*

Ce sont surtout les mesures de l'expérience II qui posent problème. D'où vient cette augmentation sensible de sodium ? De 7,5 mg à 47,5 mg ! Comme Baier craignait une erreur dans les dosages, l'expérience fut renouvelée mais le résultat était le même. S'agissait-il de cette conversion des éléments que Viktor Schauberger avait décrite ?

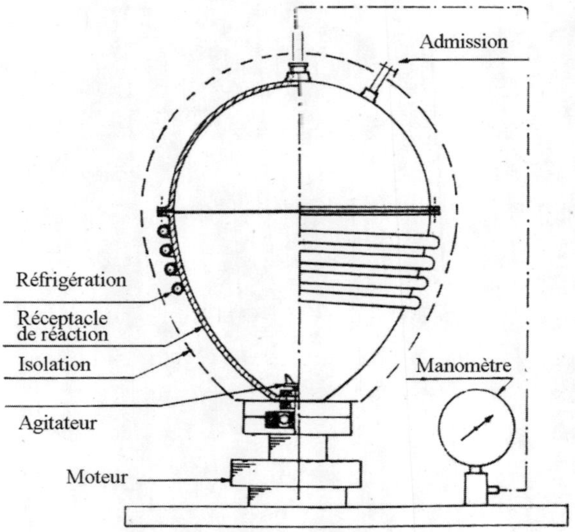

Schéma de l'appareil de biosynthèse
Dans un récipient ovoïde d'un certain matériel, le milieu et ses adjonctions sont enfermés hermétiquement de sorte qu'il va y avoir biosynthèse. Avec un certain tourbillon le milieu va connaître un mouvement cycloïde spatial. Une boucle de refroidissement va apporter le froid nécessaire. Le récipient est entouré d'une enveloppe isolante faite d'un matériel à base d'hydrocarbures, afin d'éviter que « l'énergie implosive » qui se forme pendant le processus, ne s'échappe dans l'environnement, mais au contraire reste concentrée dans le réceptacle, une des conditions pour obtenir une biosynthèse. A l'aide du manomètre on contrôle le « vide biologique » qui doit se former si la synthèse a réussi.

Appareil de biosynthèse construit par un chercheur suédois travaillant sur l'implosion, pour la fabrication d'eau de source et de synthèses biologiques (photo Gunar Norling). Pour refroidir le milieu dans l'appareil est placé dans un réfrigérateur et la coque isolante démontée.

3. *Essais avec le « repulsator »*

Dans les années 1985 – 86 de nombreuses expériences agricoles furent réalisées avec le « repulsator » sous la direction de l'institut de Technique Ecologique (IET). Comme il a déjà été dit (page 178) Viktor Schauberger donna certaines directives, à savoir comment on pouvait augmenter la tension de la terre avec des « repulsator » - générateurs de croissance – pour stimuler la pousse des plantes.

Un paysan allemand expérimenté, Heinz Erven, très proche de la nature, avait utilisé cette méthode dans les années 70, au cours d'expériences dans son jardin. Il enterra près d'un pied de vigne, un récipient ovoïde en terre cuite, le remplit d'eau de pluie, y ajouta quelques petits débris de cuivre et de zinc, puis referma le tout d'un couvercle en bois. Il obtint plus d'une centaine de raisins délicieux, bien que n'ayant utilisé aucun pesticide. Lorsqu'à l'automne il déterra son pot, il découvrit que le cep de vigne l'avait entouré de ses racines, formant une sorte de filet tout autour[40].

L'institut décida de procéder à la même expérience à différents endroits en même temps, pour obtenir une explication plus précise quant aux causes et aux effets. A la cristallerie de Rejmyre, on fabriqua 25 « œufs en verre » d'une hauteur de 50 cm environ et d'une contenance approximative de 37 l.

Comme matériel on choisit le verre, pour éviter toute sorte de diffusions dans le sol, entre autres des effets provenant de métaux.

Des instructions précises concernant la marche à suivre de l'expérience étaient notées sur chaque récipient, afin d'avoir si possible la même situation initiale pour les différents endroits où le test devait avoir lieu. Les résultats étaient divers ; dans certains cas on pouvait noter un effet évident, dans d'autres il n'y avait rien à signaler.

Une vingtaine de personnes participèrent aux expériences dispersées en Suède et en Finlande. Mais seuls 6 rapports furent renvoyés au centre expérimental en 1985 et 7 en 1986. Sur ces 13 résultats, 7 étaient positifs, ayant eu une action sur le développement des racines et des feuilles, mais aussi sur la germination et la fructification. Les influences étaient les plus importantes aux abords du « repulsator ». Un des participants raconte que la récolte était de 30% supérieur autour du « repulsator »par bandes concentriques, dans un rayon de 1,3 – 2,6 – 4 mètres. Deux des personnes réalisant les expériences

40 Exposé de Norbert Harthun : V. Schaubergers Repulsator, Mensch und Technik, 1986/2

avaient ajouté un agitateur mécanique qui n'eut pas d'incidence. Lorsqu'à l'automne on déterra les « repulsator », on a malheureusement dû constater que dans la plupart des cas les sels ne s'étaient déposés que dans le dernier tiers des récipients, ce qui prouvait un mauvais fonctionnement du mouvement tourbillonnant. Cela pouvait expliquer les résultats négatifs.

Une expérience personnelle fut pourtant très positive. Elle avait été réalisée de la manière suivante : sur une surface régulièrement préparée et fumée, on planta en rangs qui se suivaient, des pommes de terre, des carottes et des oignons. L'un des bouts du jardin était planté de salades et l'autre de haricots. Au milieu de cet espace cultivé, le récipient en verre fut enterré de telle façon qu'il dépassait de 15 cm env. la surface de la terre. On y versa de l'eau (Ph 7,0) par un tuyau hélicoïdal à 100 mm de la jonction. Un mélange d'oxyde de calcium, de chlorure de sodium, de sulfate de magnésium et de phosphate de soude y fut ajouté (c'était donc les même produits chimiques que Viktor Schauberger avait recommandés pour sa préparation d'eau « noble » - Implosion N°4 – 1969) On y mélangea encore une cuillerée à soupe de poussières de corne ainsi qu'un morceau de cuivre et de zinc préalablement battus sur un bloc de bois de chêne. L'ouverture du réceptacle fut alors recouvert d'un couvercle en bois muni d'un orifice d'aération et le tout d'un morceau de lin fixé par des clous en cuivre. Enfin on recouvrit la pointe du récipient qui dépassait par un morceau de plastique noir sur lequel on plaça une cage à claire voies en bois, comme protection d'éventuelles dégradations extérieures.

Ce n'est que lorsque les graines se mirent à germer, qu'on remarqua une différence notable allant en augmentant pendant toute la période de croissance. A l'intérieur d'une ellipse assez bien circonscrite, dans la direction nord-sud, les légumes avaient bien mieux poussé. La planification du secteur, la disposition du récipient et la limite de la zone au meilleur rendement, sont décrites page 234 et 235. La photo A montre la position du pot à l'aide d'un marquage entourant le piquet. On peut voir près du « repulsator » la profusion de tiges d'oignons qui est tout à fait frappante, alors que les oignons de gauche sont bien moins développés. C'est aussi le cas des carottes, bien que cela n'apparaisse pas aussi bien sur la photo, parce qu'elles sont parmi les oignons. La photo B montre la récolte des oignons à la mi-septembre. Sur le haut de la photo, il s'agit des oignons récoltés se trouvant à une distance de 5 m à l'intérieur, vu du « repulsator ». Les deux tas de côté montrent la récolte des rangées situées de 2 m à 2,5 m du « repulsator ». Au bas de la photo on aperçoit ceux qui se trouvaient au delà de 2,5 m. La différence de résultat était de plus de 100%. La récolte des carottes avait quasiment les mêmes caractéristiques que celles des oignons.

En ce qui concerne les carottes ce champ expérimental dépassa de loin les limites prévues. Aux abords du « repulsator », comme pour les oignons, la récolte de pommes de terre avait doublé par rapport au secteur hors de la zone d'influence qu'on peut voir sur la photo A.

La théorie prouvant l'influence du « repulsator » qui est basée sur la différence de température entre la pointe du récipient (dans le sol où il fait frais) et le haut qui est réchauffé par l'air et le soleil provoquant un effet de thermosiphon, à savoir un flux vertical de l'eau dans le récipient ; grâce à sa forme ovoïde ce flux va avoir un mouvement en spirale. Celui-ci en combinaison avec l'action du cuivre, du zinc et autres ajouts aura un effet sur la croissance se développant dans la terre autour du « repulsator ». Dans notre région l'été n'avait pas été très ensoleillé et il faisait assez frais. Mon idée de placer plus haut la partie supérieure du récipient et de le recouvrir d'un plastique noir, a sans doute contribué à maintenir la chaleur et à donner un bon résultat. Lorsque le réceptacle a été déterré, les sels s'étaient déposés sous forme de spirale sur les parois internes vers le haut, ce qui prouve que l'eau devait avoir un mouvement important.

Deux de mes expériences ont échoué, parce qu'il avait fait très chaud et très sec ces années-là. Mais en 1990, 1994,1995 et 1997 le résultat était le même que celui décrit ci-dessus. Pour cette région le temps avait été normal.

Que peut-on conclure de ces expériences ? Lorsqu'il s'agit d'une expérimentation comme celle-ci, où la théorie qui l'inspire peut paraître tout à fait absurde et n'a pas d'explication, il faut être très prudent quant aux conclusions. Le fameux adage « une fois n'est pas coutume » prévaut là aussi. Une série d'expériences étagées sur des années sous différentes conditions climatiques et sous contrôle rigoureux concernant la similitude des essais sont nécessaires, pour que l'on puisse tirer des conclusions parfaitement sûres. Toutefois l'expérience est intéressante et nous prouve la mise en pratique du savoir de Viktor Schauberger (comme dans beaucoup d'autres cas) ; ses déclarations sont peut-être difficiles d'accès d'un point de vue rationnel, mais elles sont entourées d'une forme de vérité qu'il faut approfondir et développer.

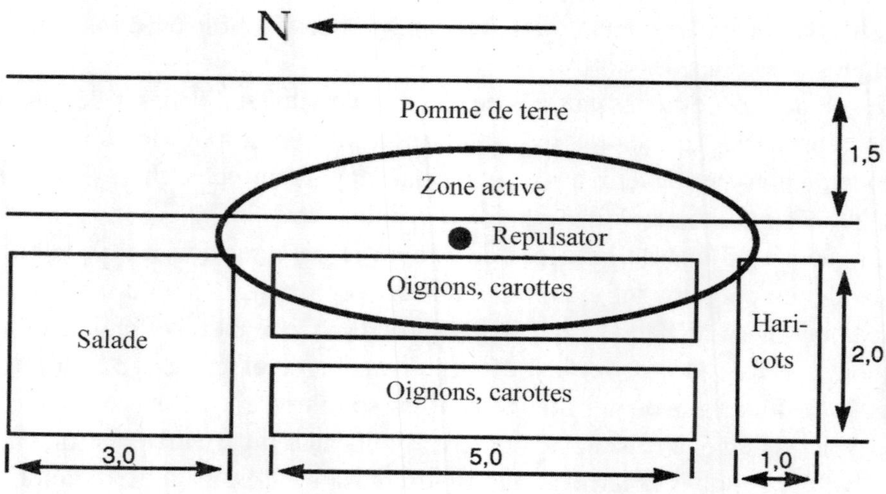

Plan de la zone expérimentale de culture

Les expériences que j'ai réalisées dans la suite ont apporté des résultats divers. Mais lorsque certains furent très positifs, comme en 1990, 94, 95 et 97 par exemple, ils l'ont été d'une façon telle qu'on ne pouvait les imputer qu'à l'action du « repulsator » et non pas à d'autres influences.

Viktor Schauberger n'indique que le cuivre, le zinc et la poussière de corne comme ajouts à l'eau. Si nous y avons malgré tout mélangé d'autres substances chimiques, c'est parce que nous voulions savoir si celles-ci avaient un effet de rayonnement, comme dans le cas de la « répulsine ». Mais il s'avéra que ce n'était pas le cas.

Les expériences de 2003 et 2004 ont été réalisées avec le même résultat satisfaisant bien que sans plastique noir, mais avec à l'arrière du récipient un réflecteur où se concentrait la lumière solaire.

Emplacement du récipient

Résultats

4. Le traitement de l'eau par les hydrocyclones

Deux ingénieurs suédois, Sten Magnus Kullberg (geodesign AB) et Jan Thörngren (BIOVORTEX AB) ont développé un nouveau procédé pour traiter les eaux usées et pour faire revivre les « lacs morts ». Ils utilisèrent à cet effet une technique spéciale de turbulence à l'aide d'hydrocyclones. Grâce à ce procédé breveté, l'eau tourbillonne intensivement en aspirant de l'air et par l'augmentation de la surface due aux tourbillons, l'oxygène est mélangé efficacement à l'eau. Cette méthode s'est avérée très efficace aussi bien en Suède que dans les autres pays.

Les photos montrent deux possibilités d'application, mais il en existe encore bien d'autres.

a) Photo A

Le cyclone conique est supporté par deux éléments flottants. Cette disposition est souvent utilisée à différents niveaux dans des stations de lavage de voitures, chez ARAL à Hanovre par ex. pour réutiliser l'eau de lavage. En même temps les impuretés et les déchets d'huile sont détruits, les métaux lourds sont liés et l'eau peut être réutilisée à 90%.

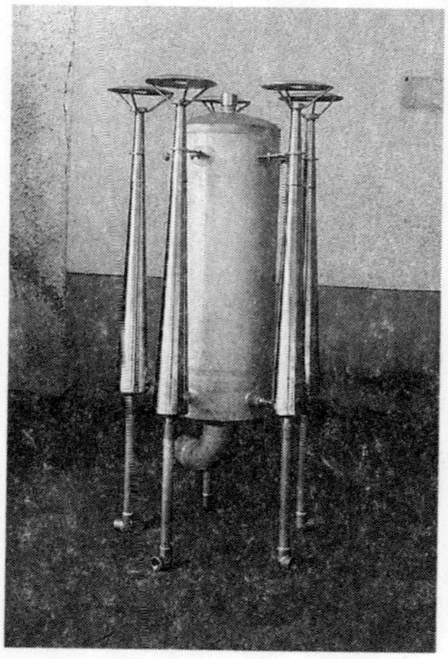

b) Photo B

On utilise 5 hydrocyclones pour mélanger de l'oxygène dans des stations d'épuration, dans des « lacs morts » ou des étangs de pêche. Une telle installation se trouve en Sarre par ex. dans une commune de 8000 habitants.

Adresse : BIOVORTEX AB, Helgenäs, S-590 98 EDSBRUK, Suède

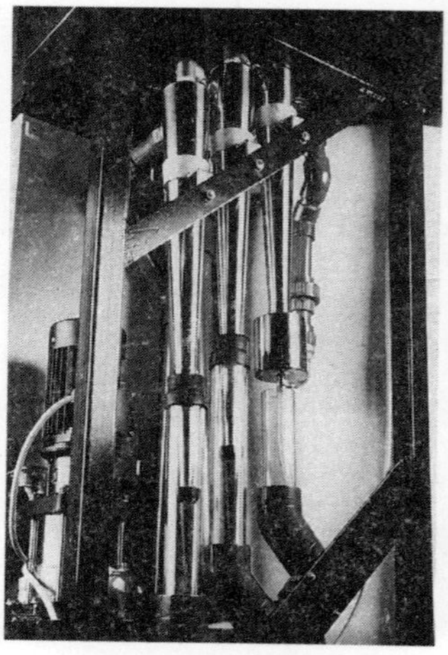

5. Travaux de recherches dans les Ecoles de Hautes Etudes techniques

Pour moi il était clair dès le début que la recherche sur l'implosion devait faire partie des programmes des écoles techniques supérieures, pour susciter un développement effectif dans ce domaine. Quoiqu'à un niveau encore modeste, nous avons réussi à l'instaurer en Suède.

Mémoires et thèses

Dans les années 80, trois thèses ont été soutenues dans des écoles suédoises de hautes études techniques, qui directement ou indirectement traitaient de thèmes se rattachant à la théorie de Schauberger.

a) En 1981 l'ingénieur de génie civil Sten Magnus Kullberg soutint une thèse sur « Les flux d'eau dans des tuyaux hélicoïdaux et coniques » à la KTH (Ecole royale de hautes études techniques) à Stockholm. Ce travail fut réalisé dans le cadre du programme de démonstration à l'institut de technique écologique où on s'appliquait à expliquer les affirmations de Schauberger et à les étayer par d'autres faits. Le but était de reprendre l'expérience du flux, que Viktor et Walter Schauberger avaient réalisée en 1952 avec ladite expérience de Stuttgart. Les questions auxquelles cette expérience devait répondre étaient les suivantes : Des tuyaux façonnés d'une certaine façon peuvent-ils minimiser les frottements de l'eau qui y passe ? Le matériel de l'intérieur du tuyau joue-t-il un rôle important dans la réalisation d'un mouvement ?

L'expérience a été réalisée avec 3 types différents de tuyaux : un tuyau hélicoïdal en cuivre, un tuyau conique et un tuyau droit cylindrique en plastique. Les tuyaux ont été disposés de façon à ce que le niveau de pression, donc du passage de l'eau, puissent être modifiés. La perte due au frottement était calculée à partir de la différence entre débit et vitesse selon la loi de Torricelli. L'expérience confirma celle de Stuttgart et les questions posées eurent des réponses positives. D'autres expériences doivent cependant prendre la relève, afin d'apporter de complets éclaircissements au problème compliqué lié à ce phénomène. Des applications pratiques de ces nouvelles découvertes sont sans nul doute considérables, entre autres en ce qui concerne la technologie des flux, la technique des turbines à vapeur et à eau, etc....On peut se procurer la thèse qui comprend deux parties à la KTH de Stockholm (sous Meddelande Trita-ut 3013)

b) En 1984 l'ingénieur de génie civil, Martin Strid, soutint une thèse sur les « Troubles du rythmes » à l'école supérieure technique de Lulea. Ce travail portait sur une analyse nouvelle des structures aquatiques singulières des « Wirbela flowform » (voir p 239) Mais cet examen donna également de nouveaux aspects sur les qualités de l'eau et ses lois du mouvement, ce qui confortait Schauberger dans sa théorie. C'est surtout l'analyse faite par Strid concernant la liaison des atomes d'hydrogène dans la molécule d'eau. Il pense qu'il faut la rapprocher du biomagnétisme de l'eau dont avait souvent parlé Schauberger et qu'il voyait comme une énergie dont on pouvait tirer profit. Davies et Day écrivent dans leur livre « L'eau », que l'énergie des atomes d'hydrogène correspond à 25 Kw/sec. dans une seule molécule (18 gr.) d'eau[41]. Cette thèse est disponible à l'école de Lulea, section construction hydraulique sous la cote 1984 : 072 – E.

c) En 1989 les ingénieurs de génie civil Lena Molin et Suzanne Ohlsson présentèrent à l'Ecole supérieure de Kalmar, un mémoire sur les « transports de sédiments dans les eaux courantes. » Celui-ci reprenait les idées de Schauberger sur les aubes directrices. Le contrôle de ce travail fut exécuté à l'Ecole des Hautes Etudes de Lulea.

On fabriqua des aubes directrices (voir fig. B page 71 dans ce livre) qu'on installa dans une goulotte pleine de sable. Pendant plusieurs jours on observa le transport du sable avec ou sans aubes. Dans le cas où elles étaient présentes, le sable était charrié du milieu de la goulotte vers le bord. Lorsqu'il n'y avait pas d'aubes, c'était le contraire ; il se déposait au milieu de sorte que le lit montait.

Bien que cette expérience fût réalisée en laboratoire, elle devrait être complétée in situ, les résultats corroborent avec l'expérience de Schauberger, qui voulait utiliser ces aubes directrices pour les « rivières fatiguées » en respectant la nature. (Ce mémoire est disponible chez l'auteur (Nr. 1985 : 5) ou à Högskolon i Kalmar, S – 391 00)

41 K.S. Davies und J.A.Day : Wasser, der Spiegel der Wissenschaft – Prisma 1962, p. 85

« Wirbela-Wassertreppen » à Järna, Suède
De tels dispositifs existent presque partout dans le monde, construits par John Wilkes, Angleterre. Ces Wirbela Flowforms sont utilisées pour l'épuration des eaux usées, l'enrichissement de l'eau ainsi qu'en tant qu'agrément dans des parcs voire dans des immeubles. (breveté) Photo : Nigel Wells

(En été 1990 l'auteur réalisa sur plusieurs mois une expérience du même type en extérieur. Les mêmes résultats ont été obtenus. Il est intéressant de savoir que le prof. Jacob Odgaard de l'université de Iowa, USA a procédé à la régulation de grands fleuves à l'aide d'une méthode voisine de celle de Schauberger. En Suède l'intérêt pour cette méthode développée à l'origine par Viktor Schauberger, est grandissant, entre autres pour empêcher les inondations.)

16.2 Danemark

En 1983 l'institut danois de techniques écologiques (DIFÖT) fut créé au Danemark. Il s'occupe de recherche mais est également un organisme d'information. Il a par exemple développé un appareil destiné au traitement de l'eau le « jet en or » qui peut être adapté sur un robinet. Selon l'expertise, de l'eau de canalisation ordinaire est « structuré » en coulant à travers le dispositif, c'est à dire que sa tension superficielle et ses constantes diélectriques sont augmentées et elle devient plus basique. De cette façon l'eau aura une action biologique spécifique s'avérant positive entre autres pour la régénération des tissus. Ces résultats sont obtenus grâce à une combinaison de technique de tourbillonnement et de catalyseurs. Cet institut publie également une revue « Dyföt – Nyt ». Certains de ses membres se sont engagés efficacement pour la régénération du système Skjerna, où le grand système de cours d'eau du secteur de Skjerna dans l'ouest du Jutland, qui a été canalisé dans les années 60, a repris son état naturel. De sorte que le transport actuel d'azote et de phosphore vers la baie de Ringköbing ne peut plus se faire.

16.3 Norvège

Un ancien site industriel d'Oslo doit être transformé en parc d'agrément. Le célèbre architecte international Bard Beivik avait présenté un projet grandiose repris en 1990 à la grande exposition « Citadell » et qui trouva un écho retentissant dans de nombreux pays. Différents cours d'eau qui avaient disparu ou bien avaient été canalisés passaient sur le domaine. Le plan de Beivik avait consisté à les faire revivre dans ce parc et à en faire l'idée « centrale ». Dans le catalogue de l'exposition (dans lequel l'auteur écrivit une préface traitant de la vie et de l'œuvre de Schauberger). Beivik dit : « Autrefois j'avais travaillé sur les théories de Schauberger, mais dans ce contexte je vis un moyen d'illustrer son idée de l'eau en tant que circulation sanguine de la terre. Ses théories semblent parfaitement logiques et interpellent plus notre intuition que notre compréhension rationnelle des lois de la physique. »

Une unité de recherche de l'Institut Suédois de Technique Ecologique sous la direction des ingénieurs Curt Halberg et Morten Ovesen, a développé un appareil destiné à recouvrir d'une nouvelle couche de glace des patinoires de hockey. L'eau de ces appareils est épandue rapidement sur la surface et gèle immédiatement, pour donner une nouvelle glace solide et résistante. Cela représente une grande économie. Cet appareil est déjà utilisé dans de grandes installations. C'est la mise en pratique d'une technique de Schauberger.

17. Qu'est-il advenu des installations de flottage du bois en Autriche ?

De 1922 à 1929 Viktor Schauberger construisit trois installations de flottage, dont deux grandes et une petite. La première grande installation fut réalisée à Steyrling (voir page 35) puis une plus petite à Rettenbach près de Bad Ischl. La seconde grande station qui fut la dernière est celle de Mürzbach près de Neuberg. Elles étaient à l'époque très célèbres, surtout celle de Neuberg dont la presse écrite, celle des revues spécialisées et des documentaires cinématographiques s'en étaient fait l'écho, car du point de vue de leur construction et de leur conception elles étaient très novatrices (voir page 244)

Mais que sont-elles devenues ? En reste-t-il des vestiges ? Comme vieil hydraulicien j'avais toujours été très intéressé par ces stations. Lorsque je me renseignai auprès des autorités, on me répondit : « Il ne reste plus rien, quand les forêts ont été déboisées, on a démonté ces installations. »

En 1995 je me suis décidé à examiner la chose par moi-même. Avec mon collègue Jörgen Byström, je me suis rendu sur les lieux où elles avaient été montées. Ce que nous avons trouvé avait un côté réjouissant et pénible à la fois. Partout on pouvait encore trouver des vestiges de l'installation. Il est vraiment regrettable qu'une telle investigation n'ait pas eu lieu dans les années 50. Lorsqu'en avril 1947 Viktor Schauberger avait visité l'installation de Neuberg, elle était bien que délabrée, toujours en fonction. Pour nous il était clair que dans quelques années ces vestiges aussi disparaîtraient. Il fallait absolument une documentation et à l'aide d'appareil photo, de vidéo et de bloc note, nous nous sommes mis au travail.

Une équipe de tournage sous la direction de l'opérateur Anders Hammar a soutenu notre travail avec efficacité

17.1 La station de Steyrling

Là il ne restait pas grand chose. Les nombreuses photos que M. Schwartz, le patron de l'hôtel « Zur Kaiserin Elisabeth » à Steyrling, nous avaient aimablement montrées, nous aidèrent en plus des vestiges à évaluer l'étendue de la station du « Toten Gebirge » jusqu'au « Brunnental ». Le sympathique garde forestier de la Bernerau nous donna également de précieuses indications. Ce que nous avons rencontré c'était des barrages en bois et en béton dans la Steyrling et dans le Zösenbach. Le long de la route nous avons découvert un canal en béton de 20 m de long, qui était encaissé dans un mur de pierre. Les morceaux de bois du barrage étaient assez attaqués par les intempéries et les blocs de béton parfois abîmés mécaniquement, parfois érodés. Les restes du canal en béton risquaient de voler en éclats, des arbres ayant pris racines de sorte que faire sauter les blocs allait s'imposer tôt ou tard.

Eléments de freinage dans le torrent du Freinbach (photo de l'auteur)

17.2 La station de Bad Ischl

Dans la profonde gorge du Rettenbach, nous avons trouvé deux grands barrages endommagés en béton, ainsi que des éléments de canaux en béton. Il y avait aussi des consoles et des socles destinés à des glissoires en bois pour l'eau.

17.3 La station de Neuberg

Celle-ci avait été construite en deux temps. La première phase (1925 – 27) comprenait la distance entre le lac de retenue de Taschl par le Freinbach et la Mürz jusqu'à Krampen. La régulation de la station du Freinbach se faisait à Taschl, d'une part en réglant la température de l'eau par les vannes de la retenue de Taschl et en partie par des éléments de freinage, en l'occurrence des troncs d'arbres couchés en travers du torrent à intervalles rapprochés.

L'eau atteignait sa capacité maximum d'acheminement avec une température avoisinant +4°C. Les éléments de freinage tempéraient la vitesse de l'eau qui était importante dans le Freinbach à cause de la forte hauteur de chute. Le bois était alors récupéré au barrage de Krampen. La seconde phase de construction avait été réalisée de 1927 à 1929 et concernait le secteur de Krampen à Neuberg. Au « Toten Weib » on construisit un grand barrage qui comprenait un lac d'un volume de 5000 m^3, afin de canaliser la Mürz près de Neuberg. Dans ce barrage on avait monté les vannes spéciales de Schauberger, qui par leur construction étaient très faciles à manipuler. Le côté gauche du barrage était longé d'un canal en béton de 40 m de long, 2,5 m de haut et 1,5 m de large et fermé par une écluse en acier. En contrebas du barrage, le lit de la rivière était tapissé de troncs d'arbres pour éviter l'érosion due à l'eau tourbillonnante. Schauberger prétend que c'est lui qui avait eu l'idée du barrage et que c'est l'école des hautes études pour la culture des sols qui l'avait construit. Le canal de flottage de Krampen à Neuberg avait été réalisé d'après la construction de Schauberger. A certains endroits celui-ci passait par un tunnel et aboutissait pour finir à la scierie de Neuberg.

Eléments de freinage du Tebrinbach à Frein (photo Herbert Ackerl)

En découvrant le parcours du canal de flottage, qui va de Krampen à Neuberg, M. Herbert Ackerl, de Neuberg, nous a été d'un grand secours. Sa grande collection d'excellentes photos de cette installation a représenté pour nous un document inestimable. Nous avons découvert des vestiges du barrage de Taschl, des éléments intacts sur de grandes distances, d'énormes vestiges de fondation de berges près du « Totes Weib », des restes du canal en béton avec son écluse d'acier à moitié enfouie dans la base, ainsi que de grandes parties du revêtement du lit de la rivière. De voir toutes ces petites pièces d'eau du Freinbach qui miroitaient était un réel plaisir avec leurs petites cascades apparues grâce aux éléments de freinage. Du grand barrage il ne restait que les fondations de la rive dans un état assez déplorable. Les énormes troncs d'arbre sciés qui formaient les vestiges du barrage sur la berge étaient impressionnants. Bref il existait encore des restes intéressants mais ils étaient voués à une destruction totale.

Que faire ? Ce que nous avons trouvé, c'était les ruines d'installations uniques au monde. On commence ça et là à comprendre, que d'autres réalisations techniques qui sont uniques en leur genre, doivent être sauvegardées pour le futur. Il faut espérer que ces constructions qui étaient vraiment quelque chose d'exceptionnel, pourront être conservées, que ce soit comme exemple, au travers de maquettes, d'expositions permanentes ou de conservation de vestiges.

La station de Neuberg a été décrite en détail dans deux revues spécialisées « Die Wasserwirtschaft » N°33, 1929 et « Zeitschrift für Weltforstwirtschaft » (Review of World's Forestry) Tome V, cahier 2, Nov. 1937. Ces deux publications montrent nettement, que la position des scientifiques et de l'office des forêts envers l'activité de Schauberger changea après 1932. Grâce à l'intérêt du professeur Forchheimer pour la technique et la recherche de Schauberger, les hautes instances de l'école supérieure de la culture des sols comme l'office des forêts avaient un avis très positif à la fin des années 20. C'est ce qui ressort d'un article de 1929 paru dans la revue « Die Wasserwirtschaft » N°33 concernant l'installation de Neuberg. Schauberger y était loué comme inventeur et constructeur des stations de Steyrling et de Neuberg. D'ailleurs de 1930 à 1931 son traité « Temperatur und Wasserbewegung » (température et mouvement de l'eau) fut publiée dans la même revue.

L'autre revue « Zeitschrift für Weltforstwirtschaft » ne parut cependant qu'en 1937, après la rupture entre Schauberger et les instances nommées ci-dessus, de nouvelles têtes dirigeant l'école et l'institut. Dans cet excellent article concernant l'installation de Neuberg le nom de Viktor Schauberger ne fut jamais mentionné. On note que la station de Steyrling était bien antérieure mais aucune mention au sujet de son constructeur. On va même jusqu'à prétendre que l'installation de flottage a été construite d'après un brevet connu, déposé depuis fort longtemps en Styrie, le brevet OERAG. Pourtant c'était bien Schauberger qui avait développé en 1932 ce type de glissoire (voir page 39)

En vérité plus jamais on ne mentionna le nom de Schauberger dans des revues spécialisées lorsqu'il était question de ces constructions d'envergure.

18. Epilogue

Viktor Schauberger et le scénario de notre temps

Dans ce livre j'ai laissé s'exprimer Viktor Schauberger sur de grandes questions de notre temps, à savoir l'exploitation de l'eau, de la forêt, du sol et de l'énergie. Dans tous ces domaines il découvrit une évolution menaçante pour ce qui concerne la vie. Si aujourd'hui nous regardons le monde, nous remarquons une destruction générale de ce que nous considérons comme les fondations de notre vie et les prévisions de Viktor Schauberger se confirment sur tous les secteurs.

En octobre 1996 la FAO organisa une conférence mondiale sur la faim dans le monde. L'hydraulicien suédois, le professeur Jan Lundqvist, chercheur à l'Université de Linköping, mentionna le manque progressif et alarmant d'eau, non seulement en Afrique et en Asie, mais aussi en Europe, où la Pologne, l'Allemagne, la Grande-Bretagne et l'Espagne se rapprochent d'une situation où l'eau sera insuffisante. En l'espace de trente ans, chaque homme sur terre aura à sa disposition 1/3 d'eau en moins qu'aujourd'hui. Et s'il n'y a pas d'eau il n'y a pas de production agricole.

Partout les problèmes d'environnement augmentent. Souvent les chercheurs disent que « notre connaissance du monde est insuffisante » et que notre technique n'arrive pas à régler les problèmes.

Pour Viktor Schauberger la raison était tout autre : c'était la **mauvaise façon de penser**. En 1932 il écrivait déjà dans son article « Zurück zur Kultur » (les mots sont soulignés par la main de Schauberger).

« Notre façon habituelle de penser est souvent, voire toujours en contradiction avec ce qui se passe dans la nature.

Si on y regarde de plus près, force est de constater ***que la paupérisation qui s'étend de jour en jour*** *est à mettre en rapport avec* ***des erreurs grossières dans la manière de penser et des fautes capitales****, qui remontent en partie à des siècles et dont de nombreuses populations ont été victimes. De sorte qu'il est de plus en plus clair que nous bâtissons sur* ***de fausses bases et de faux principes****....qui à cause de cet état de fait ne quittent pas notre catalogue biologique, à savoir notre mémoire ; de génération en génération, ils sont repris pour devenir le fondement de nos lois économiques, qui reposent* ***fatalement*** *sur une fausse conception et mènent* ***obligatoirement à une décadence économique des états****, qui d'après les critères actuels se trouvent* ***culturellement parlant au sommet de l'échelle****.*

La conséquence logique de ces erreurs de jugement est l'image que donne l'économie actuelle. La dégradation économique qui semble impossible à freiner, n'est que la suite logique d'une méconnaissance absolue des lois régissant la nature et la conséquence d'explications des plus fallacieuses.... Ces agissements qui sont faux – notre travail – devaient logiquement conduire à un chômage de plus en plus étendu, parce que nos méthodes actuelles ne reposent que sur des méthodes de travail mécaniques....qui détruisent toute la structuration de la nature, en premier lieu de la végétation à sa naissance...et que la conséquence logique de cette nature détruite par nos méprises fondamentales ne peut être que le malheur.

Mais le malheur peut nous aider à nous sauver :

Cette déchéance , unique action pratique de notre tâche manquée, est utile à la reconstruction, car sans misère profonde et sans signal d'alarme, **nous ne prendrons jamais conscience** *que la nature ne comprend pas la plaisanterie, lorsque nous plongeons nos mains malhabiles et cupides dans ses rouages.*

La nature perturbée dans sa croissance par nos actions insensées, nous apportera la guérison, la reconstruction selon ses lois, dans la mesure où nous romprons avec le système actuel et ses concepts, étayant à l'avenir nos actions avec des réflexions dictées par ce que nous voyons vraiment à travers elle. »

Viktor Schauberger n'est-il pas plus actuel que jamais!

Automne 1997
L'auteur

19. Conclusion de l'auteur

Les lecteurs de ce livre demandent souvent : Si Viktor Schauberger avait raison, pourquoi ses idées n'ont-elles pas été plus appliquées ? Depuis ses premiers cris d'alarmes au sujet de la destruction de l'eau vivante, une génération est passée.

La réponse à cette question nous pouvons peut-être la trouver dans la nouvelle physique qui se développe lentement. Le physicien Fritjof Capra relate dans ses livres, entre autres dans « Das neue Denken », qu'il existe déjà un changement de conception dans tous les domaines. C'est ainsi que commence à se développer une vue de la globalité du monde, dans laquelle la terre est présentée comme un organisme vivant, comme le pensait Schauberger. On peut alors s'attendre à ce que la science d'aujourd'hui, qui depuis le 16e siècle jusqu'à nos jours avait une vision plutôt mécanique de la nature et de la vie, adopte peu à peu une conception écologique. Nous en voyons déjà des signes précurseurs. Viktor Schauberger était un des pionniers de ce changement de conception. Ses idées sur la nature et la vie ont été longtemps étrangères à la science et incompréhensibles. Ce qui explique que peu de moyens avaient été mis à sa disposition pour développer son programme. Ce n'est que dans de grandes difficultés et des sacrifices personnels qu'une recherche modeste a pu être menée à bien. Espérons qu'un changement positif à cet égard interviendra bientôt.

Le prof. Jens Tellefsen, physicien à la KTH de Stockholm écrivit :
« Si le postulat de Schauberger s'avère exact, cela signifie un développement révolutionnaire d'une portée insoupçonnable et un changement d'évolution à laquelle notre technologie est liée à l'heure actuelle. Des réalisations gigantesques et des échanges d'opinions seront nécessaires. »

Ces échanges et ce brassage d'idées ne pourront voir le jour que si les idées de Schauberger sont répandues partout. J'espère que ce livre y aura un peu contribué et le fera dans l'avenir.

20. Adresses :

INSTITUT FÖR EKOLOGISK TEKNIK (IET) (fondation)
Pl 159
S–231 95 TRELLEBORG

DANSK INSTITUT FÖR ÖKOLOGIK TEKNIK (DIFÖT)
Ellebuen 21
DK–2950 VEDBAEK

STICHTING NATUUR- EN IMPLOSIETECHNIEKEN
www.implosie.nl

PKS (Pythagoras-Kepler-System)
Familie Schauberger
Kaltenbach 162
A–4821 BAD ISCHL
E-Mail : schauberger@pks.or.at
www.pks.or.at

auteur : Sandvägen 30
S–240 13 GENARP

GRUPPE DER NEUEN
www.GruppeDerNeuen.de
Sujet parland : Prof. i. R. Dr. Ing. Norbert Harthun
D–04249 LEIPZIG

IMPLOSION
Geroldseckstr.4
D–77736 ZELL
E-Mail : klausrauber@gmx.de
www.implosion-ev.de

www.viktorschauberger.at
www.viktor-schauberger.at

21. Annexe :

Groupe des Nouveaux (association reconnue)
Description de projets spécifiques d'après Viktor/Walter Schauberger PKS
Arrêtée par : 1. International Workshop on Natural Energies (IWONE)
2001 Grossbothen bei Leipzig

Goulotte hélicoïdale
(Viktor Schauberger)

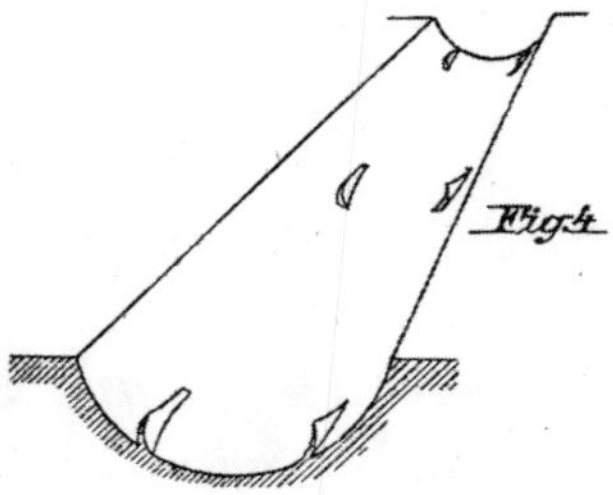

Tuyau hélicoïdal
(Viktor Schauberger)

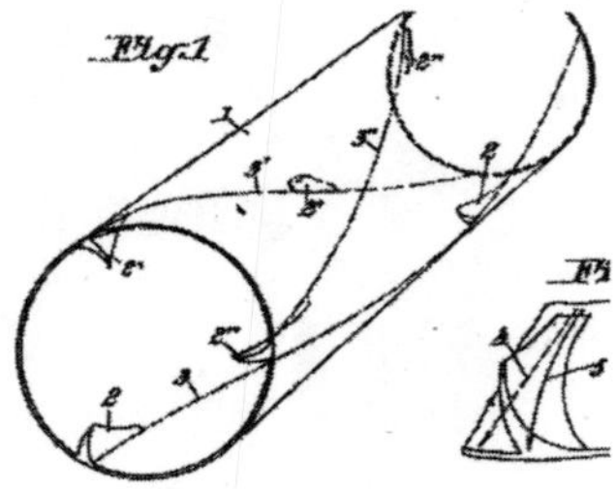

Tuyau à double hélice
(Viktor Schauberger)

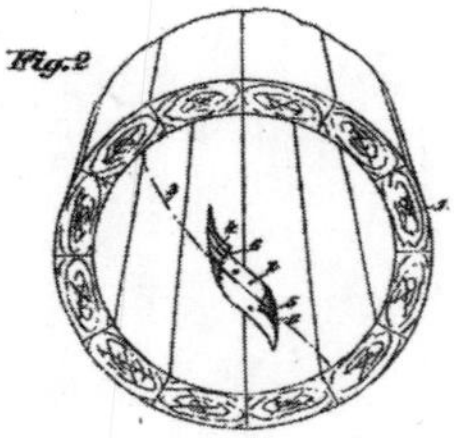

Tuyau kudu de Schauberger
(Viktor Schauberger)

Tuyau en torsade
(Viktor Schauberger)

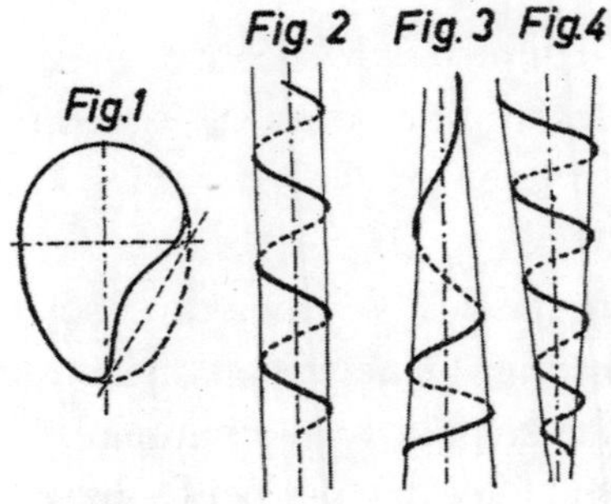

Entonnoir hyperbolique de Schauberger
(Walter Schauberger)

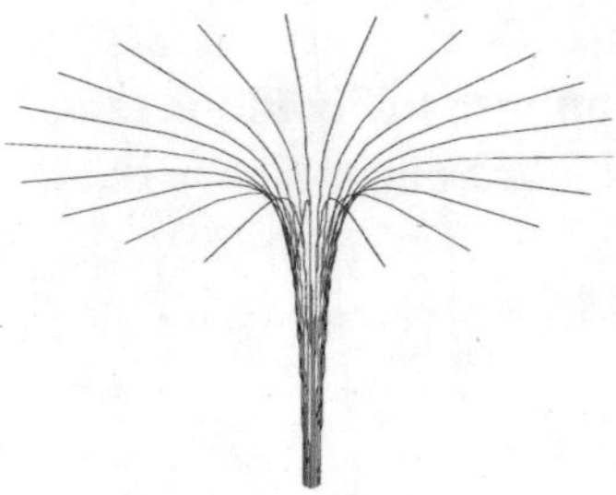

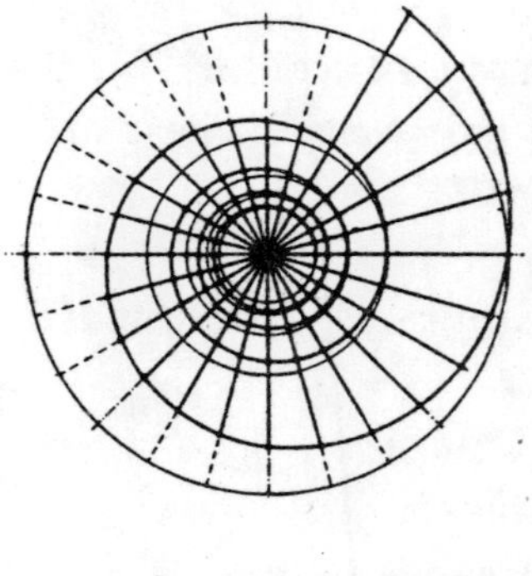

Tuyau en spirale
(Neumann/Rauber)

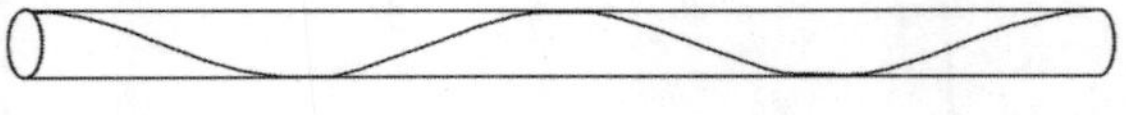

Groupe des Nouveaux (association reconnue)
Description de projets spécifiques d'après Viktor/Walter Schauberger PKS
Arrêtée par : 1. International Workshop on Natural Energies (IWONE)
2001 Grossbothen bei Leipzig

Goulotte hélicoïdale ; tuyau hélicoïdal (Brevet 134 543)
Caractéristique : sortes d'aubes directrices dirigeant l'eau des parois vers le milieu, dont on munit la goulotte pour obtenir un mouvement hélicoïdal multiple.

Tuyau à double hélice (Brevet 138 296)
Caractéristique : Les surfaces qui telles des aubes directrices travaillent de la paroi vers le centre (comme dans le tuyau hélicoïdal) s'enroulent dans ce cas en copeaux. De ce fait la zone qui se trouve au bord est divisée en petites turbulences stables. Il résulte dans la chemise à circulation d'eau un mouvement sous-jacent en vrille inhérent au mouvement hélicoïdal.

Tuyau à torsade (Brevet 196 680)
Caractéristique : Le tuyau en torsade est un tuyau qui s'enroule autour d'un cylindre adéquat ou d'un cône cylindrique, et qui avant de s'enrouler a été enroulé sur lui-même. Il est muni d'une coupe transversale ovoïde avec une encoche à côté de la pointe. Il a été réalisé sur le modèle de la corne d'antilope kudu.

Appareils générateurs de propulsion et de poussée verticale

Répulsine : (n° de brevet illisible) Transformation et accumulation de **substances gazeuses** caractéristiques. Les effets de succion et de pression sur la masse fluctuante qui sont recherchés, sont obtenus grâce à une double membrane (brevet 146 141). Jusqu'au dépôt du brevet 19395 Viktor Schauberger appelait la « répulsine » le « repulsator.

Repulsator (brevet 19 395) Transformation et accumulation de **substances liquides**.
Sert à la propagation de la substance et à son amélioration qualitative.
Caractéristique : Les effets de succion et de pression recherchés sur la masse, sont obtenus grâce à des surfaces de formes paraboliques et hyperboliques qui jouent un rôle de guide.

22. BIBLIOGRAPHIE

Les abréviations suivantes sont utilisées:
WG périodique Weltgewissen
I périodique Implosion www.implosion-ev.de
KE périodique Kosmische Evolution www.GruppederNeuen.de
MuT périodique Mensch und Technik www.GruppederNeuen.de

Alexandersson O.: Das Erbe Schaubergers (Zeitschrift Hälsa)
Biotechnik oder Leben (Zeitschrift Hälsa 9, 1959)
Die geheimnisvolle Kraft (Hälsa 8, 1959)
Die versteckte Kraft im kalten Wasser (Hälsa 2, 1961)
Implosion statt Explosion (Seklet 4, 1965)
Kompendien in Implosionstechnik (aus den biotechn. Lehrgängen, nicht veröffentlicht)
Wasserleitungen in Knossos (Antike Ingenieursleistungen), (MuT, 1989)
Versuch mit Wasserforese (KE 1, 1975)

Balters, W.: Zur Dynamik des gestaltbildenden und gestaltsichernden Vermögens (Ke 3, 1976)

Brandstätter, L.: Implosion statt Explosion, Linz 1955

Cibulka, H.: Der fruchtbare Garten (Orbio, Norrköpping)

Corcoran, St. Clair, B.: A general spatial model (Journal of hydrology Vol. 2, 1971, New Zealand)

Drobeck, W.: Gedanken über eine Großstadt-Wasserversorgung (das Gas- und Wasserfach 108, 1967, H 40, 52, 1968, H 8)

Harthun, Norbert: Die Begriffe „Natur“ und „Natürlich“ (KE 4, 1971)
Das Wesen der Nichteuklidischen Geometrien (KE 3, 1973)
Polarität und Harmonie-Fortschritte im Naturverständnis (KE 4, 1975)

Hedin, S.: Stora Hästens Flykt, Stockholm 1935

Jäger, H.: Überwindung der Atomspaltung durch organische Energieerzeugung (WG 12, 1957)

Kokaly, A.: Affäre V. Schauberger (WG 12, 1959)
Energie aus dem All (I 41)
Das Erbe V. Schaubergers (I 49)
Der goldene Pflug, Neviges 1958
Der Wirbelsturm im Wendelrohr (I 57)

Die Landwirtschaft-Chemische Bundesversuchsanstalt, Linz, Tätigkeitsbereich 1949 – 1952
Manteuffel-Szoege, L.: Das Herz ist keine Pumpe (KE 2, 1971)
Mathias, L.: World forestry charter meeting (trees and the new earth, Vol. 15, 1, 1951)
Neumann , D.: Kugelgestalt und Wirbel, KE 1 – 2, 1970
Ordnung und Unordnung als Naturprinzip (KE 3, 1972)
Mutter Erde, April 1960
Wasserwirbelexperiment … (KE 2, 1987)
Norling, G. und Alexandersson O.: Der entwickelte Wasserfadenversuch (I 6)
Patente: Österreichische Patentschriften (V. Schauberger) N.:
113484 (Einbau zur Wildbachverbauung) 1929
122144 (Künstliches Gerinne zum Schwemmen von Holz) 1931
134543 (Wasserführung in Rohren und Gerinnen) 1933
136214 (Anlage und Einrichtungen zur Regelung des Abflußgerinnes von Staubecken) 1934
138296 (Wasserführung) 1934
142032 (Verfahren zur Herstellung von Trinkwasser) 1935
166644 (Bodenbearbeitungsgeräte) 1959
196680 (Rohrleitung für flüssige und gasförmige Medien) 1958 – 59
Zum Problem der Erdsatelliten (WG 11, 1957)
Rausch, H. P.: Naturwissenschaft von Morgen (Frankfurt am Main)
Schauberger, V.: Atomumwandlung anstatt Atomzertrümmerung (I 11/12)
Der Bauer und der Ochse (I 14)
Biologischer Fruchtbau (I 37)
Brief an den Verfasser 1956
Brief an Prof. Ude (WG 11/12, 1956)
Edeldüngung mit Hilfe planetarer Bewegung (I 45)
Ein kleiner Unterschied (I 44)
Die erste biotechnische Praxis (I 76)
Die Flußregulierung (I 8)
Frequentes Wasser (I 24)
Die Geheimnisse des Wassers (I 46)
Das Geheimnis des Forellenmotors (I 15)
Die geniale Bewegungskraft, Neviges 1959
Der gestörte Kreislauf der Natur (I 13)
Die Herstellung von Edelwasser (I 36)

Ist der s.g. „Lichtzuwachs“ eine fortschrittliche Errungenschaft? (I 14)
Krebs, die Seuche des technischen Zeitalters (I 29)
Meine Begegnungen mit Adolf Hitler (I 39)
Naturnahe Landwirtschaft (I 10)
Die Natur als Lehrmeisterin (I 7)
Das Problem der Donauregulierung (I 23)
Das Rätsel Wasser (nicht veröff.)
Das Regenwürmersanatorium (I 21)
Die Répulsine (I 45)
Steht die Naturwissenschaft vor der Umkehr (WG 2, 1958)
Der sterbende Wald (I 20)
Verfahren und Einrichtungen zur Durchführung organischer Synthesen (I 19)
Wir bewegen uns falsch (I 19)
Temperatur und Wasserbewegung (Die Wasserwirtschaft 20, 24, 35, 1930 u. 3, 5, 9, 10, 1931)
„Die Wasserwirtschaft“, Nr. 33, 1929

Schauberger, W.: Das biophysikalische Prinzip der Bodenfruchtbakeit und des Wasserhaushaltes (I 9)
Nichteuklidische Raumformen und Ordnungsbewegung (I 28)
Energiefragen, Rohstoffverknappung, Umweltprobleme (KE 2, 1975)
Das Theocentrische Weltbild (KE 1, 1969)
Reaktionsgeräte nach dem Einrollprinzip (KE 4, 1969)
Energie-Materia-Evolution (PKS 1967)
Das einrollende System (KE 1, 1969)
Hyperbolische Dichtesteigerung in Natursystemen (KE 1, 1979)
Die Grundlagen der Implosionstheorie (Vortrag in Stockholm 1965)
Geräte zur Spurenelementdüngung (I 23)

Schauberger, W./Harthun, N.: Reaktionsgeräte nach dem Einrollprinzip (KE 4, 1969), (Patente)
Humanisierung der Technik (Das Schaubergerprogramm, PKS III, Juni 1972)
Die scheinbare Dichtesteigerung des Wassers im Einrollwirbel (KE 4, 1969)
Der Tod V. Schaubergers (Neue Illustrierte Wochenschau 8, 1959)
V. Schauberger-Bund (WG 11, 1957)
V. Schauberger und die Biotechnik (Der Kraftquell, Juli 1959)
V. Schauberger – was ist geschehen? (Freisoziale Presse, 20.11.1959)

Zimmermann W.: Schauberger (WG März, April, Mai 1958)
Zeitschrift für Weltforstwirtschaft, Band V, 1937/38